电子商务创业沙盘模拟教程

主　编　林剑谊　谢群斌　郑晶晶

副主编　刘晓敏　陈乐天　姜志梅

参　编　李海铭　李　洁　潘香花

　　　　李建元　郑杰辉

北京理工大学出版社
BEIJING INSTITUTE OF TECHNOLOGY PRESS

版权专有　侵权必究

图书在版编目（CIP）数据

电子商务创业沙盘模拟教程/林剑谊，谢群斌，郑晶晶主编. —北京：北京理工大学出版社，2019.9（2023.7重印）

ISBN 978-7-5682-7370-1

Ⅰ.①电… Ⅱ.①林…②谢…③郑… Ⅲ.①电子商务-商业企业管理-计算机管理系统-高等学校-教材 Ⅳ.①F713.365

中国版本图书馆 CIP 数据核字（2019）第 169020 号

出版发行 / 北京理工大学出版社有限责任公司
社　　址 / 北京市海淀区中关村南大街 5 号
邮　　编 / 100081
电　　话 / （010）68914775（总编室）
　　　　　（010）82562903（教材售后服务热线）
　　　　　（010）68944723（其他图书服务热线）
网　　址 / http：//www.bitpress.com.cn
经　　销 / 全国各地新华书店
印　　刷 / 廊坊市印艺阁数字科技有限公司
开　　本 / 787 毫米×1092 毫米　1/16
印　　张 / 14.5　　　　　　　　　　　　　　　　　责任编辑 / 申玉琴
字　　数 / 345 千字　　　　　　　　　　　　　　　文案编辑 / 申玉琴
版　　次 / 2019 年 9 月第 1 版　2023 年 7 月第 3 次印刷　责任校对 / 周瑞红
定　　价 / 43.00 元　　　　　　　　　　　　　　　责任印制 / 施胜娟

图书出现印装质量问题，请拨打售后服务热线，本社负责调换

前 言

近年来，电子商务市场表现抢眼。根据2018年商务部电子商务和信息化司发布的《中国电子商务报告（2017）》，全国电子商务交易额达29.16万亿元，同比增长11.7%。其中，商品类电子商务交易额16.87万亿元，同比增长21%，比上年提高8.7个百分点；服务类电子商务交易额4.96万亿元，同比增长35.1%，比上年提高13.2个百分点；电子商务从业人员达4 250万人，同比增长13%。电子商务仍然是创业创新的重要选择。

我国电子商务进入了高速发展阶段，对人才的能力、素质的要求越来越高。然而，在过去的电子商务实践教学中，我们深刻地感到，单纯的电子商务理论知识讲解，并不能提高学生的学习兴趣。通过开设沙盘模拟实践课程，能有效地解决这个问题。ITMC电子商务沙盘是由中教畅享（北京）科技有限公司研发的电子商务企业经营模拟仿真软件，该系统对于提升学生的决策能力、分析解决问题的能力、团队协作能力及创新思维能力等方面具有很好的作用。自2011年问世以来，以电子商务沙盘为平台的全国职业院校技能竞赛已经多次成功举办。从2015年以来，电子商务沙盘系统成为全国及各省职业院校技能大赛高职组电子商务技能赛项的一个重要组成部分，全国各省市参赛院校累计已达数千所之多。

经过调研分析，很多沙盘教程停留在沙盘模拟教学的初期阶段，体现有二：①实践教学内容模拟一家早期的工业企业，经营管理过程缺乏电子商务等内容，与时代脱节，无法模拟当下"互联网+"背景的企业经营管理中碰到的问题；②部分教材内容停留在沙盘规则的介绍，浮于表面，舍本逐末，忽视了沙盘模拟教学的最终目标是让学生更深刻地将所学到的理论知识灵活运用。为适应电子商务职业教育教学改革和课程建设的需要，编者结合多年专业建设和指导学生竞赛的心得，以ITMC电子商务沙盘为教学工具，编写了本书。学生通过沙盘模拟操作，可理解常见企业经营理论，掌握市场调研、目标客户分析、产品选择、网络推广、企业报表分析等现代企业的"互联网+"经营技能，提升电子商务创业和就业能力。本书"课、赛、能"相结合、企业经营理论与沙盘模拟相结合、沙盘模拟与电子商务创业实战相结合，采用体验式的互动教学和学习方式，涉及战略、营销、管理、物流、财务、团队建设等多个方面，将企业的组织结构和经营管理操作全部展示在模拟沙盘之上，每个学生都能直接参与企业的模拟运作，亲身体验复杂、抽象的经营管理理论在电子商务创业实践中的运用。与国内外其他教材相比，本书立足电子商务企业模拟运营，更加符合学生电子商务创业、就业的需求，既可以作为职业院校电子商务类专业、计算机类专业、商贸类专业学习电子商务的教材，也可作为电子商务爱好者、创业者的自学用书。

全书由福州职业技术学院林剑谊、福州职业技术学院谢群斌、福建农业职业技术学院郑晶晶、福建信息职业技术学院刘晓敏、福建船政交通职业技术学院陈乐天、宁夏财经职业技术学院姜志梅共同编写。福州职业技术学院蔡苹、潘蕾完成主审工作。本书的编写参考了相关教材和文献，在此，向所有被引用文献的著作者，以及给予我们指导和帮助的专家学者表示衷心感谢。

本书为2018年度福建省创新创业校本教材课题（闽教学〔2018〕21号）、2018年度福建省第四批现代学徒制试点项目（闽教职成〔2018〕39号）、2017年度福建省精品在线开放课程（闽教办职成〔2017〕39号）、2017年度福建省创新创业精品资源共享课（闽教高〔2017〕27号）的研究成果。

由于编者水平有限，书中难免有缺陷和疏漏之处，恳请专家、读者批评指正。

目 录

项目一 概 述 ……………………………………………………………（1）
  任务一 课程概述 ………………………………………………………（1）
  任务二 电子商务现状简述 ……………………………………………（3）
  任务三 创业概述 ………………………………………………………（4）
  任务四 沙盘概述 ………………………………………………………（7）

项目二 电子商务创业沙盘基本操作 …………………………………（21）
  任务一 建立网店 ………………………………………………………（21）
  任务二 采购管理 ………………………………………………………（43）
  任务三 库存管理 ………………………………………………………（47）
  任务四 销售管理 ………………………………………………………（49）
  任务五 商品发货 ………………………………………………………（74）
  任务六 财务管理 ………………………………………………………（76）
  任务七 经营分析 ………………………………………………………（83）

项目三 电子商务沙盘模拟对抗 …………………………………………（87）
  任务一 持续经营和筹资 ………………………………………………（88）
  任务二 电子商务销售 …………………………………………………（93）
  任务三 估算和控制成本 ………………………………………………（117）
  任务四 识读沙盘财务报表 ……………………………………………（118）
  任务五 企业经典管理理论 ……………………………………………（125）

附录1 实训报告 …………………………………………………………（150）
  实训报告一 调研电子商务发展现状 …………………………………（150）
  实训报告二 模拟创业组队 ……………………………………………（150）

实训报告三　沙盘基本操作 …………………………………………（151）
实训报告四　持续经营和筹资 ………………………………………（156）
实训报告五　电子商务销售 …………………………………………（165）
实训报告六　估算和控制成本 ………………………………………（184）
实训报告七　识读沙盘财务报表 ……………………………………（190）
实训报告八　企业经典管理理论 ……………………………………（197）

附录2　2019年全国职业院校技能竞赛电子商务赛项规程 ……………（199）

参考文献 ……………………………………………………………………（219）

项目一

概 述

本项目主要介绍课程学习目的、方法和相关基础概念，让学生了解什么是电子商务、创业以及沙盘的基本内容。

思政目标

1. 在习近平新时代中国特色社会主义思想指引下，培育并践行社会主义核心价值观。
2. 培养深厚的爱国情感和中华民族自豪感。
3. 培育电子商务从业、创业人员的法治意识与职业道德。

职业能力目标

1. 了解课程的学习目标、学习内容、学习方法等。
2. 初步了解电子商务的有关概念。
3. 初步了解创业的概念。
4. 了解沙盘的发展。

典型工作任务

任务一　课程概述

任务二　电子商务现状简述

任务三　创业概述

任务四　沙盘概述

任务一　课程概述

一、课程性质

"电子商务创业沙盘模拟"是电子商务专业核心课程，也是经管、商贸类专业群平台课程。课程按照电子商务企业运营岗位工作情境和工作任务要求，以电子商务企业运营职业能力培养为重点，根据电子商务创业工作过程组织课程内容，采用电子沙盘模拟的方式开展实践教学。

本课程既可以作为电子商务专业的新生导入课程，引导学生在初步模拟实践的基础上深入学习相关实务课程，也可以作为综合实训课程进行综合模拟实践。

二、课程目标

本课程的设计基于工作过程的体验式教学，遵循"体验—分享—提升—应用"四个环节的螺旋式上升，着重培养学生的电子商务企业经营和管理的理念及方法。"以行业定岗位，以岗位定技能，以技能定知识点"是本课程设计的指导思想。

本课程是一门实践性很强的、面向应用的课程，要求把基本概念和基本理论融入具体的电子商务模拟创业中，以 ITMC 电子商务沙盘模拟系统等软件为工具，以分组对抗的方式，指导学生模拟完成一个电子商务企业五年期的创业经营。本课程化繁为简、化难为易、深入浅出地介绍基本概念和理论，重点培养学生电子商务创业的基本思路和技能。在实践授课过程中，教师可引导学生灵活运用前导课程中已经学习过的企业经营管理各项知识，建立电子商务企业经营的大局观，锻炼学生分析问题、解决问题的能力，加深学生对企业"进、销、存"的理解，培养学生的市场预测与决策能力，提高学生的团队精神和分工协作意识。本课程的学习，能够使学生有效地融合已经学习过的相关专业知识，具备一定的市场调查能力、市场预测与决策能力、网络策划与推广能力、电子商务企业管理的思路和方法、互联网营销的理论和工作方法，具备基本的职业道德意识和团队协作精神。

三、课程内容

本课程的内容选取遵循以下几点。

（1）专业人才培养目标。以电子商务专业为例，该专业的人才培养目标是，培养具有电子商务理论基础，掌握电子商务及计算机信息技术知识和基本技能，拥有一定的市场调查、市场预测与决策能力，具有较好运用电子商务技术拓展市场、适应高科技企业的营销方式要求的能力，具有较强的获取知识和分析问题、解决问题的能力，适应企业实际需要的德、智、体、美全面发展的技能型专门人才。

（2）学生就业后的岗位技能需求。本课程对应的职业技能培养包括市场调查、市场预测与决策、现代企业管理、互联网营销、良好职业道德、团队协作与分工等方面。

（3）课程体系的完整性和衔接性。以电子商务专业为例，本课程的前导课程、后续课程包括电子商务概论、网店操作实务、网页设计与网店装修、网络客服、电子商务物流等相关课程以及仓储配送实训、网络营销技能训练等实训。在课程设计中，我们注意将前导课程、后续课程的知识点与本课程紧密结合，并得到实际运用。

（4）高职院校学生的特点。高职院校学生偏好动手实验与实践，理论的归纳与总结能力稍有欠缺。根据国家关于职业技术教育重在培养学生的动手能力的总体方向，结合电商专业技能的培养思路，本课程建设的目标是以实践教学为主线，以电子商务企业实际应用为方向，着重培养学生综合运用所学知识和技能进行电子商务创业的能力。

在本课程中，学生组队模拟电子商务创业项目，通过网络开店、采购商品、电商仓储、互联网推广、快递配送、财务管理、经营分析等工作任务，开展为期 5 轮的电商模拟创业。

四、教学方法

（1）采用基于工作过程的体验式教学，依照"体验—分享—提升—应用"四个阶段螺旋式上升。在多轮沙盘模拟对抗中，通过讲授、操作、讨论等多种教学方式，让学生深刻理解相关的企业经营管理思想，做到"从实践中来，再到实践中去"。

（2）通过多轮的沙盘对抗，理解常见的企业经营管理理论，并提高电子商务沙盘的技巧。

（3）结合课题讨论、案例分析、实训总结、课后作业等，提升学生的理论水平。

五、教学考核

考核的方式建议采用过程性考核、结果性考核。

过程性考核可以包括课前阅读、课堂讨论、课后作业、实训总结等。

结果性考核主要是学生分组进行电子商务沙盘模拟对抗。

六、课程特色

本课程的特色体现在以下"三个相结合"。

1. "课、赛、能"相结合

课程教学、职业技能竞赛和提升能力等进行有机结合。同时，依托校内外生产性实训基地，进一步开展基于真实业务的校内生产性实训，将课堂内容与电子商务实战项目相结合，培养出大量企业急需的运营人才。

2. 企业经营理论与沙盘模拟相结合

在工作任务安排的过程中，根据每个工作任务的需要，逐一介绍相关理论知识，把许多经典的企业经营管理理论融入沙盘模拟实操，让学生在沙盘对抗中理解理论知识，并进一步熟练运用，将理论与实操互相融合。

3. 沙盘模拟与电子商务创业实战相结合

工作过程化教学有助于提高学生的电商运营技能、创业整体思维等专业技能，并能培养学生的创业抗压能力、整体综合素质等一系列职业素质。沙盘模拟中的一系列工作任务包括网络开店、采购商品、电商仓储、互联网推广、快递配送、财务管理、经营分析等，符合电商运营岗位工作任务需要。

任务二 电子商务现状简述

近年来，世界经济正向数字化转型，大力发展数字经济成为全球共识。党的十九大报告明确提出要建设"数字中国""网络强国"，我国数字经济发展进入新阶段，市场规模位居全球第二，数字经济与实体经济深度融合，有力促进了供给侧结构性改革。电子商务是数字经济的重要组成部分，是数字经济最活跃、最集中的表现形式之一。2017年，在政府和市场共同推动下，我国电子商务发展更加注重效率、质量和创新，取得了一系列新的进展，在壮大数字经济、共建"一带一路"、助力乡村振兴、带动创新创业、促进经济转型升级等诸多方面发挥了重要作用，成为我国经济增长的新动力。

2017年，我国电子商务交易规模继续扩大，并保持高速增长态势。国家统计局数据显示，2017年全国电子商务交易额达29.16万亿元，同比增长11.7%；网上零售额7.18万亿元，同比增长32.2%。我国电子商务优势进一步扩大，网络零售规模全球最大，产业创新活力世界领先。数据显示，截至2017年年底，全国网络购物用户规模达5.33亿，同比增长14.3%；非银行支付机构发生网络支付金额达 143.26 万亿元，同比增长 44.32%；全国快递服务企业业务量累计完成 400.6 亿件，同比增长 28%；电子商务直接从业人员和间接带动就业达 4 250 万人。

2017 年，我国电子商务市场结构持续优化，行业发展质量不断提升。电子商务交易额中服务类交易增长快，在总交易额中的占比持续提升。电子商务交易额中对企业的交易占 60.2%，对个人的交易占 39.8%，均保持加速增长态势。实物商品网络零售对社会消费品零售总额增长的贡献率达 37.9%，对消费的拉动作用进一步增强。农村网络零售额同比增长 39.1%，农产品网络零售额同比增长 53.3%，农村电商有效缓解了农民"卖难"问题，推动农业结构升级。海关验放的跨境电子商务商品出口增速达 41.3%，跨境电子商务出口日益成为我国商品出口的重要通道。

2017 年，数字技术驱动电子商务产业创新，不断催生新业态新模式。大数据、云计算、人工智能、虚拟现实等数字技术为电子商务创造了丰富的应用场景，正在驱动新一轮电子商务产业创新。零售企业依托数字技术进行商业模式创新，对线上服务、线下体验以及现代物流进行深度融合，推动零售业向智能化、多场景化方向发展，积极打造数字化零售新业态。生产制造企业依托工业互联网平台，进行在线化、柔性化和协同化改造，逐步形成以"寄售""自营""撮合"为代表的 B2B 电子商务交易模式，探索出供应链金融、服务佣金、大数据信息费等盈利模式，制造企业搭建的物联网平台也逐步释放电子商务交易能力。

2017 年，党中央、国务院高度重视电子商务发展，通过推动创新、深化改革，全面优化电子商务发展环境。《电子商务法（草案）》通过全国人大第二次审议，电子商务法制建设取得阶段性成果。商务部、中央网信办、发展改革委会同有关部门加快推进《国务院办公厅关于深入实施"互联网+流通"行动计划的意见》《电子商务"十三五"发展规划》《促进电子商务发展三年行动实施方案（2016—2018 年）》等政策文件的落地实施，建立部际综合协调和年度工作任务台账制度，共同推进电子商务健康发展。商务大数据建设取得重要进展，覆盖主要平台、主要领域的电子商务统计分析和运行监测体系初步形成。电子商务示范体系持续完善，商务部对 100 家电子商务示范基地开展综合评估，组织 238 家电子商务示范企业签署诚信经营承诺书，督促各地完善示范体系，打造高水平服务。商务部、财政部、扶贫办会同有关部门围绕电商扶贫、农商协作、农产品电商、物流配送等领域，提出一系列促进农村电商发展的政策措施，农村电商有效助力乡村振兴和精准扶贫。跨境电子商务零售进口监管过渡期政策再次延长，并进一步拓展试点范围。跨境电子商务综合试验区探索形成的成熟经验做法面向全国复制推广。以"丝路电商"为引领的电子商务国际合作深入推进，双边方面，与 7 个国家建立了电子商务合作机制；多边方面，积极参与亚太经合组织、上合组织等多边贸易机制和区域贸易安排框架下电子商务议题磋商，促成金砖国家电子商务工作组成立并达成《金砖国家电子商务合作倡议》，同时推进十余个自贸协定电子商务议题谈判，电子商务企业"走出去"步伐加快，多渠道拥抱全球市场。

【课后作业】完成《实训报告一　调研电子商务发展现状》

任务三　创业概述

一、创业的含义

创业，是一个意义非常宽泛的词语。通过对已有定义的总结来看，出现频率较高的有开创新事业、创建新组织、创造资源新组合、创新、捕捉机会、承担风险、创造新价值。据此，可将创业定义为：创业者围绕创业机会，创新性地提供产品或服务，实现价值创造的过程。

创业有这些典型特征：

（1）创业围绕商机而展开。
（2）创业与创新密不可分。
（3）创业活动能够实现价值的创造。
（4）创业活动必须以顾客为导向。

二、创业的要素

创业要素是指创业过程中所需各种社会资源的总称。任何创业活动都是系列创业要素组合的结果，创业者创业能力的高低取决于其有效控制的创业要素的数量、质量、种类的多少以及这些要素间的相互匹配程度。

关于创业由哪些要素构成，学者们先后提出了"内部要素与外部要素、宏观要素与微观要素""商机、资源、创业团队""人、物、社会、组织"等多种不同的分类方式，其中最有代表性的是 Timmons 创业模型，如图 1-1 所示。

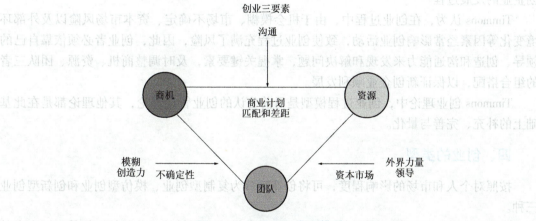

图 1-1 Timmons 创业模型

提出这一创业模型的 Timmons 认为，创业过程是一个高度动态的过程，其中商机、资源和团队是创业过程最重要的三大要素。创业过程依赖于这三大要素的匹配和均衡，它们的存在和成长决定了创业过程向什么方向发展。

创业过程的起点是商机，而不是资金、战略、关系网、工作团队和商业计划。商机的形式、大小、深度决定了资源与团队所需形式、大小、深度。创业者利用其创造力在模糊、不确定的环境中发现商机，并利用资本市场等外界资源，领导企业来实现商机的价值。在这个过程中，资源与商机是"适应—差距—再适应"的动态过程。

三、Timmons 企业创业过程

美国百森商学院的 Timmons，是美国创业学教育和研究的领袖人物之一，他在创业管理、新企业创建、创业融资和风险投资等领域的专题研究、创新性课程开发和教学等方面被公认为世界级的权威。

Timmons 于 1999 年在他名为《新企业的创建》（New Venture Creation）的书中提出了一

个创业管理模型。他认为，成功的创业活动必须对商机、团队和资源三者进行最适当的匹配，并且还要随着事业的发展而不断进行动态平衡。创业过程由商机启动，在团队建立以后，就应该设法获得创业所必需的资源，这样才能顺利实施创业计划。

Timmons 认为，商机是创业过程的核心要素，创业的核心是发现和开发商机，并利用商机实施创业。因此，识别与评估商机是创业过程的起点，也是创业过程中的一个关键阶段。资源是创业过程不可或缺的支撑要素。为了合理利用和控制资源，创业者往往要制定设计精巧、用资谨慎的创业战略，这种战略对创业具有极其重要的意义。而团队则是实现创业这个目标的关键组织要素。

Timmons 认为，创业者或创业团队必须具备善于学习、从容应对逆境的品质，具有高超的创造、领导和沟通能力，但更重要的是具有柔性和韧性，能够适应市场环境的变化。

在 Timmons 模型中，商机、资源和团队这三个创业核心要素构成一个倒立三角形，团队位于这个倒立三角形的顶部。在创业初始阶段，商机较大，而资源较为稀缺，于是三角形向左边倾斜；随着新创企业的发展，可支配的资源不断增多，而商机则可能会变得相对有限，从而导致另一种不均衡。创业者必须不断寻求更大的商机，并合理使用和整合资源，以保证企业平衡发展。商机、资源和团队三者必须不断动态调整，以最终实现动态均衡。这就是新创企业的发展过程。

Timmons 认为，在创业过程中，由于机会模糊、市场不确定、资本市场风险以及外部环境变化等因素经常影响创业活动，致使创业过程充满了风险，因此，创业者必须依靠自己的领导、创造和沟通能力来发现和解决问题，掌握关键要素，及时调整商机、资源、团队三者的组合搭配，以保证新创企业顺利发展。

Timmons 创业理论中，创业过程模型是目前公认的创业管理理论，其他理论都是在此基础上的补充、完善与量化。

四、创业的类型

按照对个人和市场的影响程度，可将创业划分为复制型创业、模仿型创业和创新型创业三种。

复制型创业，是指创业者复制原有公司的经营模式，创新的成分很低。如某人原本在某外贸企业从事外贸业务，离职后自行创立一家与原公司类似的新外贸公司。

模仿型创业，是创业者模仿已取得创业成功的企业开展创业活动。对于市场虽然无法带来新价值的创造，创新的成分也很低，但与复制型创业的不同之处在于，创业过程对于创业者而言还是具有大的冒险成分。如马化腾模仿 ICQ 创立腾讯公司开发 QICQ，即早期的 QQ。

创新型创业，是创业者根据创新构想进行的创业活动。该类创业是种难度很高的创业类型，有较高的失败率，但成功所得报酬也很惊人。这种类型的创业如果想要获得成功，则必须在创业者能力、创业时机、创业精神发挥、创业策略研究拟定、经营模式设计、创业过程管理等各方面都有很好的搭配。如 Mark Zuckerberg 将社区的理念搬上网络，创立了 Facebook。

五、创业者应具备的知识、素质、能力

创业知识是创业者所具备的与创业活动相关的各种经营、技术、组织管理等认识和经验

的总和。创业者知识水平的高低对新企业经营活动具有重大的影响，良好的知识储备是创业成功的前提。创业者应具备的知识可分为三大类：第一类为基础性知识，即人们生产、生活中必须具备的常识性知识；第二类为一般性经营知识，即开展任何生产经营活动都必须掌握的共性知识，如法律、税收、管理等知识；第三类为创业项目专门知识，即与所创事业直接相关的知识，如与特定产业相关的知识、技术、经验等。

创业者应具备的基本素质包括创业意识、创业精神、心理品质等。

创业意识，是指由创业需要、创业动机、创业兴趣、创业理想等要素构成，能驱动人们启动创业活动的个性因素。

创业精神，是指在创业者的主观世界中具有的开创性的思想、观念、个性、意志、作风和品质等。一般来说，目前大家普遍接受的是从创新、自治、风险承担、超前行动和积极参与竞争五个维度来衡量创业精神的强度。

心理品质，是指创业者具有的稳定的、习惯化的思维方式和行为风格。心理学家们在对创业者的心理特征方面做了大量的研究工作后发现，成功的创业者往往具有一些不同于常人的共同心理特征，如主动、灵活、坚韧、独立、自信、自控性强和适中的冒险性。

创业者应具备的能力即创业能力，是指创业者在创业过程中运用已有知识解决问题的本领，即创业者在创业过程中表现出的机会识别、组织协调、风险应对、人际关系、创新等多个方面的能力。

【课后作业】完成《实训报告二　模拟创业组队》

任务四　沙盘概述

一、沙盘模拟的起源与发展

沙盘，让人联想到战争年代的军事作战指挥的沙盘，它能够清晰地展现出战场的地形地貌，让指挥官们凭借军事沙盘，运筹帷幄之中，决胜千里之外。

当沙盘应用于企业经营管理，也会产生类似的效果。自从1978年被瑞典皇家工学院的Klas Mellan开发之后，ERP沙盘模拟迅速风靡全球。现在国际上的许多知名商学院（如哈佛商学院、瑞典皇家工学院等）都在开设该课程。目前，沙盘模拟培训已经成为世界500强中大多数企业的中高层管理人员管理培训的首选课程，也成为我国高等院校开设的必修课或选修课。该课程已经被列入MBA、EMBA及中高层经理在职培训的教学之中，同时也是各高校精品创业实训课程之一。

沙盘模拟培训不同于传统的课堂灌输授课方式，通过运用独特、直观的教具，模拟企业真实的内部经营环境与外部竞争环境，结合角色扮演、情景模拟、教师点评，使学生在虚拟的市场竞争环境中，真实经历数年的企业经营管理过程，运筹帷幄，决战商场。沙盘模拟培训，突破了传统的管理实训课程的局限性，让学生通过模拟企业运行状况，在制定战略、分析市场、组织生产、整体营销和财务结算等一系列活动中体会企业经营运作的全过程，认识到企业资源的有限性，在各种决策的成功和失败的体验中，学习、巩固和融会贯通各种管理知识，掌握管理技巧，从而深刻理解诸多的企业经营管理思想，领悟科学的管理规律，提升管理能力。沙盘模拟培训课程一经推出，就以独特新颖的培训模式、深刻实用的培训效果受到中外企业、著名高校的青睐。

二、电子商务创业沙盘模拟的价值分析

(一) 多方位拓展知识体系

电子商务创业沙盘模拟通过对企业经营管理的全方位展现和模拟体验，使学生在以下几方面获益。

1. 战略管理

成功的企业一定有着明确的企业战略，包括产品战略、市场战略、竞争战略及资金运用战略等。从最初的战略制定到最后的战略目标达成分析，经过几年的模拟，经历迷茫、挫折、探索，学生将学会用战略的眼光看待企业的业务和经营，保证业务与战略一致，在未来的工作中更多地获取战略性成功而非机会性成功。

2. 营销管理

市场营销就是企业用价值来不断满足客户需求的过程。企业所有的行为、所有资源，无非是满足客户的需求。模拟企业几年中的市场竞争对抗，学生将学会如何分析市场，关注竞争对手，把握消费者需求，制定营销战略，定位目标市场，制订并有效实施销售计划，最终达成企业战略目标。尤其在当今的互联网时代，如何在企业经营过程中较好地做到"互联网＋"的电子商务销售，几乎是每个企业都要面对的问题。

3. 生产、运营管理

在电子商务沙盘模拟中，把企业的采购管理、库存管理、质量管理统一纳入管理领域，则新产品调研、物资采购、物流管理、品牌建设等一系列问题背后的一系列决策问题就自然地呈现在学生面前，它跨越了专业分隔、部门壁垒。学生将充分运用所学知识，进行积极思考，在不断的成功与失败中获取新知。

4. 财务管理

在电子商务创业沙盘模拟过程中，团队成员需要清晰掌握资产负债表、利润表的结构；掌握资金流转如何影响损益；解读企业经营的全局；预估长短期资金需求，以最佳方式筹资，控制融资成本，提高资金使用效率；理解现金流对企业经营的影响。

5. 人力资源管理

从岗位分工、职位定义、沟通协作、工作流程到绩效考评，沙盘模拟中每个团队经过初期组建、短暂磨合，逐渐形成团队默契，完全进入协作状态。在以往工作中，各自为政导致效率低下，无效沟通引发争论不休，职责不清导致秩序混乱。沙盘模拟可以使学生深刻地理解局部最优不等于总体最优的道理，学会换位思考，明确只有在团队的全体成员有着共同愿景、朝着共同的绩效目标、遵守相应的工作规范、彼此信任和支持的氛围下，组织才能更容易取得成功。

6. 基于信息管理的思维方式

通过沙盘模拟，学生能够真切地体会到构建企业信息系统的紧迫性。企业信息系统如同飞行器上的仪表盘，能够时刻跟踪企业运行状况，对企业业务运行过程进行控制和监督，及时为企业管理者提供丰富的可用信息。通过沙盘信息化体验，学生可以感受到企业信息化的实施过程及关键点，从而合理规划企业信息管理系统，为企业信息化做好观念和能力上的铺垫。

(二) 全面提高学生综合素质

电子商务创业沙盘模拟作为电子商务模拟创业仿真教学系统还可以用于综合素质训练，使学生在以下方面获益。

1. 树立共赢理念

市场竞争是激烈的，也是不可避免的，但竞争并不意味着你死我活。寻求与合作伙伴之间的双赢、共赢才是企业发展的长久之道。这就要求企业知彼知己，在市场分析、竞争对手分析上做足文章，在竞争中寻求合作，企业才会有无限的发展机遇。

2. 全局观念与团队合作

通过电子商务创业沙盘模拟对抗课程的学习，学生可以深刻体会到团队协作精神的重要性。在企业运营这样一艘大船上，CEO 是舵手，CFO 保驾护航，营销总监冲锋陷阵。在这里，每一个角色都要以企业总体最优为出发点，各司其职，相互协作，才能赢得竞争，实现目标。

3. 保持诚信

诚信是企业的立足之本、发展之本。诚信原则在沙盘模拟课程中体现为对"游戏规则"的遵守，如市场竞争规则、商品销售规则、信誉度等具体业务的处理。保持诚信是学生立足社会、发展自我的基本素质。

4. 个性与职业定位

每个个体因为拥有不同的个性而存在，这种个性在沙盘模拟对抗中会显露无遗。在分组对抗中，有的小组轰轰烈烈，有的小组稳扎稳打，还有的小组则不知所措。虽然个性特点与胜任角色有一定关联度，但在现实生活中，很多人并不是因为"爱一行"才"干一行"的，更多的情况是需要大家"干一行"就"爱一行"的。

5. 感悟人生

在市场的残酷与企业经营风险面前，是"轻言放弃"还是"坚持到底"，这不仅是一个企业可能面临的问题，更是每个个体在人生中不断抉择的问题，经营自己的人生与经营一个企业具有一定的相通性。

(三) 实现从感性到理性的飞跃

在电子商务创业沙盘模拟中，学生经历了一个从理论到实践再到理论的上升过程，把自己亲身经历的宝贵实践经验转化为全面的理论模型。学生借助沙盘推演自己的企业经营管理思路，每一次基于现场的案例分析及数据分析的企业诊断，都会使学生受益匪浅，达到磨炼商业决策敏感度、提升决策能力及长期规划能力的目的。

三、沙盘的类型

自沙盘课程引入我国二十多年，沙盘已经有了长足的发展。按照功能侧重点不同，可以分为 ERP 沙盘、电子商务沙盘、市场营销沙盘、物流管理沙盘、管理会计沙盘、人力资源管理沙盘等；按照性质状态可以分为物理沙盘和电子沙盘。

1. 按照功能侧重点划分沙盘

ERP 沙盘：是最早的沙盘，ERP（Enterprise Resource Planning）是指企业资源计划，是企业的经营管理者在包括厂房、设备、物料、资金、人员、供应商、客户等资源有限甚至稀缺的情况下，对其进行合理的规划安排，组织生产经营，力求实现企业利润最大化目标。

ERP 模拟沙盘是针对先进的现代企业经营与管理技术——企业资源计划系统,设计的角色体验式的实验平台,是企业资源计划 ERP 过程的沙盘化处理。

电子商务沙盘:通过对电子商务环境下企业经营的逼真模拟,通过设立网上商店,根据运营数据进行 SEO/SEM 引流,并针对相应的消费人群开展营销活动。经过数个会计年度的训练,让学生充分了解电子商务企业的敏捷经营之道,掌握电子商务企业提升流量、提高转化率的基本技巧,学会大数据环境下的精准营销。

市场营销沙盘:通过完成四种产品三年的生产和销售来考查团队合作能力、团队执行能力以及思维运作能力;通过直销、批发、零售等多渠道销售,锻炼团队成员的市场信息分析、目标市场选择、营销策略策划、会计报表分析等市场营销核心技能。

管理会计沙盘:采用博弈对抗的方式,由学生分组分别扮演在同一行业、初始情况完全相同的不同企业的财务总监,模拟不同经济活动下管理会计活动的各个环节,涉及作业成本管理、本量利分析、平衡记分卡等多种管理工具方法,充分考查学生综合运用管理会计专业知识和工具进行分析、判断和处理实际问题的能力。

一方面,这些沙盘通常都是模拟一个企业,针对企业经营管理活动中的相同的部分,包括营销活动、生产活动、财务活动等,所有类型的沙盘都能涉及,并进行相关的模拟训练。

另一方面,各个沙盘因为各自开发时间不同,所在专业不同,侧重也有不同。ERP 沙盘起源于 20 世纪,模拟的是工业企业的生产、研发、销售等过程,侧重于生产环节的资源协调、安排。沙盘模拟的环境与当今互联网条件下的营商环境存在较大不同。电商沙盘模拟一个网店,侧重互联网环境下的 SEO、SEM 引流及后续的成交、订单的配送等。市场营销沙盘涵盖部分生产环节,侧重于多渠道销售。管理会计沙盘运用管理会计专业知识,侧重于本量利分析、平衡记分卡等多种管理工具方法的运用。

2. 按照沙盘性质状态划分沙盘

物理沙盘:通常在物理沙盘盘面上,采用软材质,并由配套的收纳工具进行沙盘推演。以 ERP 沙盘为例,通常具有四条生产线资质、四类产品标识、四种产品生产标识、五个市场、两种产品生产资格证书(ISO 9000 和 ISO 14000)以及配套的空桶、彩币和订单以及配套的沙盘教具装箱清单。某 ERP 物理沙盘教具一览如表 1-1 所示。

表 1-1 某 ERP 物理沙盘教具一览

	盘　面	12 张
原料币	灰币	200 桶
	红色 R1	30 桶
	黄色 R2	30 桶
	蓝色 R3	30 桶
	绿色 R4	30 桶
生产资格	P1	12
	P2	12
	P3	12
	P4	12

续表

市场准入证	本地		12
	区域		12
	国内		12
	亚洲		12
	国际		12
生产线	手工线		60
	半自动		60
	柔性线		60
	全自动		120
	超级手工		120
	租赁线		120
产品标识	P1		80
	P2		80
	P3		80
	P4		80
ISO 资格证书	ISO 9000		12
	ISO 14000		12
空调			若干

电子沙盘：随着计算机的大量普及，近几年的沙盘多以互联网软件的形式进行研发。

早期研发的沙盘系统多为物理沙盘，摆放花时间，计算可能出错。目前国内各沙盘主要以电子沙盘为主，如图 1-2 所示。

图 1-2　ITMC 电子商务沙盘

四、ITMC 电子商务沙盘概述

(一) 认知电子商务沙盘

将一个网店各个关键部门的运作提炼成一个虚拟企业，让学生了解电子商务企业在日常经营过程中的各个工作任务，并进行模拟演练，进而了解电子商务的运营，掌握电子商务企业的经营管理技巧，这就是电子商务沙盘课程开设的目的。

每个网店由 4 名学生组成，分别担任店长、推广专员、运营主管、财务主管重要职位。每个公司通过租赁办公场所、建立配送中心、装修网店、采购商品设立网上商店；根据运营数据进行搜索引擎优化操作，获取尽可能多的自然流量；进行关键词竞价推广，获取尽可能多的付费流量；针对消费人群开展促销活动，制定商品价格，提升转化率；处理订单，配送商品，结算资金；规划资金需求，控制成本，分析财务指标，调整经营策略，创造最大利润。通过数个会计年度的训练，让学生充分了解电子商务企业的经营之道，掌握电子商务企业提升流量、提高转化率的基本技巧，学会大数据环境下的精准营销。

(二) 电子商务沙盘的组成架构

电子商务沙盘系统的盘面主要由订单、市场预测图、融资状况、综合费用、行政管理费用构成。每个虚拟公司通过操作电子商务决策经营流程、辅助工具和经营分析 3 个业务模块，完成每一阶段的虚拟电子商务企业运营过程，如图 1-3 所示。

电子商务决策经营流程模块主要由开店、采购、推广、运营、财务部 5 个部分组成；辅助工具模块包括店铺管理、员工管理、库存管理、仓库信息查询、站外推广信息、ITMC 商城信息、媒体中标信息、采购中标信息、历轮订单列表、我的订单信息、追加股东投资、物流信息查询、物流线路查询、物流折扣管理、排行、企业信息等；经营分析模块包括市场预测图、现金流量表、财务报表、市场占有率、订单汇总统计、已交货订单统计、未交货订单统计、进店关键词分析、驾驶舱、杜邦分析等。

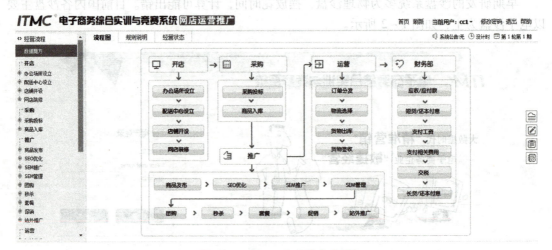

图 1-3 ITMC 电商沙盘盘面

五、电子商务沙盘基础设置

（一）管理员界面

首先登录沙盘。输入网址或服务器地址，登录 ITMC 电子商务综合实训与竞赛系统，使用管理员账号登录系统，进入电子商务沙盘教师端界面，如图 1-4 所示。具体登录地址由各学校的软件安装情况决定。

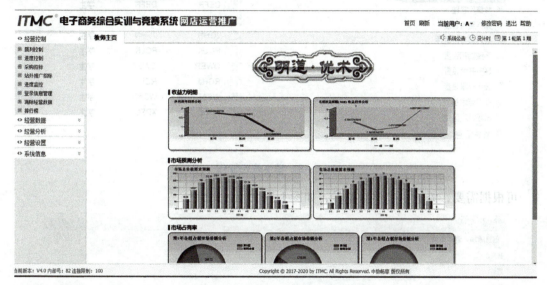

图 1-4　电子商务沙盘教师端界面

左侧包括经营控制、经营数据、经营分析、经营设置、系统信息等模块。其中，经营控制是主要操作模块。

（1）经营控制：裁判控制、进度控制、采购招标、站外推广招标、进度监控、登录信息管理、清除经营数据、排行榜。

（2）经营数据：现金流量表、财务报表汇总、订单信息统计、采购中标信息、媒体中标信息、市场占有率、订单信息查询、各组经营成绩、各组经营成绩对比图、数据魔方、进店词分析。

（3）经营分析：市场预测分析、经营趋势分析、营业成本效益、行政管理费效益、贴现利息效益、广告效益分析、市场品牌效益分析、公司管理费分析、公司租赁费分析、公司维修费分析、物流费用分析、工资效益分析、售后服务费分析、库存管理费分析、网店装修费分析、广告比重分析、收益力分析、安定力分析、人均利润分析、市场品牌分析、成长力分析、活动力分析、驾驶舱、杜邦分析、岗位分析、人均利润分析、岗位分析对比。

（4）经营设置：学生管理、数据库管理、库存费用管理、售后服务费用管理、系统期初设置、城市开放设置、操作权限设置、知识点添加、市场供应信息。

系统信息：技术支持、关于我们。

（二）设置学生账号

为了学生各团队能够在沙盘中开展模拟对抗，需要先设置学生账号。执行"经营设置"——"学生管理"命令，即可以进行设置，如图 1-5 所示。

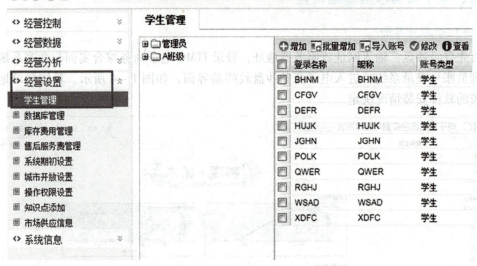

图 1-5　学生管理操作

可根据需要，添加单个学生账号，如图 1-6 所示。

图 1-6　添加单个学生账号

也可以批量增加学生账号，如图 1-7 所示。

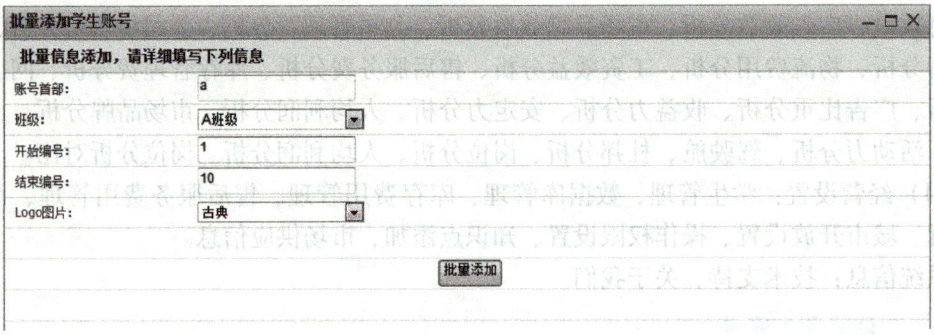

图 1-7　批量添加学生账号

学生忘记密码，也可以初始化密码。如图 1-8 所示，密码被统一修改为：123。

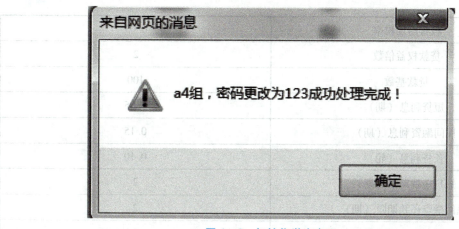

图 1-8 初始化学生密码

（三）系统设置

除了学生账号的初始设置之外，沙盘中也有其他的一些初始设置可供选择，包括系统期初设置、城市开放设置、操作权限设置、库存费用管理、售后服务费管理等。

1. 系统期初设置

系统初始设置一般不进行修改，以便直接匹配全国职业院校技能竞赛的参数要求，如表1-2所示。如果教学有需要，也可以做适当调整。

表1-2 系统初始设置

初始现金设置	500
行政管理费	10
供求比例	1.5
利润倍数	3
SEM限词个数	50
套餐最大商品数量	3
物流最大默认运费	10
最大商品预售数量	20
品牌人群价格上浮动	0.2
低价人群价格上浮动	0.1
犹豫人群价格上浮动	0.1
综合上浮动	0.2
增值税率	0.17
城建税率	0.07

续表

教育附加税率	0.03
贷款权益倍数	2
贷款基数	100
短贷利息（期）	0.05
民间融资利息（期）	0.15
长贷利息（轮）	0.10
短贷还款期限（期）	2
民间融资还款期限（期）	2
长贷还款期限（轮）	3

注：部分税率与实际略有差异。

2. 城市开放设置

城市开放设置已由前几个版本的 8 个城市扩展到 15 个城市，包括北京、杭州、重庆、沈阳、太原、海口、南京、银川、哈尔滨、广州、贵阳、石家庄、长沙、上海、拉萨。该设置一般不修改，以便直接匹配全国职业院校技能竞赛的参数要求，如图 1-9 所示。

图 1-9 城市开放设置

3. 操作权限设置

操作权限设置中，一般不允许追加股东投资，以便让所有参加学生处在同一起跑线，并重视各自的资金运转，做到真实模拟。这样也匹配全国职业院校技能竞赛的要求，如图 1-10 所示。

如果教学有需要，教师可以在某一时间允许追加股东投资。如在刚开始教学的时候，学生还不熟悉沙盘规则，出现大量的学生团队虚拟企业资金链断裂，为了让教学能够持续下去，可以适当开放追加股东投资，以便让学生持续经营，达到教学目的。当然，不可以经常开放该权限，避免让学生养成依赖心理。不妨逐渐提升要求，乃至完全取消该权限，让学生切实体会到企业经营的困境，"逼"他们筹划好资金，做好工作规划，认真运营企业，并在这一过程中得到切实的成长。

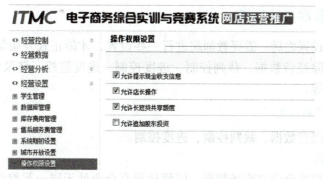

图 1－10 操作权限设置

4. 库存费用管理

各商品库存费用如图 1－11 所示。该设置一般不修改，以便直接匹配全国职业院校技能竞赛的参数要求。

库存费用管理　　系统公告:无　设计时

增加 修改 查看 全部添加 删除

编号	商品	库存城市	最低数量	库存费用	增加一件费用
209	床	全国	10	2	0.2
219	耳饰	全国	10	2	0.2
210	柜子	全国	10	2	0.2
220	戒指/指环	全国	10	2	0.2
216	空调	全国	10	2	0.2
221	裤子	全国	10	2	0.2
214	平板电视	全国	10	2	0.2
215	热水器	全国	10	2	0.2
211	沙发	全国	10	2	0.2
218	手链	全国	10	2	0.2
222	西装	全国	10	2	0.2
217	项链	全国	10	2	0.2
213	油烟机	全国	10	2	0.2
212	桌子	全国	10	2	0.2

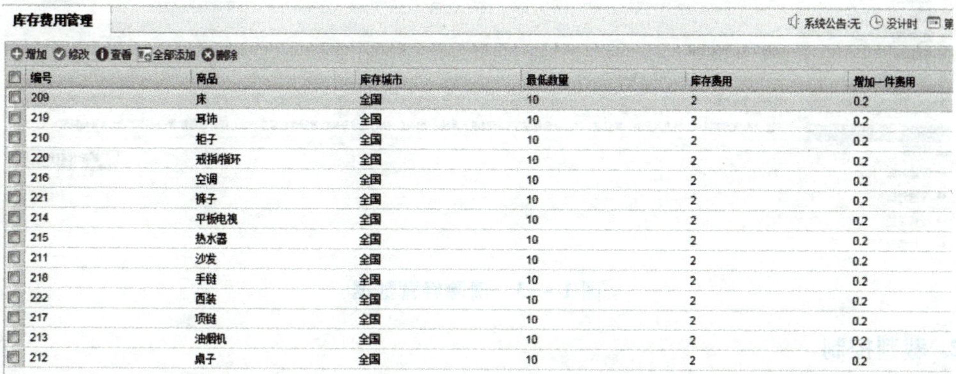

图 1－11 库存费用管理设置

5. 售后服务费管理

各商品售后服务费如图 1－12 所示。该设置一般不修改，以便直接匹配全国职业院校技能竞赛的参数要求。

售后服务费管理　　系统公告:

增加 修改 查看 删除

编号	商品	售后服务费(件)
34	床	0.5
44	耳饰	0.5
49	风衣	0.5
35	柜子	0.5
45	戒指/指环	0.5
41	空调	0.5
46	裤子	0.5
48	连衣裙	0.5
39	平板电视	0.5
40	热水器	0.5
50	沙发	0.5
43	手链	0.5
47	西装	0.5
42	项链	0.5
38	油烟机	0.5

图 1－12 售后服务费管理设置

六、电子商务沙盘运行前

在完成了初始设置之后，需要教师端进行一些设置，才能正式开始学生端的沙盘模拟。主要设置包括：清除经营数据、裁判控制、进度控制、进度监控、登录信息管理、采购招标，站外推广招标等。

（一）开始经营的设置

主要包括清除经营数据、裁判控制、进度控制。

1. 清除经营数据

每次开始前需要完全清空市场数据，以便让所有企业处于同一起跑线。值得注意的是，市场供给和需求是根据参与的学生账号的多少来确定的，所以在清空数据之前，只有先设置好对应的学生账号，才能清空数据，如图 1-13 所示。

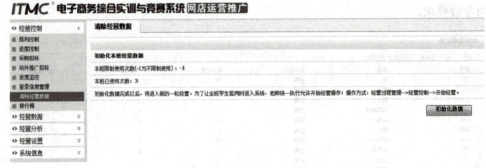

图 1-13　清除经营数据

2. 裁判控制

当按下"开始运营"按钮，所有企业同一时间进入沙盘模拟，保证了参与学生操作时间的一致性，如图 1-14 所示。

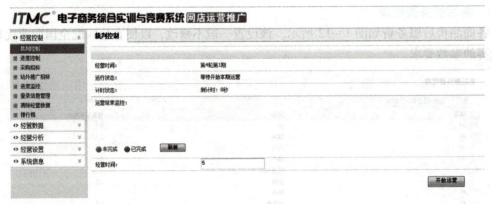

图 1-14　裁判控制

3. 进度控制

在每一轮结束后，只有单击"允许进入下一轮"按钮，才能开始下一轮的运营，如图 1-15 所示。这样可以在每次教学中留足时间进行讲解，也可以在技能比赛中方便裁判掌握比赛进度。

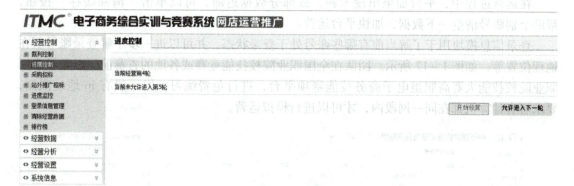

图1-15 进度控制

（二）进度的管理

在学生模拟运营过程中，可以通过进度管理了解各组学生的运营情况。

1. 进度监控

在进度监控中，可以看到每个学生团队的运营进展，如图1-16所示。

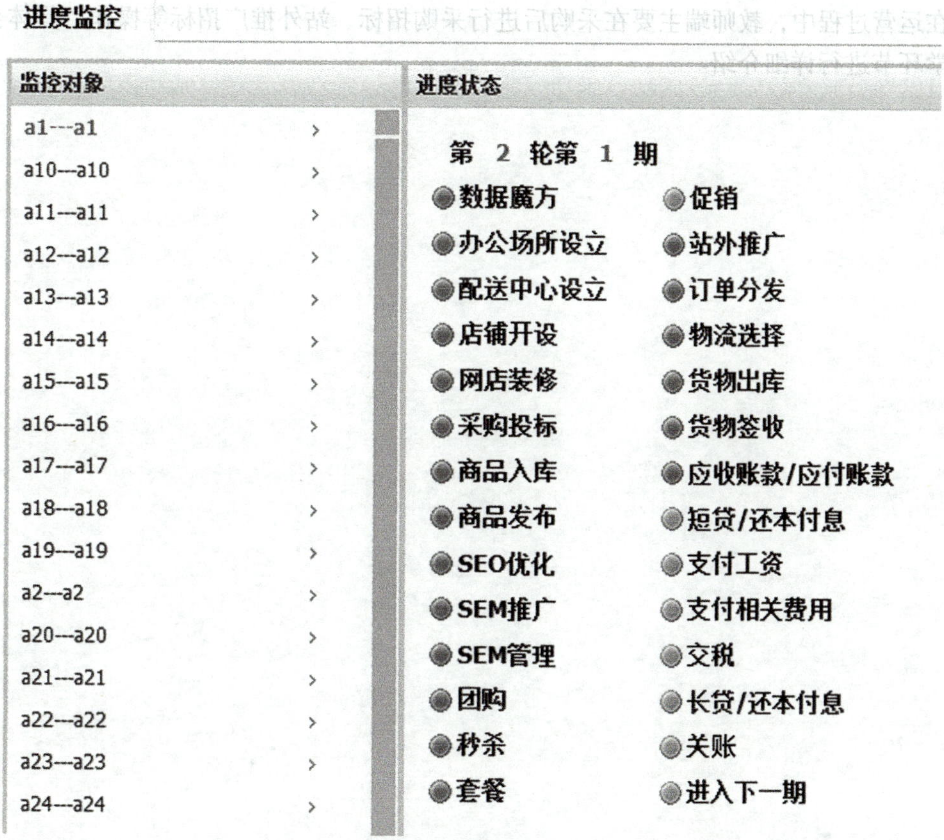

图1-16 进度监控

2. 登录信息管理

在运营过程中，平台如果出现卡顿，或部分数据迟滞，可以单击"清除缓存"按钮，帮助个别账号清空一下数据，加快平台运营。

登录信息模块用于了解当前有哪些账号处于登录状态，并可以进一步了解登录账号所在地理位置等，如图1-17所示。团队在全国职业院校技能竞赛或各地的省赛前可以登录全国职业院校技能大赛高职组电子商务技能赛项平台，进行免费练习。但一般有ip地址限制，要求所有计算机都在同一网段内，才可以进行模拟运营。

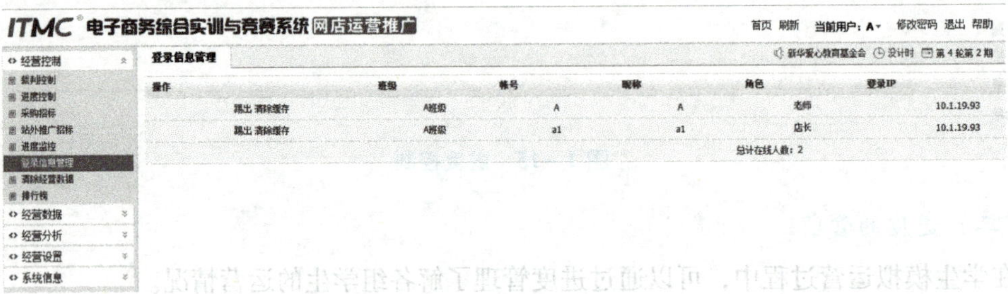

图1-17 登录信息管理

（三）运营过程的管理

在运营过程中，教师端主要在采购后进行采购招标、站外推广招标等操作。具体会在后续教学环节进行详细介绍。

项目二

电子商务创业沙盘基本操作

本项目主要介绍 ITMC 电子商务创业沙盘的"决策经营流程"模块的相关操作,并穿插介绍电子商务实务中各环节主要的工作内容,实现电子商务沙盘模拟与电子商务创业实战相结合,有利于学生未来开展电子商务就业与创业。通过本项目的学习,学生能够掌握 ITMC 电子商务沙盘的基本操作,并了解常见的电子商务企业各岗位的工作内容。

思政目标

1. 培育履行道德准则和行为规范的意识。
2. 具有社会责任感和社会参与意识。
3. 培养工匠精神、创新思维、全球视野。

职业能力目标

1. 掌握在 ITMC 沙盘里进行电子商务模拟创业的操作。
2. 理解企业经营管理的常见事项。
3. 了解电子商务创业一般过程。

典型工作任务

任务一　建立网店
任务二　采购管理
任务三　库存管理
任务四　销售管理
任务五　商品发货
任务六　财务管理
任务七　经营分析

任务一　建立网店

建立网店工作包括设立办公场所、建立配送中心、店铺开设与装修等。

一、在沙盘中设立办公场所

在登录界面中,输入学生端账号、密码,登录界面如图 2-1 所示,选择"店长"角色进行操作。

在一个电子商务创业团队中,需要有人负责推广工作、运营工作、财务工作,所以有推广专员、运营主管、财务主管等角色。在电子商务沙盘模拟中,店长角色包括其他角色所有的操作,所以选择"店长"即可。因系统限制,目前版本的平台不支持一个账号多角色同时登录。

图 2-1 选择角色

每个电子商务创业团队拥有 500 的初始资金,可以从事 C 店(类似淘宝店铺)、B 店(类似天猫店)的在线销售。因为是新开设的店铺,所以网店的各项指标,如企业信誉度、店铺人气、媒体影响力、店铺视觉值等,都为 0。

(一)操作

办公场所的设立包含选择办公城市、选择办公场所类型和招贤纳士三部分。只能设立一个办公场所。

1. 选择办公城市

运营主管根据不同城市的城市影响力、租金差、工资差等信息选择合适的办公城市。目前系统只开放哈尔滨、沈阳、北京、石家庄、银川、太原、拉萨、重庆、上海、南京、杭州、长沙、贵阳、广州、海口 15 个城市。当然教师可根据实际课程设置需要,在教师端开放更多的城市。

当鼠标在某个城市上方停留时,能够看到该城市的相关信息,包括工资差、租金差、城市品牌影响、是否支持邮寄等信息。

2. 选择办公场所类型

办公场所分为两类:一类是普通型办公室,面积 $50m^2$、容纳人数 10 人,租赁价格 96,维修费用 4,管理费用 0,搬迁费用 5(从一个城市搬迁到另一个城市所需的费用);另一类是豪华型办公室,面积 $150m^2$、容纳人数 20 人,租赁价格 160,维修费用 8,管理费用 0,搬迁费用 26,如图 2-2 所示。

运营主管根据经营需求可以改变办公场所类型,即改建,也可以将办公室在不同城市之间搬迁。

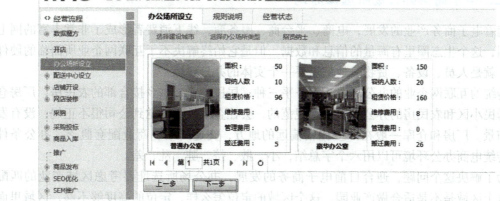

图 2-2　选择办公场所类型

3. 招贤纳士

办公城市及办公场所类型确定后，运营主管可以根据企业经营策略及办公室类型确定招聘员工的职称和数量，选择想要的员工。选择员工的主要影响因素包括员工的业务能力、工资增长率及基本工资。

（二）规则

（1）租金差：不同城市之间租金的差别百分比。

每期办公室租金 = 租赁价格 × （1 + 租金差）× 1。

（2）工资差：城市之间的工资差别百分比。

每期人员工资 = 基本工资 × （1 + 工资差）× 1。

（3）改建：根据经营需求可以改变办公场所类型。若普通办公室改建为豪华办公室需要支付租金差额；若豪华办公室改建为普通办公室则不退还租金差额。

（4）搬迁：根据经营需求，可以将办公室在不同城市之间搬迁，搬迁时需要支付搬迁费用，不同办公室搬迁费用不同。若搬迁至租金高的城市则需补充相应差价，反之搬迁至租金低的城市不退还差价。

（5）员工的业务能力关系企业综合评价指数的计算。

员工的经验值关系企业综合评价指数的计算，员工的经验值每期累加1。

城市影响力关系到综合评价指数的计算。

（6）办公室只能在全国范围内建立一个。

（三）技巧

一般来说，设立一个办公场所，运营主管需要综合考虑以下相关因素。

（1）根据不同城市的城市影响力、租金差、工资差等信息选择合适的办公城市。

（2）根据办公场所的容纳人数、租赁价格、维修费用等信息选择合适的办公场所。

（3）根据员工的业务能力、工资增长率及基本工资选择合适的人员。

运营主管根据经营需要可以改变办公场所类型（即改建），也可以将办公室在不同城市之间进行搬迁，搬迁时需要支付搬迁费用，不同办公室搬迁费用不同。一般从小办公室、租金便宜的地点开始经营，若有改建，只需要补齐资金即可，避免资金的浪费。

【分组讨论】各地区、各城市电子商务发展条件有哪些优劣？

二、电子商务办公场所选择原则

随着电子商务产业的发展，电商、平台商、服务商、线下消费者形成了非常丰富的网上生态圈，这个生态圈里有海量的信息和数据。但是它始终解决不了互联网企业所面临的硬件问题，就是人员、设备、货物。他们需要一个实体的办公环境。

传统的互联网企业的办公环境，无外乎三种：居民小区、城乡接合部的农民房、厂房仓库。居民小区和农民房的办公环境是不规范的，会让企业员工感觉到公司很不正规，没有发展的前景。厂房和仓库一般在一些比较偏远的地方，交通闭塞、商业配套匮乏、办公条件差。传统电商办公环境可以用六个字总结，小、散、挤、脏、乱、差。

为了解决这个问题，迎合目前电子商务的发展，办公场所选址要考虑区域产业的匹配度：这个区域是不是适合做产业园，这个区域的定位怎么样，定位的高度够不够，区域里面好不好招人，大专院校是不是比较集中等。这几点是办公场所选址时候的重要问题。

办公场所的选择要注意三个因素：办公环境、仓储地点、生活配套。在创业园、产业园设立办公场所是一种很好的选择。除了办公环境方面的优势外，还有如下优势：

（1）政策扶持：帮助入驻企业积极申报和争取国家政策奖励与专项资金扶持。
（2）绿色通道：为入驻企业开通工商部门及劳保部门绿色通道。
（3）人才培养：解决入驻企业基础人才需求与中高层管理人才培养需求。
（4）服务导入：逐步导入优秀的第三方服务商，为入园企业提供一站式服务。
（5）交流学习：组建各种电商圈子，定期交流，促进本地网商交流学习与合作。

某电商产业园入园的优惠措施：

（1）对入驻园区的电子商务企业，根据实际需求，租赁办公场地和产品展示场地（原则上办公场地按人均10平方米标准），3年内免租金、物业管理费；租用仓库用于电子商务销售（原则上按线上1万元销售额配0.5平方米仓库），3年内免租金、物业管理费，单个企业最高补助面积不超过3 000平方米。

（2）园区内设立创业孵化基地，对入驻园区的电子商务创业人员，3年内免费提供办公场地及办公家具，实现拎包入驻。

（3）支持企业进行配套设施投入。对装修和通信硬件、制冷制暖设备等配套设施实际固定资产投入总额在50万元以上的项目给予补助，补助额不超过项目投资总额的50%。

（4）鼓励传统企业应用电子商务。传统企业自建运营团队，且年线上销售额达到500万元以上，对第三方平台扣点费用给予30%的补助，单个企业每年最高不超过5万元。

（5）加快跨境电商发展。跨境电子商务企业年线上销售收入达到100万美元以上（以结汇收入为准），按跨境快递物流费用的30%给予补贴，单个企业每年最高不超过10万元。

（6）经专业主管部门认定的电子商务培训机构，为电子商务人员提供技能培训，电子商务人员取得职业资格证书并在园区内实现就业或创业一年以上，按实际培训费用的50%予以补助，每人最高不超过1 000元。

需要注意的是，这是某个时段某个地区的入园优惠措施，不具备全国统一标准，仅作为电商初创企业选择入园条件时的参考。

三、在沙盘中设立配送中心

一个电子商务企业需要建立配送中心,以便对顾客的订单进行寄送。

(一) 操作

在沙盘中,运营主管可根据市场需求及不同城市的租金差、物流运费、工资差、是否支持邮寄等信息选择合适的城市设立配送中心,并设置配送区域。建立配送中心包括租赁、改建、搬迁、退租、设配区5个功能。值得注意的是,每个城市只能建立一个配送中心。

执行"配送中心设立"——"租赁"命令,按照要求选择配送中心所在的城市,选择配送中心类型,雇用相应的员工,即可顺利设立配送中心,如图2-3所示。

图2-3 设立配送中心

(1) 租赁:根据体积、租赁价格、维修费用、管理费用及搬迁费用选择合适的配送中心。

(2) 改建:根据经营需求进行配送中心改建。改建时,若是将体积小的改为体积大的则补充租金差价;若是将体积大的改为体积小的,不退还租金差价。

(3) 搬迁:根据经营需求改变配送中心所在的城市。搬迁需要支付一定的搬迁费用。若搬迁至租金高的城市则需补充相应差价;反之,搬迁至租金低的城市不退还差价。搬迁时仓库必须空置。

(4) 退租:把闲置的仓库退租,若不退租则到期后系统默认续租。退租时,仓库必须为空置;若在每期期中退租,则需支付整期人员工资。

(5) 设配区:为每个配送中心设置默认的配送区域及默认的物流公司。若多个配送中心选择的默认配送区域里包含若干相同的城市,则在这些城市中按照租赁配送中心先后顺序选择默认的配送中心。

(二) 规则

租金、工资与所在城市相关。

每期配送中心租金 = 租赁价格 × (1 + 租金差)

每期人员工资 = 基本工资 × (1 + 工资差)

其中,仓库管理员基本工资6,配送员基本工资7。

(三) 技巧

对于一个初创企业,配送中心的支出较大,需要慎重考虑相关费用。另外,所在城市很大程度上又决定了后期配送费用的高低,所以建立配送中心需要综合考虑配送要求、配送费用、租金费用、工资费用等因素。

鉴于沙盘中的规则设定,可以先建立小一点的配送中心,再根据进货情况,在经营中扩建配送中心。

四、电子商务企业选择配送中心场地

(一) 仓库选址的含义

仓库选址是指在一个具有若干供应点及若干需求点的经济区域内,选一个地址建立仓库的规划过程。合理的选址方案应该是使商品通过在仓库的汇集、中转、分发,达到需求点全过程的效益最好。因为仓库的建筑物及设备投资太大,所以选址时要慎重,如果选址不当,损失不可弥补。

(二) 仓库选址的原则

(1) 适应性原则。仓库的选址要与国家及地区的产业导向、产业发展战略相适应,与国家的资源分布和需求分布相适应,与国民经济及社会发展相适应。

(2) 协调性原则。仓库的选址应将国家的物流网络作为一个大系统来考虑,使物流设施与设备在地域分布、物流作业生产力、技术水平等方面相互协调。

(3) 经济性原则。仓库的选址要保证建设费用和物流费用最低,不论选定在市区、郊区,还是靠近港口或车站等,既要考虑土地费用,又要考虑将来的运输费用。

(4) 战略性原则。仓库的选址要有大局观:一是要考虑全局;二是要长远考虑。要有战略眼光,局部利益要服从全局利益,眼前利益要服从长远利益,要用发展的眼光看问题。

(5) 可持续发展原则。仓库的选址在环境保护上,要充分考虑长远利益,维护生态环境,促进城乡一体化发展。

(三) 仓库选址的影响因素

1. 自然环境因素

(1) 气象条件。主要考虑的气象条件有:年降水量、空气温湿度、风力、无霜期长短、冻土厚度等。

(2) 地质条件。主要考虑土壤的承载能力。仓库是大宗商品的集结地,货物会对地面形成较大的压力,如果地下存在着淤泥层、流沙层、松土层等不良地质环境,则不适宜建设仓库。

(3) 水文条件。要认真搜集选址地区近年来的水文资料,需远离容易泛滥的大河流域和上溢的地下水区域,地下水位不能过高,所以河道及干河滩也不可选。

(4) 地形条件。仓库应建在地势高、地形平坦的地方,尽量避开山区及陡坡地区,最好选长方地形。

2. 经营环境因素

(1) 政策环境背景。选择建设仓库的地方是否有优惠的物流产业政策对物流产业进行扶持,将对物流业的效益产生直接影响。此外,当地劳动力素质的高低也是需要考虑的因素之一。

(2) 商品特性。经营不同类型商品的仓库应该分别布局在不同地域,如生产型仓库的选址应与产业结构、产品结构、工业布局紧密结合进行考虑。

(3) 物流费用。仓库应该尽量选择建在接近物流服务需求地,如大型工业、商业区,以便缩短运输距离,降低物流费用。

(4) 服务水平。物流服务水平是影响物流产业效益的重要指标之一,所以在选择仓库地址时，要考虑是否能及时送达，应保证客户无论在任何时候向仓库提出需求，都能获得满意的服务。

3. 基础设施状况

（1）交通条件。仓库的位置必须交通便利，最好靠近交通枢纽，如港口、车站、交通主干道（国、省道）、铁路编组站、机场等，应该有两种运输方式衔接。

（2）公共设施状况。要求城市的道路畅通，通信发达，有充足的水、电、气、热的供应能力，有污水和垃圾处理能力。

4. 其他因素

（1）国土资源利用。仓库的建设应充分利用土地，节约用地，充分考虑到地价的影响，还要兼顾区域与城市的发展规划。

（2）环境保护要求。仓库的建设要保护自然与人文环境，尽可能降低对城市生活的干扰，不影响城市交通，不破坏城市生态环境。

（3）地区周边状况。一是仓库周边不能有火源，不能靠近住宅区；二是仓库所在地周边地区的经济发展要对物流产业有促进作用。

案例分析

电子商务企业配送中心

2018年5月，菜鸟网络成都商超配送中心开始启用，第一阶段主要解决天猫超市在成都和重庆两个城市配送，后续会逐渐覆盖西南其他城市。

这也是菜鸟网络为天猫超市在西南地区设立的一个核心仓库。随着该仓库的投入使用，成都和重庆将率先可以购买天猫超市商品，并且享受当日下单次日收货服务。

天猫超市是天猫旗下的网上零售超市，包括日常百货和生鲜类产品。天猫超市的物流由菜鸟网络负责。随着网购的兴起和物流的便利，越来越多的消费者减少了逛超市的次数，开始习惯于在网上购买相关日常消费品。菜鸟网络的商超物流主要是通过仓配的模式去解决，即在多个核心城市设置中心仓库，结合落地配送辐射周边区域配送，保证货品质量和物流时效，消费者下单后通常次日或者隔日就能收货。与此同时，菜鸟对原有配送范围进行了升级，新开通重庆、成都、太原、郑州、沈阳、武汉6个核心城市全境配送。

2018年以来，菜鸟网络在商超物流方面发力颇多，目前为止，菜鸟已经在全国设立6个商超物流配送中心，分别位于天津、上海、苏州、广州、金义、成都，武汉配送中心也在紧张建设中。随着7个商超配送中心投入使用后，帮助天猫超市覆盖全国25个省级行政区，250余个城市，并将有50个城市可享受今天下单明天收货的次日达服务。

和其他电商的自建物流不同，菜鸟网络的商超服务是开放合作的，联合了社会上优质的物流资源，通过同服务商的协同，搭建起了完整的仓配服务体系，同时也带动了合作伙伴和行业的发展壮大。在仓储管理环节，菜鸟引入了专业的仓储服务商心怡科技物流来实现天猫超市仓内智能化管理；在超市物流配送环节，与万象物流、晟邦物流、芝麻开门、赛澳递等企业密切合作，让天猫超市的服务更加灵活，消费者的选择也更大。

此外，菜鸟网络还推出了多样性的服务，如将面向28个城市的消费者推出可指定日期送达，消费者可以"任性选择送货时间"。另外，天猫超市还在北京、上海、广州、深圳、杭州 5 个城市推出夜间配送服务，以方便白天不在家的上班族。随着仓储配送网络布局逐步完善，一张覆盖华北、华南、华东、西南、华中的仓配物流网络正在形成。"次日达"服务正在由一线城市向三四线城市、农村地区延伸。

案例来源：中国贸易报，《天猫开设新配送中心》，
http://www.ccpit.org/Contents/Channel_4115/
2018/0529/1009265/content_1009265.htm

五、物流的概述

随着经济全球化和电子商务的快速发展，物流产业也步入了高速发展期，以计算机、网络、通信等信息技术为核心的现代物流的作用日益显现，越来越多的企业开始从物流过程角度重新审视自身的经营活动。

在国际上，最普遍采用的是美国物流管理协会的定义：物流是为满足消费者需求而进行的对货物、服务及相关信息从起始地到消费地有效率与效益地流动与储存的计划、实施与控制的过程。

我国将物流定义为：物品从供应地向接收地的实体流动过程，根据实际需要，将运输、储存、装卸、搬运、包装、流通加工、配送、信息处理等基本功能实施有机结合。

（一）电子商务与物流的关系

电子商务与物流有着非常密切的关系，它是通过互联网进行商务活动的新模式，集商流、信息流、资金流、物流于一身。物流是电子商务发展的支点和基础，是电子商务的重要组成部分。反过来，电子商务将物流业提升到前所未有的高度，并促进物流技术的发展。大力发展现代物流，企业可以进一步降低交易成本，使得货物运输配送更快捷、高效，从而实现经济效益与社会效益的双丰收。

物流虽然包含在电子商务之中，但是人们对电子商务过程的认识却往往只局限于信息流、资金流的电子化、网络化，而忽略了物流的电子化过程。在电子商务中，物流系统的运作效率高低已成为电子商务成功与否的关键因素。

（二）电子商务对物流的影响

由于电子商务与物流的关系密切，电子商务的兴起必然对物流活动产生极大的影响。这种影响是全方位的，从物流业的地位到物流组织模式，再到物流各作业、功能环节，都将在电子商务的影响下发生巨大的变化。

1. 物流业的地位大大提高

电子商务是高科技和信息化的革命。它强化了信息处理，弱化了实体处理，必将导致产业大重组，原有的一些行业、企业将逐渐萎缩乃至消亡，同时也将扩大和新增一些行业、企业。实业中，物流业将逐渐得到强化。在电子商务环境下物流业必须承担更重要的任务：既要把虚拟商店的货物送到用户手中，还要从生产企业及时进货入库；既是生产企业的仓库，又是用户的实物供应者。物流业成为社会生产链条中的领导者和协调者，为社会提供全方位的物流服务。由此可见，电子商务把物流业提升到了前所未有的高度，为其提供了空前的发展机遇。

2. 供应链管理的变化

（1）供应链短路化。

供应链是指在生产和流通过程中，涉及将商品（或服务）提供给最终用户的上下游企业（同时包括最终用户）所形成的一个整体性功能的网络，即由物料获取、物料加工、成品送达这一过程所涉及的企业和企业部门组成的网络。在这一网络结构模式中，每一交易方既是其客户的供应商，又是其供应商的客户，它们既向上游交易方订购商品，又向下游交易方供应商品。现在，电子商务缩短了生产企业与最终用户之间在供应链上的距离，改变了传统市场的结构，企业可以通过自己的网站绕过传统的经销商与客户直接沟通。虽然目前很多非生产企业的电子商务网站继续充当着传统经销商的角色，但由于它们与生产企业和消费者都直接互联，只是一个虚拟的信息与组织中介，不需要设置多层实体分销网络（包括人员与店铺设施），也不需要存货，因此仍然降低了流通成本，缩短了流通时间，使物流路径变短。

（2）供应链中货物流动方向由"推动式"变成"拉动式"。

传统的供应链因为供销之间的脱节，供应商很难得到及时准确的销售信息，所以只能对存货管理采用计划方法，存货的流动是"推动式"的。它有两个明显的缺点：第一是缺乏灵活性。销路好的商品，其存货几乎为零，销路不好的商品就严重积压。第二是运转周期长。

在电子商务环境下，供应链实现了一体化，供应商与零售商、消费者通过互联网连在一起，通过多种终端，供应商可以及时且准确地掌握产品销售信息与顾客信息。此时，存货管理采用反应方法，按所获信息组织产品生产和对零售商供货，存货的流动变成"拉动式"，完全可以消除上述两个缺点，并实现销售方面的"零库存"。

（3）第三方物流成为物流业的主要组织形式。

第三方物流将在电子商务环境下得到极大发展，这也是跨区域物流进一步发展的必然要求。电子商务的跨时域性与跨区域性，要求其物流活动具有跨区域或国际化特征。第三方物流公司能提供一票到底、门到门的服务，可大大简化交易，减少货物周转环节，降低物流费用。并且，网上商店一般都是新建的企业，不可能投资建设自己的全球配送网络，甚至全国配送网络都无法建成，所以它们对第三方物流的需求是很迫切的。电子商务时代的物流重组离不开第三方物流的发展。在电子商务时代，物流业的地位将大大提高，而未来物流企业的形成就是以现在的第三方物流公司为雏形，第三方物流将发展成为整个社会生产企业和消费者的"第三方"。

3. 物流需求的新变化

电子商务的发展，网上商城、网上购物的出现，使物流服务的对象不仅仅是燃料、粮食、水泥等大宗物资。如今，由于需求多样化的拉动，出现了"多品种、小批量、多批次"的物流需求，物流对象也从以大宗物资为主体，向多样化和"轻、薄、短、小"的方向发展。同时，消费者也提出了低成本、高服务的要求。

（1）消费者的地区分布分散化。

（2）商品品种多样化。

（3）物流服务需求多功能化和社会化。

4. 物流服务空间的拓展

（1）增加便利性的服务——门到门服务，代安装，维护，自动订货，自动转账，订单跟踪等。

（2）加快反应速度的服务——提高配送速度，减少物流环节，简化物流过程等。

(3) 降低成本的服务——通过采用适用、投资少的物流技术和设备，或推行运筹学的管理技术、条形码技术、单品管理技术、信息技术等，提高物流的效益。

(4) 延伸服务——物流服务空间向上可以延伸到市场调查、需求预测、采购、订单处理，向下可以延伸到配送、咨询、物流方案的选择与规划、货款回收与结算等。

(5) 对物流时效性的要求变化。

总之，现代企业的"品质经营"强调的是时效性，其核心在于服务的及时性。20世纪60年代，物流竞争的焦点是降低成本，提供便宜的商品；20世纪80年代，物流强调的是质量；现代物流强调的则是"时间—快速"的市场反应。

（三）电子商务对物流各作业环节的影响

1. 采购

传统的采购过程极为复杂，采购员要完成寻找合适的供应商、检验产品、下订单、接取发货通知单和货物发票等一系列复杂烦琐的工作。而在电子商务环境下，企业的采购过程会变得简单、顺畅。

近年来，国际上一些大的公司已在专用网络使用EDI（Electronic Data Interchange，电子数据交换），以降低采购过程中的劳务、印刷和邮寄费用。通常，公司可由此节约5%~10%的采购成本。互联网也为中小型企业打开了一扇降低采购成本的大门。通过互联网采购，中小型企业可以接触到更大范围的供应厂商，因而能够降低采购成本。

2. 配送

在发展初期，配送业主要是通过促销来发挥作用。有学者研究发现，供大于求的买方市场格局是配送业得以推行和发展的适宜环境，这说明在电子商务产生之前，配送存在的根本原因是为了服务于促销活动。配送建立在这样的层次上，地位并不高，发展也不太快。我国推行配送制的过程并不顺利，如试点城市之一的无锡市，物资配送的总金额在1992年和1993年分别达8亿元和10亿元，1995年则降至8亿元，1996年不足8亿元。

在电子商务时代，B2C的物流支持都要靠配送来提供，B2B的物流业务会逐渐外包给第三方物流，其供货方式也是配送制。没有配送，电子商务物流就无法实现，电子商务也就无法实现，电子商务的命运与配送业休戚相关。同时，电子商务让制造业与零售业实现了"零库存"，实际上是把库存转移给了配送中心，因此配送中心成为整个社会的仓库，由此可见，配送业的地位大大提高了。

（四）电子商务对物流各功能环节的影响

传统的物流以商流为中心，物流紧紧伴随着商流而运动。在电子商务模式下，物流以信息为中心，信息不仅决定了物流的运动方向，也决定物流的运作方式。网络对物流的实量控制是以整体物流来进行的。

1. 物流网络的变化

（1）物流网络信息化。

物流网络信息化是物流信息化的必然结果，是电子商务下物流活动的主要特征之一。当前，互联网技术的普及为物流网络信息化提供了良好的外部环境。这里所说的网络信息化主要指以下两种情况：第一是物流配送系统的计算机网络，包括物流配送中心与供应商或制造商的联系以及物流配送中心与顾客之间的联系；第二是组织的网络信息化，即企业内部网。

(2) 实体物流网络的变化。

物流网络主要由线路和节点两部分组成，这两部分相互交织联结构成了物流网络。物流节点设施的设置，将决定我们如何进行存货、交付，以及如何组织运输能力。电子商务会使物流网络产生哪些变化呢？

首先，仓库数目将减少，库存集中化。配送与 JIT 的运用已使某些企业实现了零库存生产。由于物流业会成为制造业的仓库与用户的实物供应者，工厂、商场等都将会实现零库存，自然也不会再设仓库了。配送中心的库存将取代众多企业的零散库存。

其次，未来的物流节点的主要形式是配送中心。目前，按专业分工可将仓库分为两种类型：一类是以长期贮藏为主要功能的保管仓库；另一类是以货物的流转为主要功能的流通仓库。在未来的电子商务环境下，物流管理以时间为基础，货物流转速度更快，制造业都将实现零库存，加之仓库又为第三方物流企业所经营，这些都决定了保管仓库进一步减少，而流通仓库将发展成为配送中心。

最后，综合物流中心将与大型配送中心合二为一。物流中心被认为是各种不同运输方式的货站、货场、仓库、转运站等演变和进化而成的一种物流节点，主要功能是衔接不同运输方式。综合物流中心一般设在大城市，数目极少，而且主要衔接铁路与公路运输。结合运输来考虑，物流中心与配送中心都处于一次运输与二次运输的衔接点（物流中心衔接了不同运输方式，也同时衔接了一次运输与二次运输），都具有强大的货物集散功能，因此综合物流中心与大型配送中心很可能合二为一。

2. 运输的变化

（1）运输分为一次运输与二次运输。

物流网络由物流节点和运输线路共同组成，节点决定着线路。在传统商务环境下，由于各个仓库位置分散，物流的集中程度比较低，就使得运输也很分散，像铁路这种运量较大、较集中的运输方式，为了集中运量不得不采取编组，而非直达方式（只有煤炭等几种大宗货物才可以采用直达方式）。

在电子商务环境下，库存能够集中起来，库存集中必然导致运输集中。随着城市综合物流中心的陆续建成，公路货站、铁路货站、铁路编组站被集成在一起，物流中心的物流量达到足够大，可以实现大规模的城市之间的铁路直达运输。这就将运输划分成一次运输与二次运输。一次运输是指综合物流中心之间的运输；二次运输是指物流中心辐射范围内的运输。一次运输主要采用铁路运输，因为运输费率低，直达方式又使其速度大大提高。二次运输用来完成配送任务，它由当地运输组织（运输组织人员、运输范围、服务对象都在当地区域范围内）来完成。

（2）多式联运大发展。

在电子商务环境下，多式联运将得到大发展，这是由以下原因导致的：第一，电子商务技术，尤其是外联网使企业联盟更加容易实现。运输企业之间通过联盟，可扩大多式联运经营。第二，多式联运方式为托运人提供了一票到底、门到门的服务方式。因为电子商务的本质特征之一就是简化交易过程，提高交易效率。在未来电子商务环境下，多式联运与其说是一种运输方式，不如说是一种组织方式或服务方式。它很可能成为运输企业所提供的首选服务方式。

3. 信息的变化

（1）信息流由闭环变为开环。

原来的信息管理以物流企业的运输、保管、装卸、包装等功能环节为对象，以企业自身的物流管理为中心，与外界信息交换很少，是一种闭环管理模式。

现在和未来的物流企业注重供应链管理，以顾客服务为中心。它通过加强企业间合作把产品生产、采购、库存、运输配送、产品销售等环节集成到一起，将生产企业、配送中心（物流中心）、分销商（零售点）网络等经营过程的各方面纳入一个紧密的供应链中。此时，信息不是在物流企业内闭环流动，信息的快速流动、交换和共享成为信息管理的新特征。

（2）信息各模块功能的变化。

在电子商务环境下，现代物流技术的应用使得传统物流管理信息系统的某些模块的功能发生了变化。

在采购方面，电子商务环境下，采购的范围扩大到全世界，可以利用网上产品目录和供应商供货清单生成需求和购货需求文档。

在运输方面，运用 GIS（Geographic Information System，地理信息系统）、GPS（Global Positioning System，全球定位系统）等技术，运输更加合理，而且运输由不可见变为可见。

在仓储方面，条码技术的使用可以快速、准确地采集信息，极大地提高了产品流通的效率，而且提高了库存管理的及时性和准确性。

在发货方面，以前公司的仓库管理系统互不联网，从而造成交叉运输、脱销及积压情况时有发生。而在电子商务环境下，各个仓库管理系统实现了信息共享，发货由公司中央仓库统筹规划，可以消除上述缺点。发货同时发送相关运输文件，收货人可以随时查询发货情况。

（五）电子商务促进物流技术水平的提高

所谓物流技术，是指完成物流任务所必须采用的最有效的方式方法。传统的物流技术概念主要是指物资运输技术或者物资流通技术，也就是说物流技术是各种流通物资从生产者转移给消费者时，实现各种流通形态的停顿与流动功能所需要的材料、机械、设施等硬件环境和计划、运用、评价等软件技术。

发达国家的学者们最先将零库存的概念引入了现代物流的范畴。在 20 世纪 60 年代中期，日本的一些公司实现配送设备的自动化，在消费者比较集中的地区建立了若干配送中心，这就必须储存大量物资。这种模式形成了从工厂到物流中心，再从物流中心到消费者的良性循环，节省了大量流通费用。但同时，物资的仓储费用又有了较大幅度的增加。在这种情况下，物流中心又采用了计划配送模式，即以销定产的仓储计划技术。随着社会消费的急剧增长和消费品种的迅速多样化，市场需求瞬息万变，物流中心很难预测某种产品的销量。在日本食品市场，每年大约有 15 000 种新产品面市，同时又有 14 000 种产品退出市场，即使目前销路最好的产品，在一年之内，也有 60% 多被挤出消费市场。这时，商品库存的积压就意味着巨大的商业风险。因此，人们开始寻求一种没有库存的商业系统，零库存物流技术也就应运而生了。

零库存商业系统的实施必须依托以下三个条件：首先，必须有一个能够准确、快速反应市场需求的信息系统；其次，必须有一个能够根据所获得的市场信息进行生产调节或者采购的快速柔性生产系统；最后，还必须有一个货物快速配送系统。

为达到零库存的目的，必须建立大量的配送中心，同时建立一支庞大的信息、计划采购、配送队伍。这些方法需要耗费大量的人力、物力，需要投入大量的资金，而收效却并不明显。

零库存概念的提出，似乎使物流技术的发展遇到了难以逾越的障碍。但电子商务的出现，将以上的问题一下子都圆满地解决了，使物流技术进入了一个崭新的时代。

电子商务是一种新型的基于互联网技术所进行的企业与企业、企业与用户间的商业活动形式。电子商务实现了在全世界范围内用互联网技术以电子方式进行物品与服务的交换。电子商务所完成的功能不仅仅是订货和支付，实际上，电子商务包括了从生产到消费的整个商务过程。电子商务包括企业内部网、企业内部网同互联网的连接、电子商务应用系统。企业内部网的部分通道对互联网开放，提供客户访问接口，但涉及生产、管理等商业机密的部分则设置防火墙等安全措施。电子商务应用系统则是客户访问的入口，用户通过互联网可以在这个系统上查看产品目录，翻阅产品资料，还可以通过电子订单系统下单，通过电子支付系统结算。

随着电子商务的发展，企业不必再花费巨资进行产品信息采集。企业既可以在网上发布电子公告，对用户进行调查，也可以将产品调查表放在企业主页或者某个知名站点上（尤其是某类产品的专业站点），让用户在网上即时填表或者下载后填表再返回。此外，企业还可以根据所掌握的用户资料，发送电子邮件。当信息系统通过网络采集到足够的产品信息后，企业决策层根据这些信息适时调整生产计划，适时推出适销对路的产品。产品一旦定型，用户就可以通过电子商务系统订货，即时反馈到企业，企业立即组织生产，最后通过配送系统即时送到用户手中。这样，企业就以极少的投入实现了产品的零库存生产。

（六）物流对电子商务的影响

随着电子商务的进一步推广与应用，物流对电子商务的影响日益明显。

在电子商务模式下，一些电子出版物如软件、电子图书等可以通过网络以电子数据的方式发给消费者，但绝大多数商品仍要通过各种方式完成从供应商到消费者的物流过程。如果网店解决不了物流问题，只好告诉购买者送货必须在一定的范围内，电子商务的跨地域优势就会受到极大的限制。如果没有一个高效的物流管理，电子商务就只是一句空话。

1. 物流是电子商务的重要组成部分

电子商务下的任何一笔交易，同传统的交易活动一样，都包含各种基本流——商流（商品本身所有权的转移过程）、资金流（商品价值的实现过程）、物流（商品实体的时间和空间转移过程）、信息流（商品供求、价格、技术、质量、服务相关信息的交流过程）。在互联网时代，商流、资金流、信息流，都可以通过网上交易、网上结算、网上沟通，进行虚拟化的经济活动。然而，最终的资源配置，还是需要通过商品的实体转移来实现的。一些电子出版物、信息咨询服务、软件等少数商品虽然可以直接通过网络传输的方式进行配送，然而绝大多数的商品仍然需要通过专用的运输装卸工具（火车、汽车、飞机、轮船、装卸机械等）来完成实体的位移。也就是说，不管商品交换的方式如何变换，物流——商品实体的转移（从商品供应者转移给商品消费者）的过程都不会被取消。因此，物流是电子商务必不可少的组成部分。

2. 物流现代化是电子商务的基础

电子商务通过快捷、高效的信息处理手段可以比较容易地解决信息流（信息交换）、商流（所有权转移）和资金流（支付）的问题，而要将商品配送到消费者手中，只有通过现代化的物流系统才能以最快的速度完成。只有完成商品的空间转移（物流），才标志着电子商务活动的最终实现。因此，物流现代化是电子商务的基础，它提高了电子商务的效益和效率，扩大了电子商务的市场范围，保证了电子商务目标的实现。物流现代化包括物流技术现代化和物流管理现代化。物流技术现代化主要指条码技术、信息处理技术、安全装载技术等软技术和自动化仓库、运输专业化、装卸设备效率化等硬技术现代化。物流管理现代化是应用现代化的管理思想、理论和方法，有效地管理物流，实现基于电子商务的供应链集成。

3. 物流是实施电子商务的根本保证

（1）物流保障生产。

无论在传统的贸易方式下，还是在电子商务模式下，生产都是商品流通之本，而生产的顺利进行需要各类物流活动支持。生产的全过程从原材料的采购开始，便要求有相应的供应物流活动将所采购的材料运送到位，否则，生产就难以进行；在生产的各工艺流程之间，也需要原材料、半成品的物流过程，即所谓的生产物流，以实现生产的流动性；部分余料、可重复利用的物资的回收，需要所谓的回收物流；废弃物的处理则需要废弃物物流。可见，整个生产过程实际上就是系列化的物流活动。

合理化、现代化的物流，可以降低成本费用、优化库存结构、减少资金占压，缩短生产周期，保障现代化生产的高效进行。如果缺少现代化的物流，生产将难以顺利进行，无论电子商务是多么便捷的贸易形式，仍将会"无米下锅"。

（2）物流服务于商流。

在商流活动中，商品所有权在购销合同签订的那一刻起，便由供方转移到需方，而商品实体并没有因此而移动。在传统的交易过程中，除了非实物交割的期货交易，一般的商流都必须伴随相应的物流活动，即按照需方（购方）的需求将商品实体由供方（卖方）以适当的方式、途径向需方（购方）转移。而在电子商务模式下，消费者通过网上购物，完成了商品所有权的交割过程，即商流过程。但电子商务的活动并未结束，只有商品和服务真正转移到消费者手中，商务活动才告以终结。

在整个电子商务的交易过程中，物流实际上是以商流的后续者和服务者的姿态出现的。没有现代化的物流，任何轻松的商流活动都会退化为一纸空文。

（3）物流是实现"以顾客为中心"理念的根本保证。

电子商务的出现，在很大程度上方便了最终消费者。他们不必再跑到拥挤的商业街，一家又一家地挑选自己所需的商品，而只需坐在家里，通过互联网搜索、挑选，就可以完成他们的购物过程。试想一下，如果他们所购的商品迟迟不能送到，或是商家所送商品并非自己所购，那消费者还会选择网上购物吗？

物流是电子商务实现以"以顾客为中心"理念的最终保证，缺少了现代化的物流技术，电子商务给消费者带来的购物便捷等于零，消费者必然会转向他们认为更熟悉、便捷、安全的传统购物方式，那网上购物还有什么存在的必要？

所以，促进电子商务的发展，需要高效的现代物流。我们必须摒弃原有的"重信息流、商流和资金流的电子化，而忽视物流电子化"的观念，我国的物流业必须了解自我、找出差距、不断学习、不断完善，继续发展壮大，以进一步推广电子商务，并推动我国经济发展跨入新的时代。

4. 物流是发展电子商务的关键

电子商务的瓶颈问题，是现在谈论比较多的一个问题。网络安全问题、网上结算问题虽然被很多人称为瓶颈，但是实际上，现在的科学技术、管理和实践都已经证实，这些问题都构不成真正的瓶颈。应该说，唯一不可回避的是物流瓶颈。电子商务的物流瓶颈在我国的主要表现是：在网上实现商流活动之后，缺少有效的社会物流配送系统为实物的转移提供低成本的、适时的、适量的转移服务。配送的成本过高、速度过慢是偶尔涉足电子商务的买方最为不满的问题，也是我国电子商务主要的发展障碍之一。因此要在我国更好地发展电子商务，规范物流、发展物流成为刻不容缓的事情。

5. 物流是电子商务企业获取竞争优势的重要手段

电子商务企业的竞争对手既包括传统销售渠道的企业，也包括同类的电子商务企业，"价格、方便、信任"是电子商务企业竞争的三种基本武器。越来越多的案例表明，电子商务企业要在这三个方面获得优势，必须充分利用物流管理，构建良好的物流体系，加快送货速度，降低营运成本，获取顾客信任，提供良好的售后服务，抑制电子商务中的欺诈行为。

（1）物流是电子商务降低成本的重要手段。

价格是电子商务与传统企业竞争的"杀手锏"。电子商务是无店铺销售，相对于传统渠道销售，电子商务具有成本优势。但这种成本优势是否能够转化为价格优势，还取决于物流管理是否高效。如果物流成本过高，电子商务不仅难以战胜传统企业，甚至连盈利都困难；反之，如果物流管理良好，电子商务企业则有可能借助高效物流带来的成本优势进行促销。

（2）物流是完善电子商务便利性的保证。

电子商务简化了顾客与企业之间信息流、商流和资金流的业务流程，为顾客找到和购买所需商品提供了极大的便利。但是如果线下物流系统不完善，导致顾客收货延迟，或者收错货，或者退换货困难，则会大大抵消电子商务线上交易的便利性。顾客也许只需要点一下鼠标就能完成网上订购，但如果商品到达手中却需要漫长的等待，收到商品之后还可能发现包装破损、商品丢失等情况，就很难让顾客感受电子商务的便利性，也难以吸引顾客进行第二次购买。因此，要真正让顾客感知电子商务的便利性，就必须提高物流服务的质量，包括送货速度、所送货物品种数量的准确性，以及提供给顾客良好的售后服务。

（3）物流是提高电子商务信任度的重要途径。

信任是电子商务交易永恒的主题。随着电子商务的发展，网络交易欺诈现象也日益增多，如卖家以次充好、以假乱真等，不仅普通的消费者会在B2C和C2C网络交易中遇到风险，即使是企业在B2B的交易平台也一样会遭遇骗局。由于缺乏信任，许多顾客不愿意通过电子商务购物和消费。因此提高电子商务交易信任度既是电子商务发展的必要条件，也是电子商务企业赢得竞争优势的机会。

物流是电子商务中唯一与顾客直面接触的窗口，是增加顾客信任的重要途径。如果电子商务企业能够充分利用物流与顾客接触这一特点，建设好物流体系，则有可能大大增强顾客对企业的信任感，吸引顾客在网站重复购物。

由于物流对电子商务的上述作用，伴随着电子商务的发展，电子商务物流的概念也应运而生。在电子商务高速发展的过程中，有效的物流活动越来越显著地体现出其重要性，成为有形商品网上销售能否顺利进行的关键性因素。如果没有一个合理的、畅通有效的现代物流系统，电子商务系统的优势很难得到完全的发挥，电子商务企业也难以获得成功。换句话说，对于电子商务企业，谁做好了物流，谁就有可能得到更快、更好的发展。

物流与电子商务的关系极为密切。物流对电子商务的实现很重要，电子商务对物流的影响也极为巨大。物流在未来的发展与电子商务是密不可分的，可以这样理解这种关系：物流本身的矛盾促使其发展，而电子商务恰恰提供了解决这种矛盾的手段；反过来，电子商务本身矛盾的解决，也需要物流来提供手段，新经济模式要求新物流模式。

六、在沙盘中开设店铺

运营主管根据企业经营需求开设 C 店或筹建 B 店。

开设 C 店：相当于淘宝店，主要操作包括添加店铺名称、经营宗旨及描述。注意，C 店不可以进行站外媒体推广。

开设 B 店：相当于天猫店，主要操作包括添加店铺名称、经营宗旨及描述；筹备周期需要 2 轮或 4 期，每期费用为 60；B 店可以进行站外媒体推广，从而获得品牌人群客户订单。运营主管可以根据实际经营需要选择开设或关闭店铺，如图 2-4 所示。

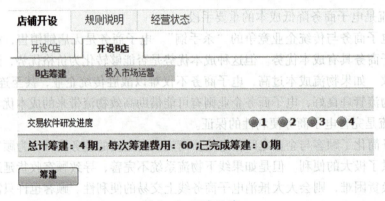

图 2-4 研发 B 店

七、电商企业选择平台

（一）入驻第三方交易平台

入驻第三方交易平台，即中小企业或个人通过入驻第三方提供的交易平台来创建网店，开展网络零售业务。目前，国内知名的第三方内贸网络零售交易平台主要包括淘宝网（www.taobao.com）、京东网（www.jd.com），第三方外贸网络零售交易平台主要包括速卖通（www.aliexpress.com）、敦煌网（www.dhgate.com）、亚马逊（www.amazon.com）、wish（www.wish.com）等。根据艾瑞咨询统计数据，淘宝网、京东网在中国 B2C 购物网站占据 80% 以上的市场份额，处于绝对领先地位。

如图 2-5 所示，根据艾瑞咨询统计数据，2017 年第三季度中国 B2C 市场中，天猫的市场份额仍为第一，京东位于第二，两家占比超过 80%，同比增长平均近 40%，高基数叠加高增长，拉动 B2C 市场的持续扩大。其他企业竞争激烈：苏宁易购、国美等同比增速均高于 B2C 行业的整体水平；网易考拉作为跨境电商领域的代表性独立平台，其业务也保持了高速的增长。

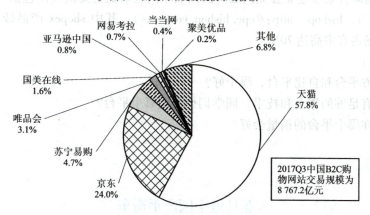

图 2－5　2017 年第三季度中国 B2C 市场（数据来源：艾瑞网）

理想的第三方网络零售交易平台应该具有这样的基本特征：良好的品牌形象、简单快捷的入驻手续、稳定的后台技术、完善的网店维护与订单处理功能、快速周到的顾客服务、安全方便的在线支付体系、必要的配送服务以及售后服务保证措施等。当然，平台本身还需要有尽可能高的访问流量、市场占有率、营销推广能力。此外，平台收费模式和费用水平也是重要影响因素之一。天猫和京东、B2C 平台对比分析如表 2－1 所示。

表 2－1　天猫和京东 B2C 平台对比分析

平台名称	平台特色	入驻要求	支付结算方式	客户体验	物流配送
天猫	注重品质、品牌	拥有企业营业执照商家，拥有注册商标或正规品牌授权书，签署入驻平台合约	支付宝快捷支付、货到付款、网银支付	一口价、7 天退换货、全网积分购物等	与国内各大快递企业合作及按照电商社会化物流体系
京东	以 3C 网购为主，兼顾多种商品	公司注册资金 50 万元或以上，必须提供正规发票	货到付款、在线支付等	3C 类延保服务、价格补贴等	自营物流为主，拥有多处物流中心

个人或企业在选择要入驻的第三方网络零售交易平台时，应注意考察平台是否具备以下基本功能。

（1）为买卖双方提供交易空间，通过自身的知名度将买卖双方聚集到一起。

（2）承担交易监督和管理的职责，包括制定平台交易规则，规范并监控买卖双方的交易行为，创建良好的商业信用环境，保障买卖双方的权益。

（3）为买卖双方提供技术支持服务，如商品发布、网店创建与装修、商品搜索比价、在线支付、在线推广、在线促销等各类技术支持服务。

（4）为买卖双方提供信用贷款、在线交易保险、仓储配送、数据分析等各类增值服务。

（二）自营式独立网店

自营式独立网店即中小企业或个人自己搭建的、具有商品展示和网上订单功能的独立网店，自行推广、运营和维护。根据自营式独立网店的建站方式不同，又可以细分为两种模式：一是自主开发网店软件系统；二是购买专业网店软件系统。大部分中小企业或个人会选择购买专业网店软件系统建立独立网店。国内独立网店系统主要供应商包括 shopex（http://www.shopex.cn/）、hishop（http://cpc.hishop.com.cn/）。其中 shopex 产品线较齐全，在网店软件产品市场占有率高达 70%。

【分组讨论】
（1）第三方平台和自建平台，哪个好？
（2）假如有足够的资金和技术，同学们想使用哪个平台？
（3）预测在哪个平台的销量会好？

案例分析

亚马逊中国产平衡车

自 2015 年澳洲爆出中国产平衡车在使用及充电过程中产生起火爆炸等安全事故隐患，以亚马逊为首的出口电商平台相继出台政策下架平衡车或者设立准入门槛。

由于平衡车事件爆发之初，最先受到海外消费者诟病的是亚马逊平台，因此当初该平台可以说是全面对平衡车进行封杀。但包括速卖通、敦煌网、eBay 和 Wish 在内的其他平台，并非"赶尽杀绝"，而是选择树立资质门槛和品牌授权。几大平台对平衡车的态度如下：

速卖通：平台并没有禁止平衡车品类，卖家想要销售需要提交相应的安全认证，比方公司营业执照（需与该品类有关），平衡车商品使用的安全标准认证证书以及签署承诺函。

敦煌网：设立门槛，需要资质认证。首先，卖家所售产品具有自主品牌或授权证明或相关专利证明，包括外观、商标、版权和技术实用新型等。其次，卖家所售产品至少提供三项相关资质认证（CE、电池 MSDS 证书、UN 电池认证和 UL 认证）。卖家所售产品有海外备货。除此之外，相关商户的责任月纠纷率不得高于 6%，月退款率不得高于 9%。

eBay：对平衡车实施不同的国家准入标准制度，因国家而异，并没有统一的国际标准。

Wish：维持"产品资质+销售授权"。

案例来源：雨果网，https://www.cifnews.com/article/20821?origin=guoyuan

[试析]
假如你作为平衡车销售商，将采取什么应对方式？

八、在淘宝网上开店

根据《淘宝规则》第 32 条的规定，在淘宝集市开设个人网店应满足以下条件：会员将其账户与通过实名认证的支付宝账户绑定，公示真实有效的姓名、地址或营业执照等信息，并通过开店考试后方可创建店铺。

在淘宝集市开设个人网店流程：

（1）注册淘宝账号、下载并安装业务管理工具，主要包括阿里旺旺（卖家版）、淘宝助理等。

（2）建立关联网银、支付宝实名认证。支付宝实名认证是一项身份识别服务，通过认证后可以拥有"互联网身份证"。

（3）淘宝开店在线考试。

在线考试是淘宝给新卖家上的第一课。所谓"无规矩不成方圆"，网上开店也必须遵循一定的规则。

在淘宝平台上，可以登录淘宝规则频道，先系统地学习淘宝的交易、市场管理、通用违规行为及处理、淘宝网分则、天猫分则等知识。卖家违规受到处罚的一个重要原因是不熟悉淘宝规则，因此淘宝规则中增加了开店需要考试的规定，目的是让卖家先熟悉在淘宝网上经营需要遵守的规则，做到守规经营，避免在开店过程中因误操作而违规扣分造成降权，甚至遭到关店的厄运。

（4）商品上架、铺货。完成了商品信息的收集工作后，可根据淘宝的操作规范将收集的信息展示在店铺中。

淘宝店铺基本要素设置主要包括店铺名称、店铺 logo、一级域名、宝贝分类设置、运输模板设置、经营类型、店铺类目、简介、联系信息、店铺详细介绍、手机二维码、旺旺头像等。

九、在沙盘中装修网店

网店装修可以理解为类似实体店铺的装修。店铺只有符合顾客的需求，才能吸引顾客来购物，甚至多次消费。对于网店来讲，一个好的店铺设计至关重要，毕竟买家只能通过网上的文字和图片来了解店铺，了解产品。所以店铺装修得好能增加买家的信任感，甚至还能对店铺品牌的树立起到关键作用。网店装修就是在淘宝、易趣、拍拍等网店平台允许的结构范围内，尽量通过图片、程序模板等让店铺更加美观。

网店装修分为简装修、普通装修及精装修，每种装修费用及获得的视觉值不同。运营主管可以根据实际经营需要选择相应的网店装修模板。店铺的视觉值每期都会下降 10，根据经营需求，若需提升店铺的视觉值可以对店铺进行适当装修，视觉值的高低主要影响综合人群成交。店长可以根据实际经营需要对 C 店、B 店进行装修模板选择。如果想对两个店铺都进行装修，可以按住键盘上的"Alt"换挡键，同时用鼠标左键点选已开设的店铺，即可同时选定 B 店和 C 店进行装修，如图 2-6 所示。

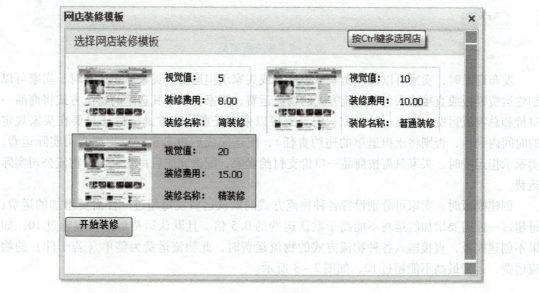

图 2-6　网店装修

十、在沙盘中发布商品

(一) 商品发布

商品发布是在开设的店铺中发布计划销售的商品，填写商品基本信息、商品物流信息及售后保障信息。

1. 发布新商品

商品必须上架后才可以进行销售。商品发布数量＝库存数量＋预售数量。系统允许商品预售，但是预售数量不能超过 20 件，若产生交易，必须按照买家要求的到货期限交货，否则将承担违约责任，并扣减信誉值，如图 2-7 所示。

2. 物流信息

发布商品时，无论设为卖家承担运费还是买家承担运费，卖家都是按照实际物流信息（辅助工具菜单下面可以查询物流信息）支付物流公司实际运费。

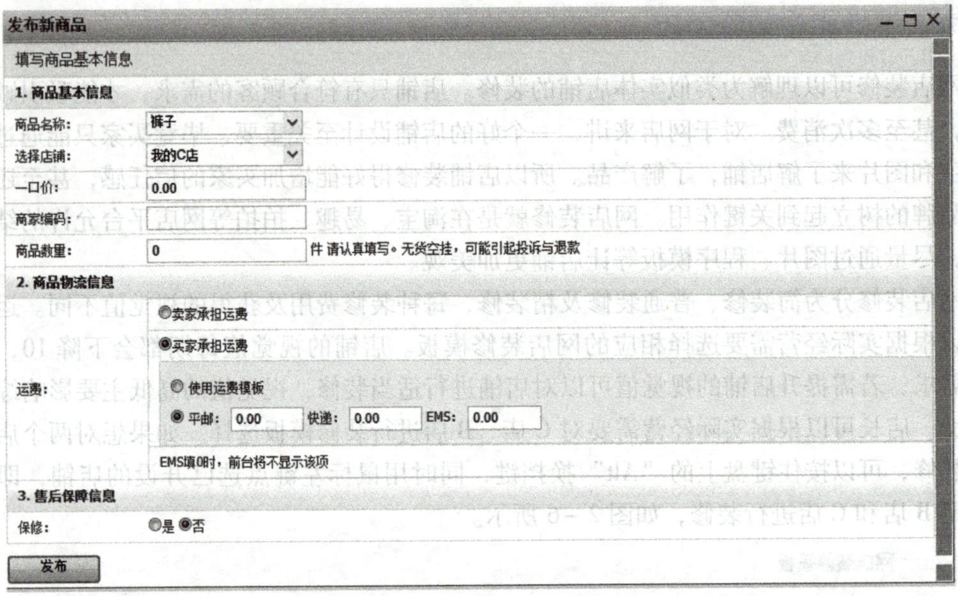

图 2-7 发布新商品

发布商品时，卖家可以选择卖家承担运费或买家承担运费。买家承担运费时，卖家可以创建运费模板或直接输入各种物流方式的物流运费，买家会根据其选定的物流方式将商品一口价和总物流运费一同支付给卖家，但卖家可以采用任意物流方式运输（只要在买家规定的时间内到达，否则将承担退单的违约责任），配送完成后由卖家支付物流公司实际运费。卖家承担运费时，买家只需按商品一口价支付给卖家，配送完成后由卖家支付物流公司实际运费。

创建模板时，卖家可分别设置各种物流方式的默认运费及每超过一件需要增加的运费；每超过一件需要增加的运费不能高于默认运费的 0.5 倍，且默认运费最高不能超过 10；如果不创建模板，直接输入各种物流方式的物流运费时，此物流运费为整单（若干件）的物流运费，运费最高不能超过 10，如图 2-8 所示。

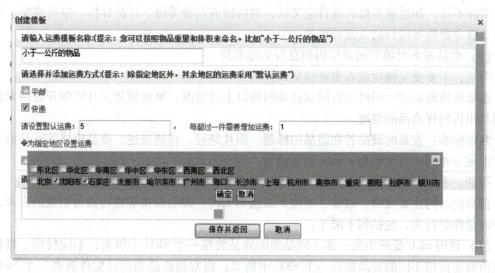

图 2-8 设定商品物流信息

3. 售后保障信息

保修会产生售后服务费用（每件商品的售后服务费用为 0.5，确认交货后的下一期开始缴纳售后服务费，连续缴纳三期），这会影响对保修有要求的人群的成交和商品绩效。

（二）规则

若发布商品时，设为卖家承担运费，则商品价格＝商品一口价，若商品价格大于市场平均价格×（1＋不同人群价格浮动率），则为违规价格，违规价格系统不提示，但不能成交。若发布商品时，设为买家承担运费，则商品价格＝（商品一口价×购买数量＋总物流运费）/购买数量，若商品价格大于市场平均价格×（1＋不同人群价格浮动率），则为违规价格。

不同人群（综合人群、低价人群、品牌人群、犹豫不定人群）价格浮动率由期初教师端设置。

十一、电商企业商品上架

以下以淘宝平台为例，讲述常见的商品上架规则。

（一）淘宝平台商品上架规则

第一，不要夸大、过度或虚假承诺商品效果及程度，包括但不限于：

（1）出现全网"最高、最低、最优、最热"等最高级的夸大描述。

（2）对商品的实际使用效果进行不符的宣传。

（3）其他夸大宣传的描述。

第二，不要虚假宣传，与实际不符，包括但不限于：

（1）商品标题、图片、详情等区域出现的商品资质信息（如吊牌、中文标签等）、店铺基础信息、官方资质信息等与实际不符。比如店铺实际信誉为三星，但标题写"四皇冠"；未参加聚划算、天天特价等活动，但在商品标题中标注了"聚划算""天天特价"等关键词。

（2）通过店铺装修的方式遮挡、篡改相关店铺和商品的基础信息或官方资质信息，使之与实际不符;如恶意装修店铺自定义区,对店铺的信誉等级、评价详情、宝贝成交、举报入口、官方资质等进行遮盖或者篡改。

(3)商品发布时填写的条形码信息与实际不符。

第三,不要重复铺货或者重复铺货式开店。

重复铺货即店铺中同时出售同款商品两件以上的情况;重复铺货式开店即开设两家以上店铺且出售同样商品的情况。

判定标准:发布的商品若在商品的标题、图片路径、详情描述、商品价格等商品的重要属性上完全相同或高度相似,属于重复铺货。

第四,不要利用SKU(Stock Keeping Unit,最小存货单位)低价引流作弊。

拆分商品的正常规格、数量、单位,或滥用SKU、邮费价格等进行低价引流的发布,是一种流量作弊行为,包括但不限于:

(1)利用SKU低价引流:如不同品类的商品放在一个SKU中售卖;不同材质、规格等属性值对应价格不同的商品放在一个SKU中售卖;将常规商品和商品配件放在一个SKU中售卖;将不存在的SKU(指这个SKU的商品实际并不存在)与常规的SKU放在一起售卖;将常规商品和非常规商品放在一个SKU中售卖。

(2)以非常规的数量单位发布商品。

(3)商品邮费偏离实际价格。

第五,不要发布不以成交为目的的商品或信息,包括但不限于:

(1)将心情故事、店铺介绍、仅供欣赏、仅联系方式等非实际销售的商品或信息,作为独立的商品页面进行发布。

(2)在供销平台外发布批发、代理、招商、回收、置换、求购类商品或信息。

(3)除了站内淘宝客及淘宝提供的友情链接模块,发布本店铺以外的其他淘宝店铺、商品等信息。

第六,不要发布易导致交易风险的外部网站的商品或信息。

如发布社交、导购、团购、促销、购物平台等外部网站的名称、二维码、超链接、联系账号等信息。

(二)淘宝平台商品上架流程

1. 基于Web方式进行商品信息发布

该方式适合单件商品的信息发布,登录淘宝后台,通过"卖家中心"这个功能入口即可进入商品信息发布页面。通过选择商品信息发布方式,然后选择商品所属类目,并填写详细发布信息,包括:①商品基本信息——关键属性、销售属性、商品标题、商品价格、商品数量、商品图片、商品详情描述、在店铺中所属类目等。②商品物流信息——商品所在地、物流运费等。③售后保障信息——发票、保修、退换货承诺、售后说明等。④其他信息——商品有效期(指商品上架发布后的显示时间)、上架时间、是否设置为橱窗推荐、秒杀商品或会员打折商品等。

2. 利用淘宝助理进行商品信息发布

淘宝助理是专门提供给淘宝卖家的客户端管理软件,是一个功能丰富且使用方便的管理工具,因为淘宝网为其开放了专门的数据接口,因此,淘宝助理不仅可以与平台的升级变化同步更新,而且可以即时反映出商家的后台管理数据,以确保数据对接的准确性。

任务二 采购管理

一、在沙盘中采购投标

(一)操作

运营主管根据"数据魔方"的市场需求数据,选择合适类目的商品进行经营,根据供应商提供商品的促销方式、数量、体积、价格,制定采购投标方案,通过公开竞标的方式获得该种商品。

在"采购投标方案制定"界面,单击"添加"按钮,设定采购城市、商品、数量、单价等信息,即可制定产品采购方案。在方案未提交之前,都可以修改或删除,如图 2-9 所示。

单击"提交"按钮,采购方案正式提交,不可再更改,并支付采购押金。如果商品未中标,相应的采购押金会退回。

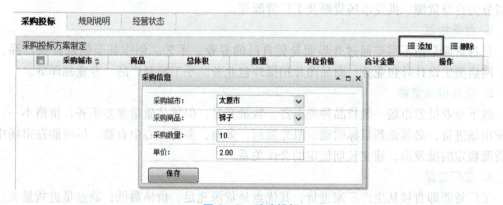

图 2-9 采购投标

(二)规则

系统自动评判中标单位:采购竞标时,同一种商品按照单位价格出价的高低依次进行交易;如果竞标价格相同,则与供应商的关系值高的优先成交;如果竞标价格相同,与供应商的关系值也相同,则媒体影响力高的优先成交;继续比较社会慈善、销售额、投标提交的先后顺序来依次交易。

同种商品一次性采购数量和信誉度都达到卖家的促销方式要求,可以享受价格和账期上的优惠。

违约订单数为 n;

企业信誉度 = $1 \times$ 履约订单数 $- \sum (i=0, n)$。

社会慈善:以慈善目的捐助的金额,增加慈善金额可以提升企业综合指数。

供应商的关系值:每次采购成功一个订单,供应商关系值加 1。

(三)技巧

(1)首先确定采购城市。在制定采购投标方案时,需要确定合适的采购城市,中标后的商品必须入库该城市的配送中心。如果入库其他城市的配送中心,则需要先入库该城市的配送中心再进行调拨。所以，运营主管需要先行确定商品要在哪个城市进行配送，避免后期调拨，增加物流配送成本和时间。

（2）保证完成采购任务。需要注意的是，沙盘并不保证每个企业都能采购成功。因为商品供给总量有限，各企业之间存在博弈。随着经营的进行，部分企业发展迅速，资金充裕，必然会抬高商品采购价格，所以为了保证完成采购任务，防范垄断，需要适当抬高商品采购价格。

（3）适当控制采购成本。采购总成本根据采购单价、采购数量确定。根据自身企业发展计划、竞争对手实力、市场变化等情况，统筹考虑，制订采购计划。

二、电子商务企业常见货源渠道

常见货源渠道包括网下货源与网上货源。实际采购进货时，可以综合利用两种货源。

（一）网下货源

网下货源即通过传统货源渠道采购进货，根据产品（或服务）最终来源与数量的不同，可以分为自身货源、批发市场货源及工厂货源等。

1. 自身货源

自身货源是指不需要通过外界而是凭自己的专业、手艺、创作甚至创意提供产品。例如，网店美工设计外包业务、商品图片拍摄外包业务、手工编制产品、专业翻译等。

2. 批发市场货源

线下专业批发市场一般货品种类丰富，数量充足，但货品质量参差不齐，价格不一。在批发市场进货，必须做到目标明确、眼光独到，多逛，多看，心中有数，尽可能在市场中找到货源稳定的批发商，建立长期稳定的合作关系。

3. 工厂货源

工厂货源即直接从生产厂家进货，其优点是货源充足、价格最低；缺点是进货量大、容易压货、换货麻烦。

（二）网上货源

网上货源即通过电子采购平台采购进货。网上商店采购规模一般都很小，所以选择的电子采购平台多为第三方平台。根据与供应商有无固定的供货关系，网上货源可以细分为网络分销货源和网络批发货源。

1. 网络分销货源

网络分销，即供应商利用网络进行分销渠道管理。供应商可以利用网络快速招募分销商，并搭建和管理产品的网络销售渠道；分销商可以利用网络快速找到合适的供应商，并取得货源。网络分销的主要业务模式可分为网络经销和网络代销两种形式。

网络分销货源比较适合大学生创业，其最大的优势是供应商可以代发货，分销商因零库存而大大降低经营成本和风险。另外，通过网络分销平台，可以在供应商和分销商之间实现商品数据同步及采购业务协同处理，省去了商品发布、采购下单等工作，大大提高了业务效率。该模式存在的不足是分销商不能自由定价，产品销售毛利较低，退换货较麻烦。

2. 网络批发货源

网络批发，即通过各类网络批发平台寻找供应商并采购进货，其优点是货品丰富，途径便捷，搜索比价方便，可用第三方支付工具担保付款采购；缺点是不能亲眼看到商品实物，对商品质量的把控存在风险。相对于网络分销货源，同类商品的网络批发货源价格更低，但一般有起订量的要求。另外，网络批发平台与网络分销平台的差别还体现在采购商与供应商之间不存在相对稳定的渠道关系，采购商与供应商的合作关系是动态的。

三、常见的电子商务网络采购途径

一般是由工厂将货物送到有限的几个仓库里，全国所有订单都从这些仓库发货给客户，不需要对数千家门店进行库存的铺货。由于库存周转快，电子商务采购的特点是多批次、少单量、快速响应。这就对供应链的要求非常高，需要供应链的快速反应。如果单次下单量较少，就会使生产成本比较高。当然，电子商务采购的优势也是很明显的，就是库存风险低、库存周转快、产品更新快、供应链协同效率高。

电子商务采购的主要模式分为买方网站采购模式和第三方平台采购模式两种。

（一）买方网站采购模式

买方网站采购模式，即由一些大企业或行业企业联盟建立专门的采购网站，完成供应商管理、采购管理、信息交换等业务活动。该模式对买方要求很高，不仅技术力量要求高，资金投入大，而且浏览量受企业规模、品牌的影响，所以目前一般该类采购模式运行较成功的是一些大型企业。

（二）第三方平台采购模式

在第三方平台采购模式下，第三方通过建立一个网上交易市场和服务平台，为供应商提供产品发布和销售服务，为采购商提供完善的电子采购服务，支持从买卖信息的撮合到交易完成的整个过程，实现一站式采购。第三方采购平台主要面向中小企业提供低成本、专业化的电子商务应用服务，中小企业只需以会员方式加入第三方平台，就可以方便快捷地进行海量商业信息的收集、供应商对比、产品询价、在线洽谈和交易。根据面向的行业不同，第三方采购平台可以细分为综合水平式平台和行业垂直式平台。综合水平式平台是一个跨产业链的综合平台，分布在不同产业链上的采购商、供应商在此汇集，形成复杂的上下游关系，产品涵盖类别多，信息量丰富但分散，交易信息充分流动。此类平台的典型代表有阿里巴巴、慧聪网、环球资源等。行业垂直式平台主要针对某特定的行业提供服务，此类平台不仅在专业上更权威、更精准，而且由于行业针对性比较强，买卖双方的供需匹配度相对更高。典型代表如中国化工网、全球五金网等。

第三方平台采购模式不同于买方网站采购模式的特点是，它不是以买方企业的利益为主，而是站在买卖双方之间一个比较公正的立场上促成交易的成功。

在电子商务采购模式中，常用的就是上述介绍的买方网站采购模式和第三方平台采购模式，前者适合大型企业，后者适合中小型企业。处于不同市场环境中的企业，在综合权衡各种因素选定采购模式之后，接下来的工作就是建立与供应商的联系渠道，再造企业的采购业务流程，充分发挥网络与电子商务环境中新型采购模式的作用。

四、在沙盘中教师端进行采购招标

采购竞标是教师端根据各企业所出购买商品的单价及数量，按照平台规则，匹配中标的过程。采购招标页面的右上角有"采购招标火热进行中"及"倒计时"提示如图 2-10 所示,倒计时时间结束则无法再投标。当教师按下"结束采购"按钮,匹配即完成,如图 2-11 所示。刷新后,可以看到已提交投标的企业的相关投标单价、数量等信息,如图 2-12 所示。

一般 5 分钟倒计时,单击"开始采购"按钮,该按钮变灰色,且右上角开始"倒计时",如图 2-13 所示。如果教学有需要,也可以提前结束采购。

图 2-10 采购倒计时

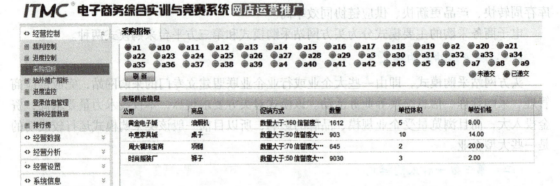

图 2-11 采购竞标

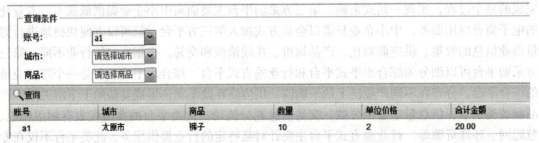

图 2-12 已投标企业信息

图 2-13 开始采购

完毕后,显示采购成功,如图 2-14 所示。

图 2-14 采购成功

任务三　库存管理

一、在沙盘中商品入库

运营主管将采购投标成功的商品执行入库操作。在"商品入库"页面，勾选相应商品，执行"商品入库"命令，如图 2-15 所示。当前配送中心剩余体积也会同时显示，如图 2-16 所示。

只有在有配送中心的城市并且配送中心的容量大于入库商品的体积时才可以进行商品入库；若配送中心的容量小于入库商品的体积时，配送中心需要先行扩建，然后才可以进行商品入库。凡是采购到的商品都必须全部入库；如果店铺采购方案未中标，则可以跳过入库操作。

需要注意的是，采购的商品必须全部入库。如果存在未入库商品，且无法扩建配送中心，则无法进行下一操作！

商品入库	规则说明	经营状态							
采购订单信息							商品入库	跳过入库	配送中心扩建
	城市名	公司名	商品名	数量	价格	付款账期	到达账期	货物总体积	

图 2-15　商品入库

配送中心信息			
	城市	配送中心名称	剩余体积
1	石家庄	石家庄配送中心	170

图 2-16　配送中心剩余体积

二、仓储管理

仓储是电子商务的重要环节，也是物流活动的重要支柱。

（一）仓储

仓储是利用仓库及相关设施设备进行物品的入库、存储、出库的作业。仓库具体的形态可包括库房、货棚、露天堆场、洞穴等。物品指的是在经济活动中实体流动的物质资料，包括原材料、半成品、产成品、回收品及废弃物等。狭义的仓储仅指通过仓库等场所实现对在库物品的储存与保管，是企业生产和客户消费之间的蓄水池；广义的仓储是指除了对物品储存、保管外，还包括物品在库期间的装卸搬运、分拣组合、包装刷唛、流通加工等各项增值服务功能。

（二）仓储管理

仓储管理就是对仓库及仓库内的物资所进行的管理，是仓储机构为了充分利用所拥有的仓储资源，提供高效的仓储服务，所进行的计划、组织、控制和协调过程。具体来说，仓储管理的内容包括仓储资源的获得、仓储商务管理、仓储流程管理、仓储作业管理、保管管理、安全管理等多种管理工作及相关的操作。仓储管理是一门经济管理科学，同时也涉及应用技术科学，故属于边缘性学科。现代仓储管理已从静态管理向动态管理发展，产生了根本性的变化，对仓储管理的基础工作也提出了更高的要求。

（三）仓储管理与物流管理

仓储是现代物流不可缺少的重要环节。根据实际需要，可将运输、储存、搬运、包装、流通加工、配送、信息处理等基本功能实施有机结合。由此可见，系统化的物流活动离不开仓储活动。关于仓储对物流系统的重要意义，还可以从供应链的角度来进一步认识。从供应链的角度，供应链节点企业之间的物流过程可以看作是由一系列的"供给"和"需求"组成。当供给和需求节点不一致，也就是两个过程不能够很好地衔接，出现生产的产品不能即时消费或者存在需求却没有产品满足时，就需要建立产品的储备，将不能即时消费的产品储存起来以备满足后来的需求。供给和需求之间既存在实物的"流动"，同时也存在实物的"静止"，静止状态即将实物进行储存。实物处于静止状态，是为了更好地衔接供给和需求这两个动态的过程。

三、入库、存储、出库等作业

仓储过程中包括入库、存储、出库等常见作业。

（一）入库作业

物品的收货和入库管理是指根据供货合同的规定完成物品的接收、验收和办理入库手续业务活动的全过程。它是仓储管理的关键环节。入库必须有存货单位正式开出的物品入库单并要与相应的供货合同相一致。入库单是仓库据以接收物品的唯一凭证。

入库作业流程如下：

（1）入库准备工作的计划与安排。
（2）交接商品时的单据审核。
（3）入库货品的验收。
（4）协调、组织入库货品的装卸和搬运。
（5）对入库货品做好登账、立卡、建档管理。
（6）入库单据的签收及反馈。
（7）其他与入库相关的工作。

（二）存储作业

存储作业包括商品编码、货位编码、堆码与垫垛作业、盘点作业等工作。

（三）出库作业

出库作业是仓库根据出库凭证，将所需物资发放给需用单位所进行的各项业务管理。出库作业的开始，标志着物资保管、养护业务结束。

出库作业包括两方面工作：一是用料单位持有规定的领料凭证，如领料单、提货单、调拨单等，并且所领物资的品种、规格、型号、数量等项目及提取货物的方式等书写清楚、准确。二是仓库方面必须核查领料凭证的正误，按所列物资的品种、规格、型号、数量等组织备料，并保证把物资及时、准确、完好地发放出去。

四、在沙盘中调拨库存

如果存在多个配送中心，当需要进行配送中心内的物品互相调拨的时候，可以通过

"辅助工具"——"库存调拨"进行配送中心内的调拨。调拨方式默认为快递，根据距离远近支付额度不等的调拨费用。"库存调拨"界面如图2-17所示。

图2-17 库存调拨

任务四 销售管理

一、流量概述

对于当下的市场，任何行业几乎都要讲究流量——人流量、客流量，流量对于电子商务行业更加重要。所谓"流量为王"，说的正是这个意思。

（一）网店流量的引入

通俗地说，流量就是指网站的访问量，是用来描述访问一个网站的用户数量以及用户所浏览网页数量的指标。与传统的实体店铺不同，网上商店可以利用一些工具非常方便地掌握用户访问的数据，如每天有多少人来到店铺，用户什么时间从哪里来，用户浏览了哪些商品等。有了这些流量数据，可以帮助卖家进一步了解市场、了解用户，有针对性地开展营销活动。

（二）网店流量来源构成

网店流量的来源一般包括基础自然流量（以搜索带来的流量为主）、付费流量、活动流量和会员流量四方面；根据流量来源入口，分为搜索引擎、外链导入、直接输入网址访问等。对于网店来讲，只有清楚流量从哪里来，才能有的放矢地开展引流工作。

1. 基础自然流量

客户使用关键词进行搜索，在搜索结果的页面中点击进入店铺，由此带来的流量称为基础自然流量。对于新开的店铺来说，自然流量非常有限，但因为是客户主动找上门的，带来的都是有一定购买意向的客户，比较精准，这是店铺流量的基础。因为基础自然流量主要是用户进行商品搜索带来的，也可称作搜索流量。一般网站可以采用标题优化、商品图片优化、商品上架时间优化等优化策略，来增加自然搜索流量。

2. 付费流量

通过购买网络广告等付费推广方式带来的流量，称为付费流量。网上付费推广方式很多，如淘宝平台上就有直通车、钻石展位、淘宝客等网络广告形式，选择合适的付费推广会在短期给店铺带来比较明显的流量提升。

3. 活动流量

通过开展各种促销活动给店铺带来的流量，称为活动流量。如在淘宝平台上，可利用一些店内营销工具,如满就送、搭配套餐、限时打折,或结合店外的相关活动,如聚划算、淘金币、天天特价等,开展促销活动,获得活动流量,从而取得进一步的销量提升。

4. 会员流量

随着不断成长,店铺会积累自己的客户资源。在此基础上,做好会员关系管理,赢得回头客,提高重复购买率,会获得店铺长期、稳定的流量,这部分流量就称为会员流量。

实施各种引流方法,会不断提升网店在搜索引擎中被买家搜到的概率,店铺就可以取得提高其自然排名的权重,逐步进入流量自然增长的良性通道。综上所述,对四种主要流量来源的流量特征和常用方法进行比较,如表2-2所示。

表2-2 不同流量来源的比较

来源	流量特征	常用方法
基础自然流量	由客户主动搜索带来的流量,与商品在搜索引擎中的排序密切相关,流量比较稳定	采用标题优化、商品图片优化、商品上架时间优化等优化策略
付费流量	与网络广告的投放密切相关的流量。资金投入较大。短期内会有较大的流量提升,但不够稳定	利用直通车、钻石展位、淘宝客等网络广告方式
活动流量	与促销活动的开展密切相关的流量,大多数活动需要一定的资金投入,在活动期内会有较大的流量提升,稳定性一般	使用淘宝店内营销工具,以及参与淘宝店外活动,如聚划算、淘金币、天天特价等
会员流量	通过对老客户的维护获得,流量比较稳定	使用即时通信工具、论坛、微博、EDM(Email Direct Marketing,邮件直销)和专业的CRM(Customer Relationship Management,客户关系管理)软件等会员管理工具

(三)流量统计的常用工具和指标

常用的流量统计工具:

我要啦统计:http://www.51.la;

Yahoo统计:http://tongji.cn.yahoo.com;

Google Analytics:http://www.google.cn/analytics;

生意参谋:https://sycm.taobao.com。

其中,生意参谋诞生于2011年,最早是应用在阿里巴巴B2B市场的数据工具。2013年10月,生意参谋正式走进淘系。2014年至2015年,在原有规划基础上,生意参谋分别整合量子恒道、数据魔方,最终升级成为阿里巴巴商家端统一数据产品平台。生意参谋累计服务商家超2 000万,月服务商家超500万;月成交额30万元以上的商家中,逾90%在使用生意参谋;月成交额100万元以上的商家中,逾90%每月登录生意参谋达20次/天以上。

反映网站流量最主要的指标是PV值和UV值,也就是网站的页面浏览量和访客数。除此之外,还有平均访问深度、用户在页面的平均停留时间等。各指标的含义和指标解读如表2-3所示。

表2-3 常用流量统计指标

指标名称	指标定义	指标解读
浏览量 Page View（PV）	一定时间内，店铺名页面被查看的次数	反映用户在店铺查看的页面数量。该指标越高说明店铺页面越受买家喜欢。一个用户多次刷新同一个页面，会被计为多次浏览
访客数 Unique Visitors （UV）	一定时间内，全店各页面的访问次数	反映一定时间内，如一天内进入店铺的人数。该指标越高，说明店铺用户的规模越大。一个用户（以用户ID作为唯一标志）在一天内多次访问被计为一个访客
平均访问深度	访问深度是指用户一次连续访问的店铺页面数（即每次会话浏览的页面数），平均访问深度即用户平均每次连续访问浏览的店铺页面数	反映店铺中访客的浏览情况。数值越高，说明该店铺越受欢迎，点击率越高
页面平均停留时间	用户平均浏览店铺单个页面花费的时间	反映页面受欢迎程度、产品吸引力，停留时间越长越好。通常以秒为单位计量
人均店内停留时间	平均每个用户连续访问店铺的时间（即平均每次会话持续的时间），以用户为基准统计	反映用户在店铺停留的时间长短，说明用户对该店铺的忠诚度、喜爱度。该指标越高越好。通常以秒为单位计量
回访客比例	回访客占所有访客数的比例	反映了回访客在访客数中的比例，是衡量用户忠诚度和黏性的指标

（四）流量引入的常用方法

网站流量引入的方法非常多,比如搜索引擎营销、网络广告、论坛营销、博客营销、IM营销、加入流量联盟等。

1. 搜索引擎营销

搜索引擎在进行网站推广、引入流量方面是行之有效的。它是根据客户搜索习惯,利用客户搜索的机会将商品信息传递给目标用户,从而引入流量的一种营销活动。通过搜索引擎营销引入流量的主要方式有免费向各大搜索引擎网站提交网址、搜索引擎优化和搜索引擎竞价广告等。其中,搜索引擎优化因其资金投入较少、引流质量较高、效果稳定等特点,尤其受到中小企业的青睐。

2. 网络广告

随着网络媒体的出现,近十几年来,网络广告以其独特的形式吸引了人们的注意。网络广告发展速度较快、形式多样。根据信息表现形式不同,网络广告可分为品牌图形广告、关键词广告、文字链广告、视频广告、富媒体广告等。网络广告通常会被链接到相关的产品页面或网站首页,用户对网络广告的每次点击都意味着为网站带来了访问量的增加。知名的大企业，如 IBM、联想集团等，都花费大量资金在门户网站投放广告，进行品牌宣传，吸引用户的访问。

3. 论坛营销

论坛具有针对性强、黏性高和互动性强等特点。选择目标客户聚集的论坛，在论坛中发帖、跟帖，尤其是发一些分享经验之类的帖子，可以帮助网站增加流量，让产品热起来。如果能发精华帖、跟精华帖就会使流量增加的效果更明显。

4. 博客营销

通过博客可以与消费者实现双向、互动的交流，增强消费者对网店的信任和关注。随着博客或微博应用的广泛，其媒体影响力在不断扩大，可以利用博客或微博发布一些软文传递网站动态、商品信息等，来达到提高流量的目的。

5. IM 营销

IM（Instant Messaging）营销又叫即时通信营销。常用的即时通信工具包括 QQ、阿里旺旺、MSN 等。据调查在中国网民中有 90% 的人使用过即时通信工具，所以通过即时通信工具帮助网站进行推广，引入流量，也成为一个重要的方式。

6. 加入流量联盟

流量联盟，又名流量交换联盟、交换链。它就是指多个网站之间结为一个网站群，网站群的每一个成员都在自己的站点上链接其他成员站的链接，使访问本站的访客能通过链接访问到网站群的其他成员，达到相互之间交换流量的目的。

案例分析

电子商务流量

很多人对"联众"并不陌生，它一度占据了中国棋牌网游的半壁江山。联众游戏起点极高，它的 3 个创始人中，有两人是中国最早成名的第一批程序员、明星产品开发者——鲍岳桥与简晶。而彼时的马化腾、李彦宏、马云等都还是无名之辈，其中马云的阿里要在一年后才诞生，李彦宏的百度则要再等一年。

1998 年，就在腾讯成立的同一年，曾成功开发 UCDOS 输入法的鲍岳桥因为有与朋友通宵打"拖拉机"的爱好，萌生把棋牌游戏搬到网上的想法，"好像中国人都比较喜欢棋牌游戏，干脆做个棋牌游戏网站吧"。当时中国有一批单独做某一款游戏的网站，比如围棋网、象棋网。联众同时集合多款棋牌游戏，是中国第一家。从鲍岳桥后来与媒体的谈话来看，联众当时在国内搅动起网络棋牌游戏的一次迭代："我跟他们（单款棋牌游戏网站）讲，你们肯定会被我干掉，他们不信，后来真的（被）干掉了，这是平台干掉了单款。"创业初期，用户数量太少，鲍岳桥曾亲自到网上"拉客"。为了凑成牌局，他甚至一人开 3 个号陪一个用户玩拖拉机。

很快，联众迎来了它的辉煌期。1998 年年底，联众同时在线用户达到 1 000 人，成为当时成长最快的互联网公司之一。创始人鲍岳桥 2017 年接受媒体采访时，骄傲地提及联众头几年时的繁盛景象："北京电信 ISP 收入 10% 都是我们贡献的，分账的时候我们一年分好几千万。"1999 年 5 月，海虹控股子公司中公网斥资 500 万元收购了联众 79% 的股份。在 2000 年前后，中国的年轻网民上网最主要的两件事是：登录腾讯 QQ 聊天、开联众打牌或下棋。网友们至今相信，即使 QQ 游戏大厅后来成为国内最大的休闲游戏平台，打造时也是以联众游戏为参考和赶超目标。2003年，联众拥有2亿注册用户，最高同时在线人数60万，年收入超亿元。那一年，联众拿下"年度最佳国产网络游戏"和"年度最佳网络游戏运营商"两项桂冠，成为世界上最大的休闲游戏平台。

但它的辉煌也差不多到此为止。

2004年，腾讯高调宣布进入互联网休闲游戏市场。依靠QQ庞大的用户基础，腾讯QQ游戏在一年之后就超越联众，坐上中国第一休闲游戏门户的宝座。

相反策略造就联众与腾讯截然相反的命运。

从公开报道看，当年，联众与腾讯的产品开发上有两款性质相近的产品：即时通信工具与游戏平台。造化弄人，两家公司的游戏平台走向截然不同的结局，从他们对这两款产品截然相反的推广策略或许可一窥答案。2000年，在腾讯推出QICQ（后来的QQ）的第二年，联众紧随其后推出了自己的即时通信工具GICQ，号称GAME中的ICQ。2000年，联众开始推广GICQ，要求联众游戏用户必须下载GICQ才能进入游戏。这种带有捆绑意味的做法遭到抗议，最终，联众只好将推广方式由捆绑变为用户自主选择，但效果差强人意。与联众相反，腾讯QQ游戏平台的推广更取巧，更多是通过熟人传播：比如只要你的QQ好友里有人在玩QQ游戏，他的头标上就会显示他正在玩的游戏，点击它，你便可进入房间与好友一起玩。

时至今日，媒体与网友在描述联众为何输给腾讯时，通常归结为腾讯即时通信QQ导入的大量用户。在创始人鲍岳桥的描述中，这一事件近乎第二次迭代，6年前，联众用平台"干掉"了单款，这一次："腾讯干掉我们是一个更大的平台干掉了一个游戏平台，这是无法阻挡的结果。腾讯的市场都是新用户，不是从我们这挖走的用户，10个用户里只有1个玩联众，他们发展的是另外9个用户。"

案例来源：傲娇的豆芽，《当年在起跑线上赢了腾讯阿里的联众，居然做了这么不体面的事》，https://www.zynews8.com/yule/2018051026236.html

二、在沙盘中 SEO 优化

（一）操作

SEO优化即搜索引擎优化，是指通过优化标题关键词尽可能匹配买方的搜索习惯，在买方搜索某个关键词时，展示与该关键词相关的商品，并取得靠前的自然排名。

执行沙盘盘面左侧菜单的"经营流程"—"SEO优化"命令，进入"SEO优化方案"页面，如图2-18所示。直接在方框中输入关键词，保存即可，如图2-19所示。也可以单击"我要淘词"按钮进入"淘关键词"页面。选择相应的商品，选取某个指标的排名靠前的几个关键词，作为SEO的关键词，如图2-20所示。

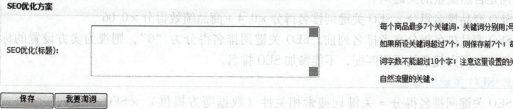

图 2-18 SEO 优化（标题）

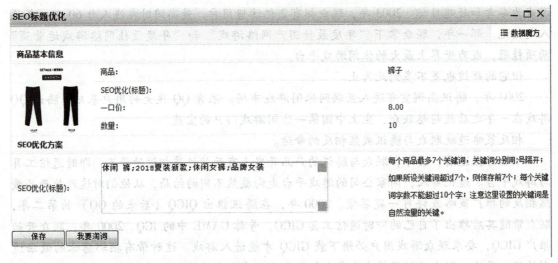

图 2-19 淘关键词

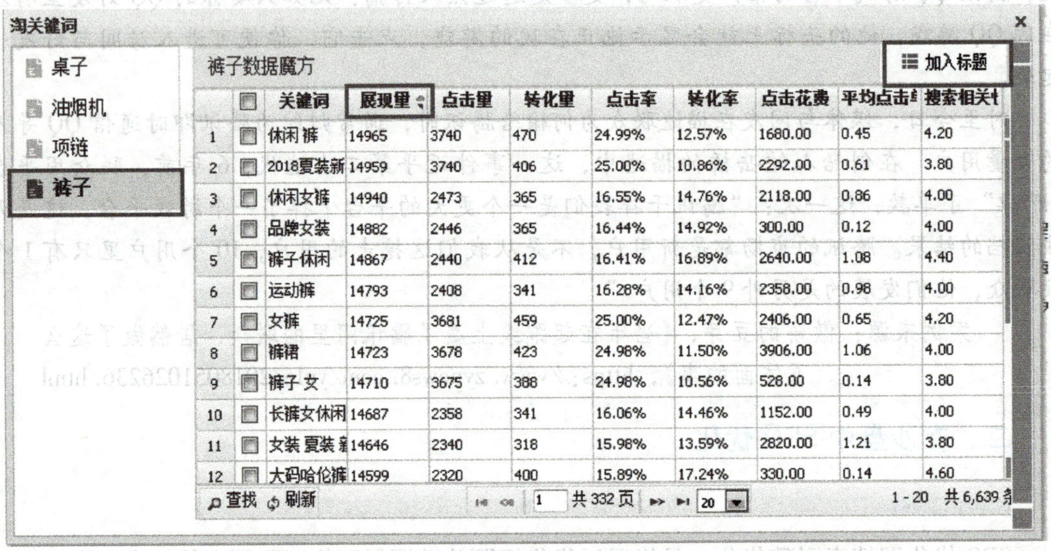

图 2-20 输入商品关键词

(二) 规则

每个商品最多有 7 个关键词，关键词分别用";"号隔开；如果所设关键词超过 7 个，则保存前 7 个；每个关键词字数不能超过 10 个字，且大于等于 2 个字。注意，这里设置的关键词是自然流量的关键词。

SEO 商品排名得分 = SEO 关键词排名得分 × 0.4 + 商品绩效得分 × 0.06

SEO 商品排名得分高者排名列前。SEO 关键词排名得分为"0"，则视为卖方设置的标题关键词与买方搜索的词不匹配，不能参加 SEO 排名。

1. SEO 关键词排名

SEO 关键词排名得分 = 关键词搜索相关性（数据魔方提供）× SEO 关键词匹配方式得分

SEO 关键词匹配方式分为完全匹配、高度匹配、部分匹配。只有当买方搜索的词与卖方设置的标题关键词完全相同时称为完全匹配；当买方搜索的词是卖方设置的标题关键词的子集时称为高度匹配；当买方搜索的词与卖方设置的标题关键词的文字部分匹配时称为部分匹配。

当 SEO 关键词匹配方式为完全匹配时，SEO 关键词匹配方式得分为 1。

当 SEO 关键词匹配方式为高度匹配时，SEO 关键词匹配方式得分为 0.5。

当 SEO 关键词匹配方式为部分匹配时，SEO 关键词匹配方式得分为 0.2。

2. 商品绩效

商品绩效是电子商务沙盘系统对于每个卖家销售某个商品销售业绩的得分，由商品展现量、商品点击量、商品转化量等指标构成。

电子商务沙盘系统基于某关键词的模拟买家的一次搜索，设 N 为组数，SEO 商品排名得分前 $N×60\%$ 的卖家的商品会被展现，数据魔方的该关键词的展现量会加 $N×60\%$（不足 $N×60\%$ 卖家时加实际卖家数），前 $N×60\%$ 名卖家的商品的展现量会各加 1；SEO 商品排名得分前 $N×40\%$ 的卖家的商品会被点击，数据魔方的该关键词的点击量会加 $N×40\%$（不足 $N×40\%$ 卖家时加实际卖家数），前 $N×40\%$ 名卖家的商品的点击量会各加 1。注意，SEO 商品排名，只有进入前 40% 的卖家，才有可能产生订单。

3. 相关名词解释

商品展现量：该商品被展现的次数。

商品点击量：该商品被点击的次数。

商品点击率：商品点击量÷商品展现量。

商品转化量：该商品最终的成交订单数量。

商品转化率：商品转化量÷商品点击量。

商品退单量：该商品累计退单的数量。

商品退单率：商品退单量÷商品成交量（单数）。

商品绩效：与该商品的点击率、点击量、转化率、转化量、退单率、保修等相关。

商品平均点击率：该商品在所有卖家点击量之和÷该商品在所有卖家展现量之和。

4. 商品绩效得分

商品绩效得分 = 商品点击率得分 + 商品点击量得分 + 商品转化率得分 + 商品转化量得分 + 商品退单率得分 + 保修得分

$$商品点击率得分 = \begin{cases} 商品点击率 \geq 商品平均点击率 \Rightarrow 20 \text{ 分} \\ 商品点击率 < 商品平均点击率 \Rightarrow \dfrac{商品点击率}{商品平均点击率} \times 20 \text{ 分} \end{cases}$$

$$商品点击量得分 = \begin{cases} 商品点击量 \geq 商品平均点击量 \Rightarrow 10 \text{ 分} \\ 商品点击量 < 商品平均点击量 \Rightarrow \dfrac{商品点击量}{商品平均点击量} \times 10 \text{ 分} \end{cases}$$

$$商品转化率得分 = \begin{cases} 商品转化率 \geq 商品平均转化率 \Rightarrow 20 \text{ 分} \\ 商品转化率 < 商品平均转化率 \Rightarrow \dfrac{商品转化率}{商品平均转化率} \times 20 \text{ 分} \end{cases}$$

$$商品转化量得分 = \begin{cases} 商品转化量 \geq 商品平均转化量 \Rightarrow 10 \text{ 分} \\ 商品转化量 < 商品平均转化量 \Rightarrow \dfrac{商品转化量}{商品平均转化量} \times 10 \text{ 分} \end{cases}$$

商品退单率得分 =（1 - 商品退单率）× 30 分

$$保修得分 = \begin{cases} 提供 \Rightarrow 10 \text{ 分} \\ 不提供 \Rightarrow 0 \text{ 分} \end{cases}$$

三、网店基础自然流量引入

在电子商务实务中，SEO 优化对应了网店基础自然流量的引入。

(一) 影响基础自然流量的主要因素

研究影响基础自然流量的因素，要从了解搜索的规则出发。不同的搜索引擎都有自己的一套搜索排名规则和算法，所以在研究针对某个搜索引擎的基础自然流量时，首先必须研究其主要的排名规则。下面以淘宝站内搜索引擎为例，分析影响淘宝自然搜索流量的主要因素。

淘宝网比较大的搜索有商品搜索、店铺搜索、商城搜索三种。淘宝首页默认指向商品搜索，其流量比重最大。商品搜索排序通常与搜索相关性、橱窗推荐、商品剩余下架时间、店铺的综合评价、商品图片、降权等诸多因素相关。根据规则和算法，不同的因素占有不同的权重，影响程度不一。

1. 搜索相关性

这是淘宝搜索排名的第一规则。简单地说，搜索相关性就是客户搜索时所用关键词和宝贝标题、所属类目的相关性，主要包括标题相关性和类目相关性两种。只有搜索的关键词与标题中的关键词、宝贝所属类目有关联性，宝贝才能展示。

（1）标题相关性。

标题相关性指的是商品标题里含有的关键词与用户搜索需求相匹配，所以商品能否被搜索到，取决于商品的标题里是否含有关键词。在其他同等条件下，相关度越高，排名越靠前。

（2）类目相关性。

淘宝的商品搜索环境与普通网页搜索不同，其每个商品都有一个固定的类目存放路径，这样可方便商家管理自己的商品。因此在依据关键词对标题进行检索后，系统会再按照主要类目对宝贝进行优先排列，与关键词相关的主要分类下的宝贝排名更靠前。

2. 橱窗推荐

橱窗推荐，又名卖家热推，是淘宝推出的一种宝贝展示工具。比如，店铺里有 100 个宝贝，分配了 15 个橱窗推荐位，客户进行搜索时，橱窗推荐的宝贝比普通宝贝有更优先的展示机会，从而获得更多的浏览量及点击率。

3. 商品剩余下架时间

淘宝为了让卖家发布的商品都有机会得到展示，在搜索引擎中设置了这样的规则：根据商品离下架时间的长短，轮流获得排名靠前的机会。依照此规则，可以通过安排商品的上架时间来获得好的排名。淘宝目前商品的上架周期是 7 天，现在选择某个时间上架商品，就意味着 7 天后这个时间商品也将下架，此时排名会比较靠前，如果这时有很多客户搜索的话，则无疑会获得更多的流量。

4. 店铺的综合评价

店铺为客户提供优良的服务，会提高客户的购物体验，这样的店铺在搜索中排名也将有所提升。淘宝网的店铺评分系统DSR（Description Service Rate）从宝贝与描述相符、卖家的服务态度、卖家发货的速度等方面对店铺进行评分，这是检验商家服务质量的重要标准。该评分体系以五星制为标准，一颗星为最低评级，五颗星则为最高等级，因而分值也相应地为1~5。DSR各项评分的平均值，可在店铺信用评价档案内查看到。按照淘宝搜索结果的展示规则，排在前几个页面的商家的DSR均高于行业的平均水平。

5. 商品图片

在店铺整体视觉优化的基础上，展示宝贝的图片也相当重要。如果忽视对宝贝图片的优化，也会流失很多流量。为了更好地提升买家搜索购物体验，淘宝搜索对搜索结果页的质量较差的主图进行流量限制，这正说明了主体突出、美观清晰的商品图片对搜索排名的重要性。

6. 降权

降权，即降低商品在默认搜索结果中的排名。基本上，所有不规范的操作都会被降权，如炒作信用、刷销量、故意堆砌关键词、广告商品、价格作弊、重复铺货、邮费虚假等。对于不同的不规范操作，惩罚力度也不一样，目前最长时间的惩罚是从最后一次不规范的操作开始计算，30天左右结束。被降权还有一种是连带惩罚，如果个别店铺中被识别为作弊的商品过多，那么对整个店铺的商品都有影响，基本上所有商品都会被降权，如炒作信用严重者。

除了以上影响基础自然流量的主要因素外，还有其他一些比较重要的因素，如加入消费者保障服务、成交量、退货率、回头率等。卖家发布的宝贝要在淘宝网上获得良好的排名，就要全面考虑，做好各方面工作。影响搜索排序的因素也不是一成不变的，淘宝网非常重视用户的搜索体验，根据这个原则，会对搜索排序不定期调整，要经常关注淘宝搜索官方帮派和淘宝论坛等，了解搜索排名规则的变化，以做出相应调整。

（二）提高基础自然流量的策略

分析了淘宝网中影响搜索排序的主要因素后，可以从商品标题优化、商品发布时间调整、卖家服务质量、商品图片、无作弊降权等方面着手，采取相应措施以提高自然搜索流量。其中，卖家服务质量需要长期的积累，无作弊降权是发布商品信息的基础规范，这里不再赘述。下面主要分析商品标题、商品图片、商品上架时间三个方面的优化策略。

1. 商品标题优化

商品标题的优化是引流工作的重中之重。基本思路是为了提高商品被自然搜索的概率，充分利用标题有限的信息容量空间，挖掘与商品相关的词汇，并且进行合理的排序和组合，从而让优良的商品标题为卖家带来更多、更精确的流量来源。

（1）标题优化的基本策略。

（a）充分利用标题的30个汉字。淘宝网发布的商品的标题限制在30个汉字内，即60个字节。为了获得更多的展示机会，更大程度地参与到排名中，卖家就要使商品标题包含更多的关键词。过短的标题，或写一些无关的、不能帮助提高点击率的词实际上是浪费资源。一般商品标题包括属性词、评价关键词、促销关键词、品牌关键词等。

(b) 添加热搜词，方便客户快速找到商品。对于卖家而言，熟悉自己的商品特性是基本的要求，但也要了解顾客的搜索习惯。所谓热搜词，就是近阶段买家关注度高、搜索频率高的词。在标题中恰当地添加网络上的热搜关键词，可以借助淘宝网海量的搜索机会更多地引入流量。当然，热搜词并不固定，会根据买家搜索量的变化而发生改变。

(c) 利用标题传递产品的卖点和店铺的优势，吸引客户眼球。好的标题不仅要被买家搜到，还要进一步激发买家来点击。在标题中，要突出产品的卖点，如正品行货、特价、超薄、透气，展现店铺的优势，如皇冠，这样可以在同时展示的众多产品标题中脱颖而出，获得客户的点击。

(d) 结合销量，打出组合拳。销量高的商品在搜索排名中具有一定优势，客户在搜索结果页面，可以按销量进行重新排序，而且相对于滞销商品，销量高的商品排名更稳定，所以标题优化加上有一定销量的商品，组合起来能达到更佳的排名效果。

(e) 标题优化注重细节。关键词的位置排列是影响搜索排名的一个因素，通常排在前面的关键词的权重略高，因此，核心关键词和品牌关键词尽量排在前面。标题设置要符合用户阅读习惯，如适当使用空格可以提高用户体验等。

(2) 针对不同产品生命周期的优化策略。

典型的产品生命周期一般可分为四个阶段，即引入期（新品上市）、成长期、成熟期和衰退期。不同阶段的产品在选择关键词时标准应有所侧重。

(a) 处于引入期的商品，特点是没销量、没评价。如果选择热门词，则因搜索量太大，而新品没有销量和评价的支撑，即使高价竞争排在靠前，也不一定获得点击。所以，选词一般以转化率为优先衡量指标，应选择有一定搜索量，但竞争不大的精准关键词，再加上类目词。

(b) 处于成长期的商品，特点是有一定销量和评价，但人气不高，排名较低。这时以点击率为优先衡量指标，采用精准关键词和热搜词相结合，热搜词的比例可占到40% ~ 50%。

(c) 处于成熟期的商品，其特点是高销量、高人气、高排名，因此要找搜索量最高的热词，冲流量，冲销量，同时要注意标题的规范性，提升客户体验。

(d) 处于衰退期的商品，不需要花费更多精力进行优化了，可以尝试选择一些促销关键词，吸引一些对促销商品感兴趣的客户，促进此类商品的销售。

2. 商品图片优化

客户通过关键词进入搜索结果（即商品页面）时，是否会点击取决于商品是否配有吸引眼球的商品图片。商品图片包括主图、促销图和细节图，其中主图是客户搜索后第一眼就能看到的。好的图片会让店铺的商品脱颖而出，也对自然搜索流量有着重要的影响，不仅会带来客户的点击量还会影响其购买决策。这里介绍的图片优化工作、不涉及图片美化软件的操作，主要是明确图片优化的一些要求。

(1) 图片要清晰、美观。

清晰、美观是对商品图片最基本的要求。网上购买产品，不能试用或品尝，所以一幅清晰、美观的图片就显得十分重要。图片美观才能引起浏览者的兴趣。

(2) 图片要主题鲜明，突出卖点。

买家搜寻、浏览商品的速度非常快，要想让买家过目不忘，图片就要主题鲜明、突出商品的卖点。被卖点吸引来的买家，自然会关注这个宝贝，并点击进去了解详情。

(3) 图片要简单易懂，适当运用文字。

很多图片中会加入文字作为标题的补充，通常是促销打折方面的信息，以期更加吸引买家的眼球。但如果文字过多、内容复杂，反而起不到好的效果。

3. 商品上架时间优化

商品上架时间对搜索排序也很关键，优化的内容包括上架时间选择和分时上架策略两个方面。

（1）上架时间选择。

要选择人流量大的时间上架，因为在人流量比较大的时间上架，那么快到下架的时候也会是人流量比较大的时间点，这时搜索总量相对较大，被搜索到的概率较高。据统计，淘宝网上每日的交易高峰时段有三个，即早上10：00—12：00，下午15：00—17：00，晚上20：00—22：00，而每周当中，周一至周五的流量高于周六、周日。不过，不同类目的产品热门时间段并不完全一致，所以要利用一些数据统计工具（比如生意参谋），找到对应类目产品的热门时间段，安排商品上下架时间。

（2）分时上架策略。

分时上架策略，就是把宝贝分成若干批，在不同时间分别上架的策略。这种策略能够保持每天都有不同的宝贝接近下架，从而被客户最大程度地搜索到，而不会出现所有商品同时间段发布，又同时间段一起下架的情况。分时上架策略的前提条件是店铺内商品数量比较多，这样就便于安排不同的宝贝选择不同的时间上架，再结合交易高峰时段，合理地安排宝贝的发布时间。

四、在沙盘中 SEM 推广

根据推广计划，针对每种商品可以设计不同的推广组，每个推广组可以根据关键词制定相应的出价策略。

执行沙盘盘面左侧的"经营流程"—"SEM 推广"命令，新建一个 SEM 推广计划，可以充值，并设定每期所花销的 SEM 上限额度，如图 2-21 所示。

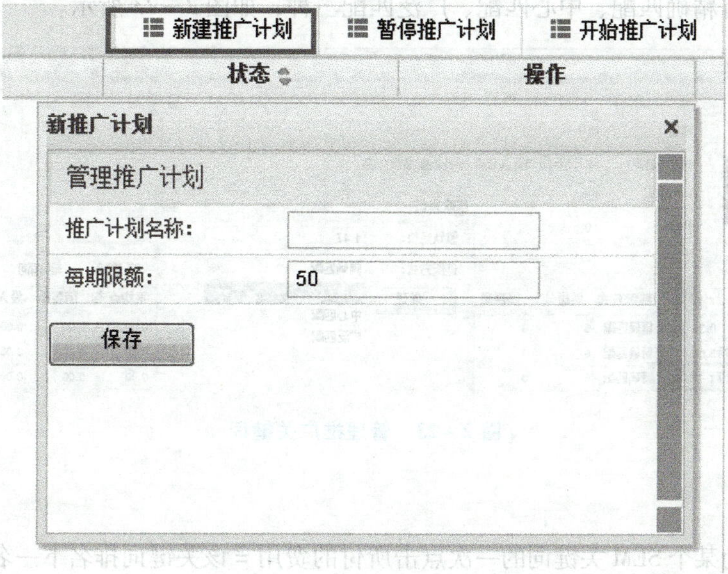

图 2-21 新建 SEM 推广计划

需要注意的是，如果 SEM 推广计划没有充值，将无法进行 SEM 推广。推广计划上限额度为 1 000。

五、在沙盘中 SEM 管理

（一）操作

每个推广计划包含若干个推广组，每个推广组对应一个商品，同样每个商品也只对应一个推广组，所以针对同一个商品的不同关键词设定不同的竞价价格可以更好地达到 SEM 推广效果。

执行沙盘盘面左侧的"经营流程"—"新建推广组"命令，设置推广组名称、默认竞价、推广商品、推广计划等内容，如图 2-22 所示。

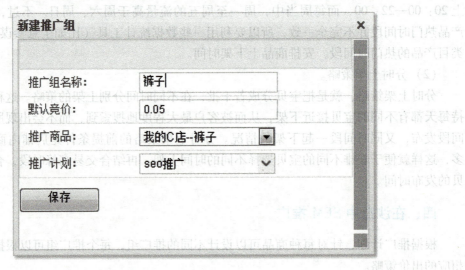

图 2-22　新建 SEM 推广组

进入"管理推广关键词"页面，可以选择相应的关键词、匹配方式、默认竞价等内容。其中匹配方式有精确匹配、中心匹配、广泛匹配三种，如图 2-23 所示。

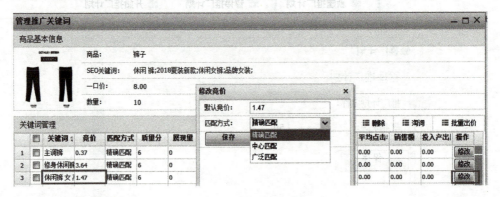

图 2-23　管理推广关键词

（二）规则

卖家实际为某个 SEM 关键词的一次点击所付的费用 = 该关键词排名下一名的竞价价格 ×（下一名的质量得分/你的质量得分） + 0.01

六、网店付费流量引入

沙盘中的 SEM 付费推广，相当于电子商务实务中网店付费流量导入。

一方面，随着网上商店越来越多，店铺之间的竞争也越来越激烈，尤其是随着大量传统品牌企业入驻第三方交易平台，使得基于第三方交易平台的营销推广成本水涨船高；另一方面，第三方交易平台为了提高其盈利能力，增加网络广告收入与交易佣金收入，分配给店铺的免费流量将越来越少，特别是对于新开店铺或中小型店铺，由于其知名度低、交易量小，对第三方交易平台的利润贡献有限，使得这些店铺在第三方交易平台获得自然搜索曝光的机会极少。因此，新开店铺都需要通过付费推广的方式及时引入流量。通过付费方式引入的流量就是付费流量。

付费流量是相对于免费流量而言的。一般通过论坛、微博、博客、电子邮件、IM 工具、搜索引擎优化等方式引入的流量都是免费流量。付费流量主要是通过购买并投放各类网络广告引入流量。除此以外，网络公共关系营销、网络专题促销活动等也是不同形式的付费引流方法。

淘宝平台的付费推广方式有直通车、钻石展位、淘宝客等，它们在店铺总流量中的占比越大，就意味着卖家的营销成本越高。因此，在使用这些流量之前，一定要有明确的引流目的，做好推广策略和访客价值的估算。一般来说，在店铺的初级阶段，直通车和淘宝客这两种付费推广方式要利用好，它们就像是店铺这棵大树的根，要深深扎进泥土里。随着店铺的成长，卖家可以选择钻石展位、硬广等工具来配合大型活动进行大流量的引入，适当时候还可以进行站外引流，让自己的品牌更好地出现在整个互联网上。

（一）淘宝直通车推广

1. 什么是淘宝直通车

淘宝直通车是通过关键词竞价，按照 CPC（Cost Per Click）点击付费，进行商品精准推广的服务。淘宝直通车的广告位主要体现在淘宝搜索结果页面右侧 8 个"掌柜热卖"展示位和搜索结果页面下方 5 个"掌柜热卖"展位，总计每页 13 个广告展位，主要包括新建推广计划、选择推广商品、编辑推广内容、选择关键词、关键词出价几个步骤。

（1）新建推广计划。一个店铺可以创建多个淘宝直通车推广计划，针对每个推广计划，可以设置日限额、投放地域、投放时间、投放平台、投放人群等。

（2）选择推广商品。每个推广计划中可以选择多个要推广的商品。推广商品的选择要考虑三点：一是推广的商品必须具有高性价比；二是要有定量的销售记录，让买家产生从众心理，方便推广；三是有足够的库存以确保能及时发货。

（3）编辑推广内容。淘宝直通车广告位展示的内容主要是商品的推广图片和推广标题。推广图片可以在商品主图的基础上进行修改，推广图片必须要清晰，突出商品的特征，最好与旁边的广告图片有所差异，以醒目的图片吸引顾客，增加页面到达率。推广标题只有突出亮点、有创意，才能引人注目，如可以在标题中添加特价、秒杀、包邮、折扣、正品等吸引眼球的词汇。

（4）选择关键词。在选择淘宝直通车推广关键词时，一定要考虑买家的搜索习惯。例如，买家在搜索塑身内衣这件商品时，并不都是搜索"塑身内衣"这一个关键词，还有可能搜索"美体衣""束身衣""连体内衣""产后束身衣""超薄塑身衣"等多种关键词。所以，针对一个推广商品，卖家要尽可能地把买家可能搜索的关键词全部添加上去。那么，如何才能知道买家习惯使用哪些关键词来搜索这款商品呢？我们可以参考淘宝直通车系统推荐关键词，也可以用相关词查询。

(5) 关键词出价。首先启用类目出价，因为淘宝近半数成交来自类目搜索，启用类目出价可以让更多买家看到推广的商品，增加点击量。接下来是设置默认出价，默认出价是对已设置的关键词和类目统一出价，在推广完成后可单独修改每个关键词和类目的出价。

2. 淘宝直通车广告投放效果评估

淘宝直通车广告投放效果可以利用直通车后台管理提供的实时报表数据监测和跟踪，主要包括关键词监测，即不同关键词所带来广告位的展现量、点击量、点击率、平均点击花费、平均展现排名。

(二) 淘宝钻石展位推广

淘宝钻石展位精选了淘宝最优质的展示位置，通过竞价排序，按照CPM（Cost Per Mille）展现计费，更适合于店铺、品牌的推广，主要包括创建素材、选择展位、选择投放素材、设置投放计划并完成投放等几个步骤。

利用钻石展位产品系统自带的"用户诊断"功能，可以评估钻石展位广告整体投放效果，主要监测的指标包括PV（Page View）、UV（Unique Visitor）、点击数、平均点击率、每千次展现出价、每次点击价格、消耗等。

(三) 淘宝客推广

淘宝客是指帮助淘宝卖家推广商品，成交后获得一定佣金的人。淘宝客分为两类：个人（博客主、论坛会员、聊天工具使用者、个人站长等）和网站（博客、门户、资讯、购物比价、购物搜索等各种类型的网站）。

淘宝客推广是一种按成交计费的推广模式。淘宝卖家把需要推广的商品链接发布到淘宝联盟网站上，淘宝客通过淘宝联盟网站获得商家推广商品的链接，在整个互联网进行推广，买家通过推广链接进入并完成交易后，淘宝客获得与卖家约定比例的交易佣金。淘宝客推广方式将淘宝站外流量资源有效导入淘宝网，让所有互联网用户都可以轻松成为淘宝无底薪的推销员。主要操作步骤有创建推广计划、挑选推广的商品、设置交易佣金等。

七、网店活动流量引入

除了网店自然流量、网店付费流量之外，电子商务实务中也会采用网店活动、会员等方式，进行引流。

有效的促销活动以及营销推广不仅能获得流量，还能获得较高的转化率，提高店铺的成交额。

开展网络促销需要进行周密的策划，确定活动的目标、活动平台、活动方式和时间，准备参与活动的人、财、物，实施并推进活动顺利地开展，最终对活动的效果进行综合性的总结和评价。下面以参加淘宝平台的促销活动为例来说明网络促销活动的策划与实施过程。

(一) 活动策划

活动策划也就是活动规划，明确为什么要开展活动、以何种形式开展、在什么时间开展、开展何种内容的活动等问题，主要包括确定活动目标和主题、选择活动类型和活动时机等内容。

1. 确定活动目标

策划一项活动，首先要有明确的目标。不同的目标，采取的策略和手段不同，工作的侧重点也有所不同，所以只有把握主要的目的来设计整个活动的细节，才能达到活动的效果。

一般来说，开展网店促销活动的目标主要是引入流量、提升销售额、提升品牌知名度以及获得更多的客户这几方面。

（1）引入流量。这是开展活动的重要目标之一。通过活动的开展，能在短期内引入大量的流量。尤其是参加淘宝平台上的一些活动，如"双十一"大促、年中大促、聚划算、淘金币，等等，活动当日可引入成千上万个进店访客，如果能做好后续的二次营销，活动效果还将不断提升。

（2）提升销售额。通过开展活动增加网店销售额，是任何促销活动的最终目的。销售额的提升既能通过推出新产品、热销产品吸引消费者的注意，也能通过价格的优惠促进顾客的大量购买。

（3）提升品牌知名度。当网店逐渐发展起来，积累了一定的信用和客户后，开展有效的促销活动则不仅能增加销量，还能进一步提升网店品牌知名度，提高消费者的品牌忠诚度。人们所熟知的七格格、麦包包、裂帛等一些知名淘品牌就是通过参加各种活动慢慢成长起来的。品牌的建立是企业长期发展、做大做强的有效保证。

（4）获得更多的客户。客户资源是网店发展的宝贵财富。网店开展有效的促销活动，往往能吸引客户的关注。一方面，能巩固与已有客户的联系，争取回头客；另一方面，能获得新客户，为网店的发展奠定良好的基础。

刚开始经营网店时流量较小，因此，引入流量是网店开展活动的主要目的。当有了稳定流量后，如何将流量转化为销售额又会成为促销活动的主要目标。随着网店业务逐步扩大，维持客户度为促销活动的主要目标。所以在不同阶段活动目标的侧重不同，网店需要结合自身情况，选定合适的促销活动目标。

2. 确定活动主题

活动主题是传递给顾客的活动意义和活动目的。它贯穿于整个活动的全过程，为整体策划做铺垫，就像活动请柬，关系到能否吸引顾客参与。通常可采用借势的方法，结合节日、当下热门话题及市场大环境的销售热点来制定活动主题，如七夕、开学季、中秋节、国庆、结婚季、"双十一"大促等。

3. 选择活动类型

淘宝网每天都会推出不同类型的促销活动，参加哪一个活动，要根据促销的目标，店铺自身的条件以及活动本身的要求进行选择。参加一个好的活动，可以在非常短的时间内给店铺带来爆发性的流量。

网店可以选择开展的促销活动主要有淘宝店外活动、淘宝店内活动两大类。淘宝店外活动是淘宝网开展的促销活动，分为类目活动、平台活动、全站式活动三种。淘宝店内活动是卖家通过订购淘宝提供的促销工具在自己店铺内开展的活动，往往适合于很多处于起步阶段的中小买家。这些简单的促销工具有满就送、限时打折、搭配套餐和店铺优惠券。

（1）淘宝店外活动。

第一，类目活动。类目活动是淘宝网定期组织的、按类目开展的促销活动，如女装类目、内衣类目、箱包类目等。

第二，平台活动。平台活动是淘宝网促销平台上的活动，其有固定频道入口的二级域名，包括聚划算、淘金币、天天特价等。

第三，全站式活动。全站式活动是由淘宝官方举办的活动。这类活动一般资源较为稀缺，但其影响面大，能够为店铺带来巨大的流量，只有少数店铺才有资格报名，如"双十二"大促、"618"年中大促、年终大促等。

（2）淘宝店内活动。

作为中小卖家，还可以进入淘宝卖家后台，在营销中心的促销管理中直接订购以下四种促销工具，开展店内的营销活动。

第一种，满就送。满就送指的是客户在店铺内一次性购买指定范围内的商品后，卖家给予的返还现金、赠送礼品等优惠，具体包括满就减、满就送礼、满就送积分、满就免邮费四种形式。

第二种，限时打折。限时打折也是淘宝提供给卖家的一种店铺促销工具，订购了此工具的卖家可以在自己店铺中选择一定数量的商品在一定时间内以低于市场价进行促销活动，从而带动整体推广销售。活动期间，买家可以在商品搜索页面根据"限时打折"这个筛选条件找到所有正在打折的商品。其功能在于超低折扣吸引流量，限时限量刺激购买行动力。

第三种，搭配套餐。搭配套餐是将两个或者两个以上的商品以搭配的形式组合销售，这种营销方式很大程度上提高了卖家促销的自主性，同时为买家提供了更多的便利和选择权。其特点是多买多便宜，增加了关联销售。当然，只有选择有关联性的产品来做搭配套餐的活动，才能达到事半功倍的效果。

第四种，店铺优惠券。店铺优惠券是一种虚拟电子现金券，卖家可以在不用充值现金的前提下针对新客户或者不同等级会员发放不同面额的店铺优惠券。其作用在于提高会员再次购买的概率，拓展销售方式，提高店铺流量。店铺优惠券的应用主要体现在两个方面：一是通过满就送活动、会员关系管理维护老客户；二是通过创建店铺优惠券买家领取功能主动吸引新客户。

4. 活动类型选择策略

（1）根据活动目标不同，选择活动类型。根据前期在活动策划中确定的活动目标选择最切合目标的活动类型。比如在新产品推广时，选择新品中心、付邮试用中心等活动；以提高销售额为目标时，可以选择类目活动、聚划算、主题大促等活动；以提升品牌知名度为目标时，可选择全球购、名品街等活动。

（2）根据宝贝类型不同，选择活动类型。依照宝贝的销售业绩划分宝贝，并以此选择参加活动类型。首先按照累积销售数据及最近30天的销售数据将店铺宝贝分为以下五类：新品、爆款、热销宝贝、一般宝贝和滞销型宝贝。对于新品可以尝试参与新品中心、试用中心等这类规模较小，对折扣、评分要求不高的活动；热销宝贝与一般宝贝可以尝试参加聚划算、淘金币等活动，从而将一般的宝贝转化为爆款或者热销宝贝；爆款一般是靠活动累积起来的，且有稳定的自然流量进入，所以一般不用参加大型活动，以当前的售价参加一些类目活动即可；滞销型宝贝不适合单独参加活动,可作为关联营销产品进行销售,以提升其销售量。

5. 选择活动时机

选择活动时机需要结合活动类型来确定。如果参加淘宝店外活动,一般就可根据淘宝官方推出的活动时机开展活动;如果开展淘宝店内活动,则可以根据活动主题和目标来选择恰当时机。

(二) 活动准备

在整个促销活动过程中,明确了活动的整体目标,完成了整个活动主题、活动类型、活动时机的选择,接下来就要做好活动前的准备工作。活动前的准备工作包括选品、活动报名、预热、货物准备、人员准备、页面设计和应急预案等。

(三) 活动执行与推进

活动开展过程中涉及的内容多而繁杂,为了保证活动的正常进行,可以建立活动进程表,将活动中涉及的事项按照活动进程列明,并明确责任人及具体的执行时间。活动开始后,参照活动表开展活动监控。

八、网店会员流量引入

会员是指在某个店铺中有过购买经历的客户。会员流量引入是通过对客户分类管理,针对不同级别的客户采用不同的方式,唤醒会员,提升会员的光顾频率和购买频率。会员流量引入是在会员关系管理的基础上开展的。

经过网店装修、商品展示、广告活动、开展促销等吸引潜在客户的访问,再通过网店客服的咨询服务,将潜在客户最终转化成正式的购买客户,即会员客户。每个会员客户的形成,都要耗费大量的时间成本、人力成本与广告成本。一旦客户在初次购买的过程中获得了较好的购物体验,就有可能再次光顾网店,重复购买,最终形成网店的忠实客户。

相对于开发新客户花费的大量成本,将老客户维持住并充分挖掘老客户需求,所花费成本要有限得多。有资料显示,发展一个新客户的成本是维持一个老客户的5倍。如何让老客户带来持续的价值就是会员关系管理的重要内容。

会员关系管理是指对有过在本网店购买经历的老客户的管理。通过对这些客户的分析,推出不同的营销策略,提高客户忠诚度和满意度,实现客户价值的持续贡献,从而全面提升网店的盈利能力。会员管理的主要步骤有数据收集、会员等级设置、会员分组、会员关怀与营销。常用的会员流量引入工具有 IM(即时通信工具)、论坛、微博、EDM(电子邮件、站内信)、各种专业会员管理软件等。

九、在沙盘中进行站外推广

(一) 操作

根据网店经营需求,卖家可以对已经筹建完成的 B 店发布的商品,选择央视、网络广告联盟、百度三种媒体中的一种或多种进行推广,用来吸引品牌人群的购买需求,增加店铺人气及商品人气。

执行沙盘盘面左侧菜单的"经营流程"—"媒体推广"命令,单击"添加"按钮,设置站外推广商品、推广方式、投标价格等,如图 2-24 所示。

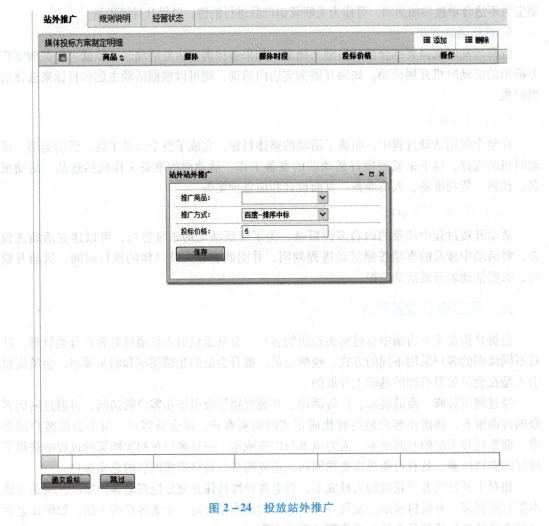

图 2-24 投放站外推广

需要注意，招标需要在倒计时结束前就投标，否则将视为未投标，如图 2-25 所示。

图 2-25 站外推广招标倒计时

(二) 规则说明

站外推广媒体促成订单成交顺序为品牌人群＞低价人群＞综合评价人群＞犹豫不定人群。

需要注意的是，品牌人群出现时间节点为第三轮第二期（3-2），在此之前没有品牌人群的需求。

品牌媒体的影响力取决于"影响力度"指标，最低投标为5，最高投标者中标。除百度推广以外，未中标的卖家收回投标金。百度推广会有10个卖家中标，并根据投标价格高低排名。

十、在沙盘中开展团购

简单地说，促销就是促进销售。通过这种方式，在短期内激励买家进行购买，以达到扩大销售的目的。卖家策划促销活动有以下几方面作用。

（1）缩短商品入市的进程。新品促销是一种常见的手段，它可以使新品很快地打开市场。当新品有了购买的记录后，人气就容易积累起来，从而能更快地增加销量，被更多的买家所接受。人们都有从众心理，当看到没有人购买的商品，很难做出第一个购买的选择。

（2）激励买家购买，达到使用目的。一般而言，促销都是让利给买家，这样的让利并非时时都有，往往会给人"机不可失，时不再来"的感觉，利用了买家怕错失良机的心理，促使他们尽快决定尝试购买。

（3）提高销量。网店的业绩越好，信誉越高，购买记录就越多，而购买记录越多，越容易卖出商品。现在很多买家十分重视店铺信誉，信誉高的店铺比信誉低的店铺更容易卖出商品。店内促销活动是运营网店最基本的促销活动，目前沙盘的促销工具有团购、秒杀、套餐及其他促销手段（满就送、多买折扣、买第几件折扣）。

（一）操作

根据经营需求，卖家组织针对某种商品的团购活动，用来吸引犹豫不定人群的购买需求，增加店铺人气、商品人气。

执行沙盘盘面左侧菜单的"经营流程"—"团购"命令，填写团购名称、团购商品、团购折扣、最少购买数量等信息，即可成功设置团购，如图2-26所示。

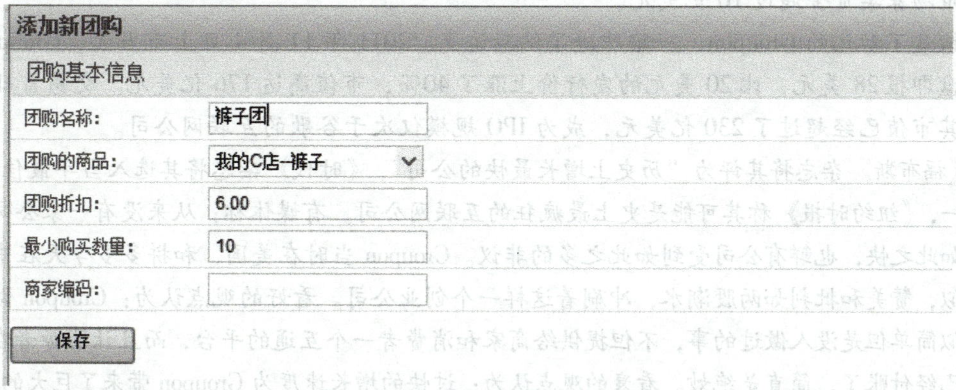

图2-26 设置团购

（二）规则

团购价格 = 商品价格 × 团购折扣

享受折扣额按照卖家填写折扣数值享受，如八折就填写8。

收益：获得商品人气2，店铺人气2。

对象：适用于犹豫不定人群。

备注：团购最高件数为20，最少件数为10，一个商品只能发布一次。

案例分析

团购案例

最近，褒贬不一的"团购电商"拼多多小跑去上市了，团购起家的美团也正在奔赴上市的途中,这些"借鉴"了国外团购模式的"独角兽"们,正在试图收割着资本市场的红利。和中国市场热火朝天不同的是,在美国,团购似乎是"每况愈下"。

着急把自己出手的 Groupon 股价已跌至不到 5 美元,远低于 IPO 后的高点。要知道,Groupon 的市值曾一度高达 160 亿美元,当年谷歌愿意出 60 亿美元收购都没卖,目前市值只有约 25 亿美元。

Groupon 的前身是一家帮助各种请愿者征集支持者的网站,名为 the Point。理想很伟大,现实很骨感,由于用户量太少和无法盈利,2008 年 10 月,网站已处在关闭的边缘。而 the Point 的创始人安德鲁·梅森,用今天的话来说,应该叫做"连续创业者",在分析后台数据时发现,the Point 上最热门的活动居然是团购。梅森认为:团购市场有巨大的潜力,就重新做了一个专业的团购网站,也就是 Groupon。

Groupon 每天只推一款折扣产品,每人每天限拍一次。2008 年,恰逢金融危机,消费者们普遍消费欲望低迷,商家积压大量库存,这种可以刺激消费和解决库存的商业模式一经推出,立刻受到商家和消费者的欢迎。接下来,Groupon 的增长速度可谓"一骑绝尘"。从 2010 年到 2011 年,Groupon 仅仅用了两年时间,营收同比增长就分别完成了 927%、415% 的飞跃。在 2009 年 Q3 季度时,其营收不到 400 万美元,而到了 2011 年 Q3 季度,其营收已逾 4 亿多美元。当然,资本也不会"放过"这个明星公司,最"火"的这两年,Groupon 从一级市场募集资金超过 10 亿美元。

铆足了劲儿的 Groupon,一路冲进了纳斯达克。2011 年 11 月 4 日上市当天,Groupon 股价开盘即报 28 美元,比 20 美元的发行价上涨了 40%,市值高达 176 亿美元。交易首日收盘时,其市值已经超过了 230 亿美元,成为 IPO 规模仅次于谷歌的互联网公司。

《福布斯》杂志将其评为"历史上增长最快的公司",《时代》杂志将其选入当年最佳 50 网站之一,《纽约时报》称其可能是史上最疯狂的互联网公司。有媒体称:从来没有一家公司能够发展如此之快,也鲜有公司受到如此之多的非议。Groupon 当时在美国,和拼多多今天在中国颇为相似,赞美和批判如两股潮水,冲刷着这样一个创业公司。看好的观点认为:Groupon 做了一件看似简单但是没人做过的事,不但提供给商家和消费者一个互通的平台,而且让消费者在消费前就已经付账了,简直是绝妙。看衰的观点认为:过快的增长速度为 Groupon 带来了巨大的负担,庞大的市场和营销费用不断吞噬着营收,使其一直处于亏损状态,前途堪忧。

像那些行业巨头升起又坠落的故事一样,这回,又被唱衰者说中了。2010 年,就在 Groupon 最如日中天的时候,谷歌向其发出了收购邀约。有观察人士指出:Google 想收购 Groupon 的真实原因是,Groupon 为消费者和商家建立了一个线下的关联,而这个真实的线下的关联,对 Google 来说具有长久的价值。价格从 15 亿美元一路飙升到 60 亿美元,最终的结果还是"谈崩"了,收购未果。而接下来发生的事情,始料未及。2012 年 6 月,Groupon 的市值已经低于谷歌的收购要约价。上市一年,Groupon 的市值缩水 81%,甚至一度低至约 5.3 亿美元。到了 2014 年,由于前三季财报异常惨烈,股价再次下滑,市值蒸发四分之三。

事实上,Groupon 并不是没有做出改变,来阻止这场"从天堂到地狱"的跌落。和很多中国互联网企业一样,美国互联网企业挽回颓势的第一招也是裁员。Groupon 内部第一个被"干掉"的就是创始人安德鲁·梅森,这又是创投圈似曾相识的一个"创始人出局"的故事。2013 年 3 月,梅森被解雇了,理由是背负着亏损责任。第二招是转型。Groupon 背后的金主莱夫科夫斯基决定亲自披挂上阵,并表示"希望 Groupon 成为一家帮助零售店清仓的大型折扣卖场"。同时，Groupon 的目标则是成为本地化的亚马逊或 eBay。虽然放出了这两个"大招"，但 Groupon 一味激进的扩张策略，导致人力成本高昂，同时，公司营收的一半又都拿去做了营销。"革命"并没有让 Groupon 变好，反而持续亏损，盈利无望。值得一提的是，Groupon 还曾经试图进军中国市场，但被国内团购同行一致看衰。不仅在中国受阻，Groupon 在世界其他一些国家和地区也没能打赢"本地军"。2016 年，东南亚电子商务平台 Fave 收购了 Groupon 马来西亚和印度尼西亚公司，2017 年，又收购了 Groupon 的新加坡公司。一路磕磕绊绊走来，直到 2017 年，Groupon 总收入下降 5.6%，至 28.4 亿美元，为 2013 年以来的最低水平。2018 年，Groupon 一季度营收 6.26 亿美元，比 2017 年同比减少 7%，又一次没有达到预期，Groupon 正在静静等待被收购。

和 Groupon 的经历相似，中国的团购行业也经历过"千团大战"的厮杀和转型的阵痛。究其原因，有分析人士表示，由于门槛偏低、服务差强人意，以及盲目跑马圈地带来的资金链紧张，中国的团购网站不可避免地重蹈覆辙。而其中转型成功的极少数团购网站，最终存活了下来，有些还脱变成了"独角兽"。团购模式在中国的转型分为两种：一种是换个概念——O2O，"委身"于 BAT，成为 BAT 旗下的一个生活场景。"千团大战"之后，占据了中国 90%团购份额的美团、大众点评和糯米，走的就是 O2O 的"套路"。比较早"华丽转身"的是美团。美团翻转了 Groupon"商家第一、消费者第二"的理念，用"消费者第一、商家第二"替代，寻求消费者的价值。美团旗下的猫眼电影、美团酒店、美团外卖均作为不同的生活场景 O2O 平台独立运营。2013 年，美团称全年销售收入 160 亿元，实现了盈利。第二种转型，是从团购的原始模式里衍生出的"新物种"，从诞生起，就带着"电商+社交"的基因。这类团购网站，最具代表性的就是拼多多。拼多多的招股书描述其商业模式为"创新的团队购买模式"，把网购转变为动态社交体验。得益于微信生态所产生的裂变，拼多多的买家自发传播团购事件，平台由此获得低成本的用户流量和互动。截至 2017 年 12 月 31 日，拼多多平台上的活跃买家数量达到 2.45 亿人。而在 2018 年 Q1，这一数量上升至 2.95 亿人。"3 亿人都在用的"拼多多背后，顺丰速运集团总裁王卫、网易公司董事局主席兼 CEO 丁磊都位列其个人投资者名单里，而 IDG 资本、红杉资本、高榕资本、腾讯产业共赢基金等机构投资者也买票进场。

资本对团购的热情不减，有分析人士表示，不可否认，团购本身有足够的市场价值。通过一种方便快捷的方式，让消费者以更加低廉的价格获得产品和服务，商户获得更多的消费者，平台获取一定的佣金，这样三方都获利的商业模式是可行的。但同时也要注意到，团购模式在中国还有发展空间的根本原因，是中国有众多的三四线城市，消费者收入较低、对价格较敏感。

案例来源：陈姝，《拼多多火了，团购鼻祖却"卖身"了！》，
http://www.sohu.com/a/240727647_323328

十一、在沙盘中开展秒杀

（一）操作

根据经营需求，卖家发布若干件折扣为五折的商品，用来吸引买家抢购，迅速增加店铺人气、商品人气。

执行沙盘盘面左侧菜单的"经营流程"—"秒杀"—"开启秒杀"命令，即可开启秒

杀销售，如图 2-27 所示，也可以通过"结束秒杀"，关闭相关商品的秒杀销售。

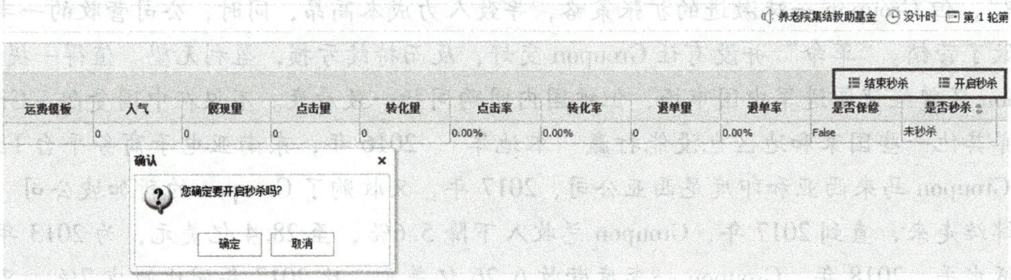

图 2-27 设置秒杀

(二) 规则

收益：获得商品人气 4、店铺人气 4。

秒杀价格 = 商品价格 × 50%

对象：适用于所有人群。

需要注意的是，秒杀价格是针对原正常销售的商品而言的。即原来正常一口价为 10 的商品，以 5 的实际价格进行销售，订单的收入减半。

十二、在沙盘中设置套餐

(一) 操作

根据经营需求，卖家对多种商品进行组合搭配销售，用来吸引买家抢购，增加店铺人气和商品人气。

执行沙盘盘面左侧菜单的"套餐"—"添加新套餐"命令，添加所售商品及单价，填写套餐名称、活动网店、套餐件数、物流信息、售后保障信息等，即可成功设置套餐。目前套餐中每种类型的商品仅 1 个，商品类型最少 2 种，最多 3 种，如图 2-28 所示。

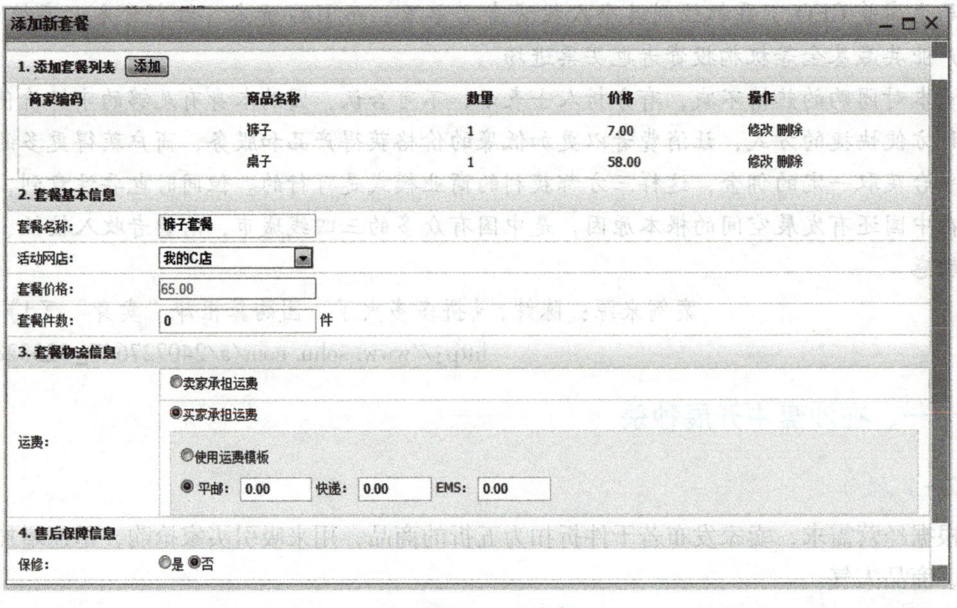

图 2-28 设置套餐

（二）规则

套餐可组合多种商品搭配出售，套餐价格＝套餐内所有商品的单价的总和。套餐内商品的单价由卖家制定，但是套餐内除引流进入商品外，其余套餐内商品不能高于当地商品一口价。引流的商品一口价＋物流运费＞套餐内引流商品单价＋套餐物流运费。

例如：卖家正常购买 A 商品一口价为 5，物流运费为 2，卖家提供套餐为商品 A 单价是 4，商品 B 单价 3，套餐物流运费为 2；某买家欲购买商品 A，则商品 A 为引流商品。

判定 1：买家正常购买一件商品 A 总共花费 5＋2＝7；购买卖家提供的套餐商品 A 的花费 4＋2＝6；如果 7＞6，则判定 1 成功；否则判定失败，买家放弃购买套餐。

判定 2：判定 1 成功后，判定 B 产品是否低于当地商品一口价，如果高于，则判定失败，买家放弃购买套餐；否则判定成功，买家购买套餐。

套餐数量未设定预售上限，不受库存数量限制。

套餐商品只生成一个订单。

收益：获得店铺人气 2、商品人气 2。

对象：适用于所有人群。

十三、在沙盘中开展其他促销

（一）操作

根据经营需求，卖家对某种或某几种商品进行满就送促销、多买折扣促销、买第几件折扣促销，用来吸引买家抢购，增加店铺人气和商品人气。

执行沙盘盘面左侧菜单的"经营流程"—"促销"—"满就送"命令，在弹出的信息中输入促销名称、活动限制、商品范围、金额要求、优惠金额等信息，即可设置满就送，如图 2－29 所示。

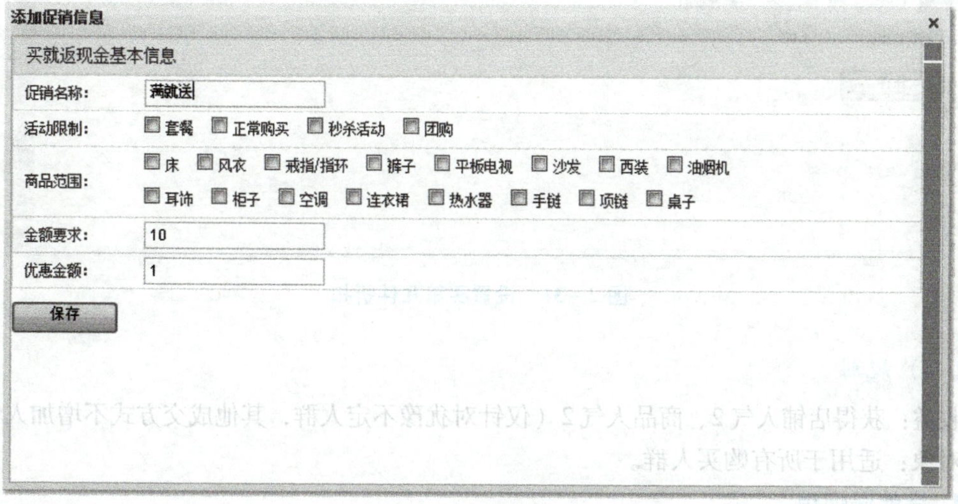

图 2－29　设置满就送

执行沙盘盘面左侧菜单的"经营流程"—"促销"—"多买折扣"按钮，在弹出的信息中输入促销名称、活动限制、商品范围、购买最少件数、享受折扣等信息，即可设置多买折扣，如图 2－30 所示。

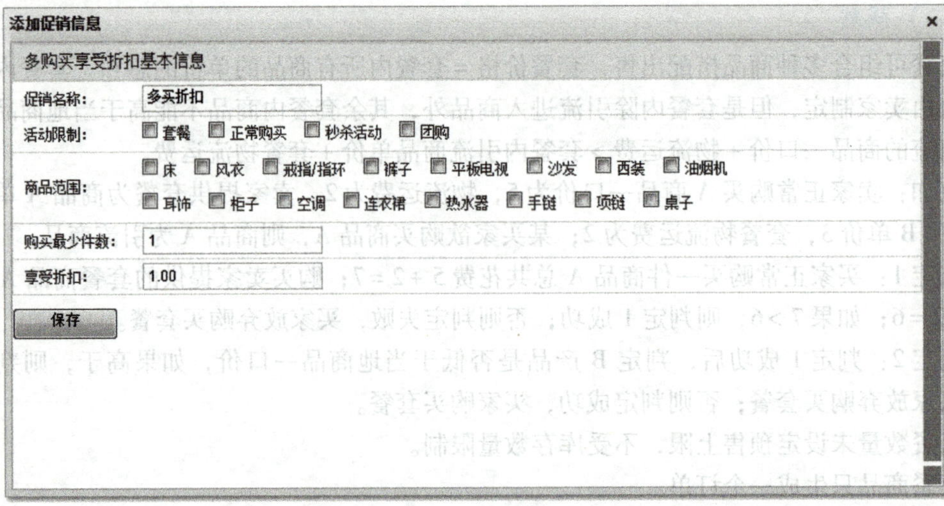

图 2-30 设置多买折扣

执行沙盘盘面左侧菜单的"经营流程"—"促销"—"买第几件折扣"命令，在弹出的信息中输入促销名称、活动限制、商品范围、第几件数折扣、享受折扣等信息，即可设置第几件折扣，如图 2-31 所示。

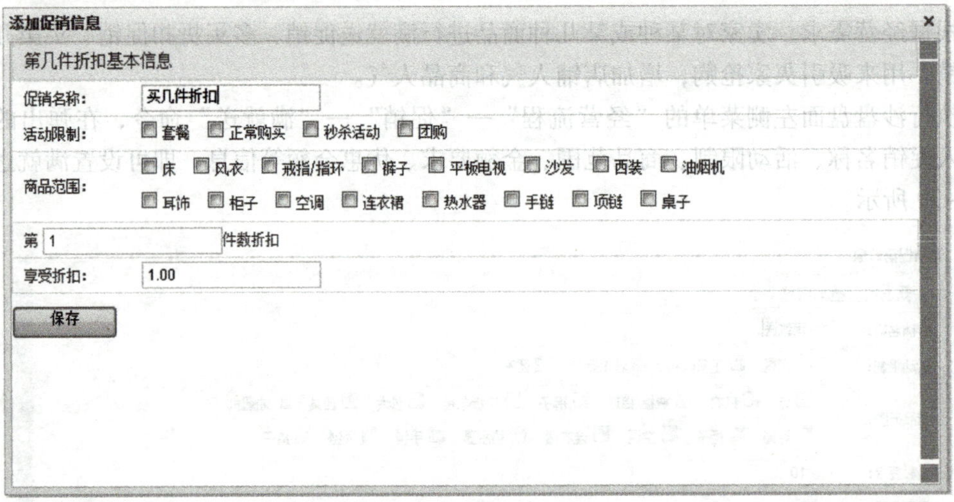

图 2-31 设置买第几件折扣

（二）规则

收益：获得店铺人气 2、商品人气 2（仅针对犹豫不定人群，其他成交方式不增加人气）。
对象：适用于所有购买人群。

1. 满就送促销

正常购买（订单类型分为正常购买、秒杀、团购、套餐 4 种类型）时的成交总金额达到设定的金额就可以享受返现金的优惠活动。

卖家可以根据经营需求设定活动范围，选择参加活动的商品。当正常购买的成交总金额大于等于设定的金额时：

成交总金额 = 商品价格 × 商品件数 − 总优惠额
            = 商品一口价 × 商品件数 + 正常购买时总物流运费 − 总优惠额

例如：商品一口价 5，商品件数 4，总物流运费 4，满 20 送 3；
此时，5×4+4 > 20，所以成交总金额 = 5×4+4−3 = 21。

2. 多买折扣促销

顾客一次性正常购买数量达到设定数量，促销后成交总金额全部按折扣后金额付款。享受折扣额按照卖家填写折扣数值享受，如八折就填写 8。

成交总金额 = 商品价格 × 商品件数 × 折扣数值 × 0.1
            = （商品一口价 × 商品件数 + 正常购买时总物流运费）× 折扣数值 × 0.1

例如：商品一口价 5，商品件数 4，总物流运费 4，买 4 件 8 折；
此时，成交总金额 = （5×4+4）×8×0.1 = 19.2

3. 买第几件折扣促销

设定一个第几件折扣数，当购买的商品数量达到这个数量时，本件商品即享受优惠折扣，下一件商品再重新计数，以此类推。折扣额直接填写折扣数，如八折就填写 8。

成交总金额 = 商品价格 × 商品件数 − 单个优惠金额 × 优惠商品数量
单个优惠金额 = 商品价格 ×（1 − 折扣数值 × 0.1）
优惠商品数量 = 商品件数/第几件折扣数（向下取整）

例如：商品一口价 5，商品件数 4，总运费 4，第三件 5 折。
计算如下：
成交总金额 = （5×4+4）×［1 − (1−5×0.1)/4 ×（4/3 向下取整)］
           = 21

十四、在沙盘中教师端进行订单分发

"站外推广招标"是教师端根据各网店推广情况、商品单价、数量等因素，按照平台规则，匹配消费者订单的过程。

执行沙盘盘面左侧菜单的"经营控制"—"站外推广招标"命令（图 2−32），会在平台右上角出现"站外推广招标火热进行中"及"倒计时"。注意，倒计时时间结束则无法再进行站外推广投标及其他网店相关操作，所以此时要及时完成网店相关操作，尤其保证商品上架成功。

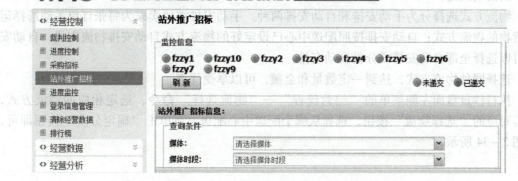

图 2−32　站外推广招标

一般 5 分钟倒计时，由各企业自行安排时间。如果教学有需要，也可以提前结束招标。教师可以单击"结束招标"按钮，进行订单分发。

订单分发时，系统进行大量运算，可能需要等待几分钟时间。

任务五　商品发货

一、在沙盘中订单分发

运营主管将订单进行整理、分类后，根据到达城市，选择适当的配送中心准备出库。

订单分发分为手动分发和自动分发两种。手动分发需要卖家为每张订单选择货物出库的配送中心；自动分发则按照订单的顺序，根据配送中心已设定好的配送范围内的城市，自动选择货物出库的配送中心。自动分发可以选择全部自动分发或分批自动分发。

执行沙盘盘面左侧菜单的"经营流程"—"订单分发"命令，通过复选框选中要发送的订单，单击"订单分发"按钮，选择从哪个配送中心配送，再单击"确定分发"按钮即可，如图 2-33 所示。

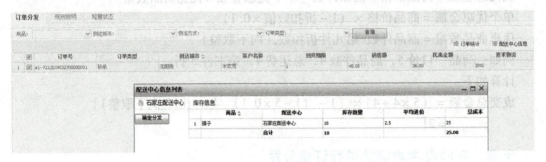

图 2-33　选择分发订单的配送中心

二、在沙盘中物流选择

运营主管将已经指定配送中心的订单进行整理、分类，选择适当的物流方式准备出库。

物流运输方式选择快递，则运输周期为 2 期，即本期发货，下期到达；若选择 EMS，则运输周期为 3 期，即本期出货，隔一期到达；若选择平邮，则运输周期为 4 期，即本期发货，隔两期到达。

物流方式选择分为手动安排和自动安排两种。手动安排需要卖家为每张订单手动选择运输货物的物流方式；自动安排按照配送中心已设定好的物流方式自动安排物流方式。自动安排可以选择全部自动安排或分批自动安排。

选择同种物流方式，达到一定数量和金额，可以享受优惠。

执行沙盘盘面左侧菜单的"经营流程"—"物流选择"命令，选定相应的物流方式，单击对应的"选择物流"按钮，选择从哪个配送中心配送，再单击"确定分发"按钮即可，如图 2-34 所示。

项目二 电子商务创业沙盘基本操作 75

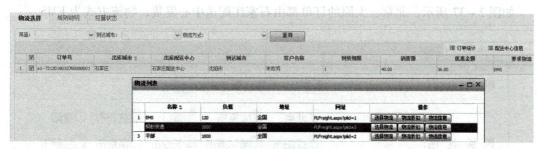

图 2－34 选择物流方式

三、在沙盘中货物出库

运营主管根据订单的到货期限，合理安排商品出库。系统会按照物流路线信息自动支付物流公司实际运费。如果当前配送中心库存不足，可以进行库存调拨。

执行沙盘盘面左侧菜单的"经营流程"—"货物出库"命令，选择相应订单的复选框，单击"分批出库"按钮，即可完成出库（图 2－35），也可以单击"全部出库"按钮，所有订单按顺序出库，直到库存不足或订单全部出库。

如果订单的出库仓库或物流方式不合适，也可以单击"修改"按钮，修改订单相应的出库仓库或物流方式。

图 2－35 货物出库

四、在沙盘中设置设配区

通过在沙盘中设置设配区，可以进行自动订单分发、自动物流选择。

执行沙盘盘面左侧菜单的"经营流程"—"配送中心"命令，单击右上角"设配区"按钮，设置配送中心、配送区域、默认物流公司，如图 2－36 所示。

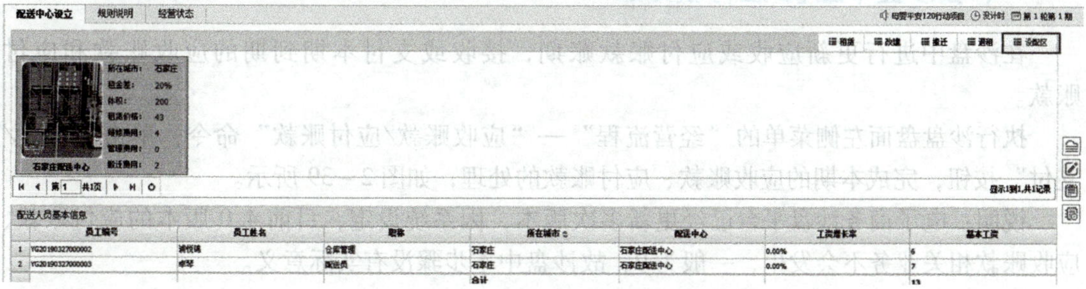

图 2－36 添加设配区

如图 2-37 所示，北京、太原的订单都由石家庄配送中心发货，物流方式为 EMS。

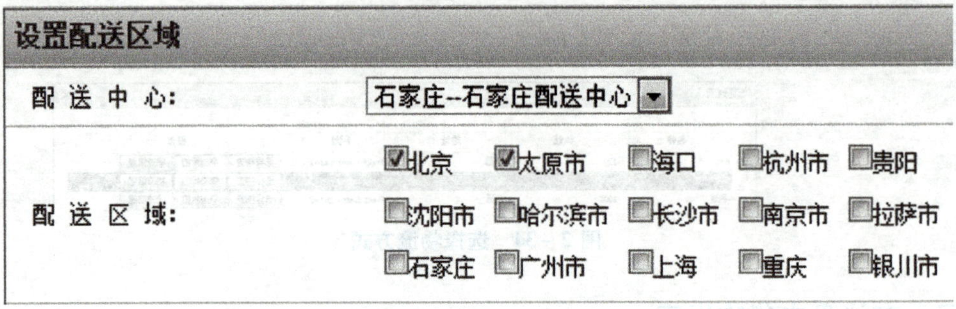

图 2-37 设配区的配送区域、默认物流公司设置

五、在沙盘中货物签收

根据不同物流方式的运输周期，在订单要求的到货期限之内到达的订单，运营主管替买家签收，签收后货款直接到账。三种物流方式配送的订单，货款均在签收后直接到账。如果未在订单要求到货期限之前到货，买家将拒绝签收，客户将退货，物流运费由卖方承担，并影响卖家的信誉度和商品评价；如果在买家要求的到货期限满后仍未发货，对卖家的信誉度和商品评价造成的影响更大。

执行沙盘盘面左侧菜单的"经营流程"—"确认签收"命令，即可获得相应的现金流入，如图 2-38 所示。然后单击"结束签收"按钮结束该流程。需要注意的是，一旦"结束签收"，再送到的订单将不能签收，即不能获得收入，需要延迟到下期才能签收。

图 2-38 货物签收

任务六 财务管理

一、在沙盘中应收/应付款处理

在沙盘中进行更新应收或应付账款账期，接收或支付本期到期的应收账款和应付账款。

执行沙盘盘面左侧菜单的"经营流程"—"应收账款/应付账款"命令，单击"接受/支付"按钮，完成本期的应收账款、应付账款的处理，如图 2-39 所示。

说明：电子商务沙盘平台已经更新多次版本，因系统设定，目前 4.0 版本的应付账款、应收账款相关业务不会发生，一般为 0，故沙盘中本步骤没有实际意义。

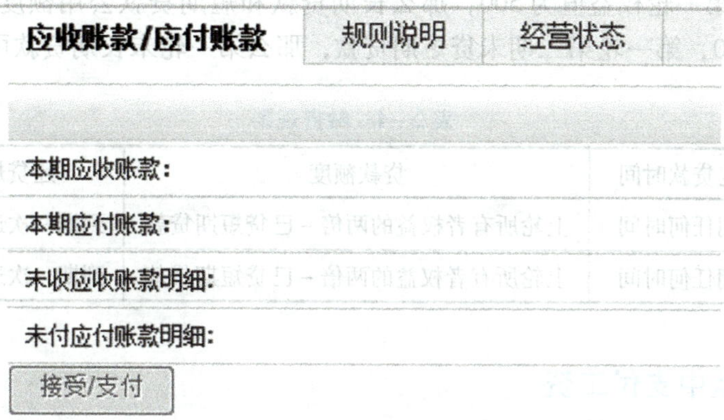

图 2-39　应收账款/应付账款操作界面

二、在沙盘中短贷/还本付息

在沙盘中更新短期贷款账期、还本付息或获得新的贷款。

执行沙盘盘面左侧菜单的"经营流程"—"短贷/还本付息"命令，单击"还本付息"按钮，如图 2-40 所示。

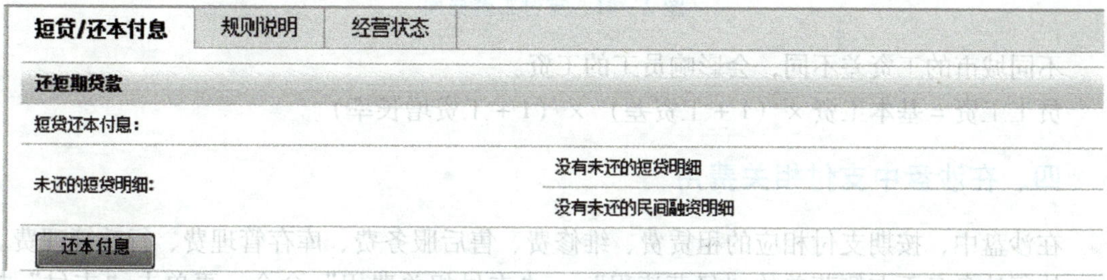

图 2-40　短贷/还本付息操作界面

1. 更新短期贷款

企业的短期贷款在每执行一次本项任务后，贷款账期缩短一期。

2. 还本付息

如果到期后，需要归还本金并支付全部利息。

例如，短贷 100，到期时，需要支付 $100 \times 5\% = 5$ 的利息，因此，需要支付本金与利息共计 105。

3. 获得新贷款

短期贷款在每一期可以随时申请。可以申请的最高额度为：上一轮所有者权益×2-已有短期贷款额。民间融资与短期贷款的规则类似，只是贷款的利率不同，如表 2-4 所示。

无论短期贷款还是民间融资均以 100 为最低基本贷款单位。短期贷款及民间融资贷款期限为两期。每期内可以随时进行贷款，但是每期初如果有到期需要归还的贷款，必须首先还款后才能再贷款。

4. 短期贷款和长期贷款共享最大贷款额

若每轮第一期短期贷款额度已使用完，长期贷款额度则为 0；若未使用或未使用完，则长期贷款还有可贷款额度。

举例说明：第一轮权益值为500，那么长期贷款和短期贷款公用额度便为1 000；第一轮第一期贷款300，第一轮第二期未贷短期贷款，那么第一轮末长期贷款可贷款额度为700。

表2-4 融资规则

融资方式	规定贷款时间	贷款额度	还贷规定	利率
短期贷款	每期任何时间	上轮所有者权益的两倍-已贷短期贷款	到期一次还本付息	5%
民间融资	每期任何时间	上轮所有者权益的两倍-已贷短期贷款	到期一次还本付息	15%

三、在沙盘中支付工资

在沙盘中，按期支付员工的工资，包括办公场所的员工和仓储中心的员工。

执行沙盘盘面左侧菜单的"经营流程"—"支付工资"命令，再单击"支付工资"按钮，如图2-41所示。

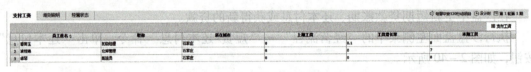

图2-41 支付工资界面

不同城市的工资差不同，会影响员工的工资。

员工工资=基本工资×（1+工资差）×（1+工资增长率）

四、在沙盘中支付相关费用

在沙盘中，按期支付相应的租赁费、维修费、售后服务费、库存管理费、行政管理费。

执行沙盘盘面左侧菜单的"经营流程"—"支付相关费用"命令，再单击"支付"按钮，如图2-42所示。

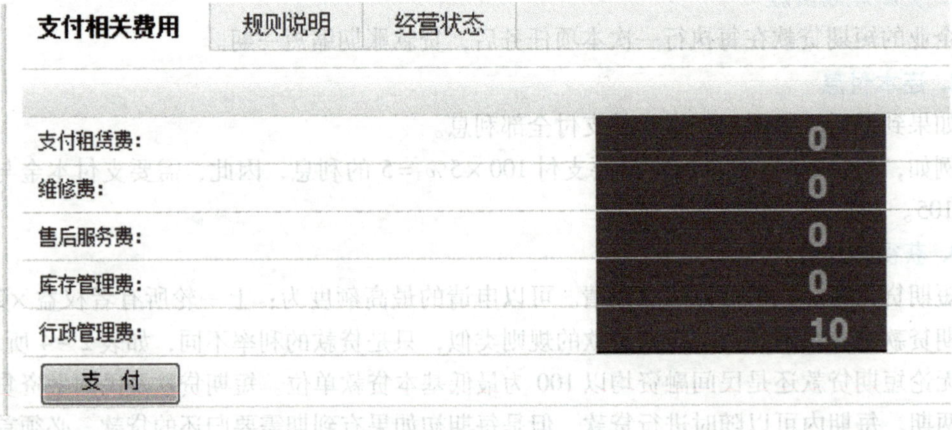

图2-42 支付相关费用界面

规则：

(1) 租赁费、维修费来自办公场所、配送中心（表2-5、表2-6）。

表 2-5 办公场所费用

办公室类型	普通办公室	豪华办公室
租赁费	96	160
维修费	4	8
搬迁费	5	26

表 2-6 配送中心费用

配送中心类型	小型配送中心	中型配送中心	大型配送中心	超级小型配送中心	超级中型配送中心	超级大型配送中心
租赁费	32	36	40	96	192	384
维修费	3	4	8	12	25	51
搬迁费	2	2	10	18	36	72

（2）售后服务费取决于所销售有提供售后服务的商品数量。
（3）库存管理费取决于仓库中库存商品的数量。若恰好零库存，则库存管理费为0。
（4）行政管理费指企业固定行政支出，本平台中固定为10。

五、在沙盘中交税

企业经营有了盈利，需要缴纳相关税费。企业需要在下一轮第一期根据利润表缴纳。

企业所得税的税率为25%，在计算企业所得税前，税前利润需先弥补前5轮的亏损，然后根据税前利润乘以25%缴纳。

增值税的税率为16%，应纳税额 =（销项税额 - 进项税额）×16% = 销售额×增值税率/（1+增值税率）- 营业成本增值税率/（1+增值税率），保留2位小数。

城建税为增值税乘以7%，保留2位小数。

教育附加税为增值税乘以3%，保留2位小数。

六、在沙盘中长贷/还本付息

在沙盘中，更新长期贷款账期，支付利息或还本付息，或者获得新的贷款。

单击"长贷/还本付息"按钮，再单击"还本/付息"按钮即可。

如果企业有长期贷款，则本任务每轮末执行一次，还贷账期缩短一轮。长期贷款的还款规则是每轮付息，到期还本付息，每轮利率为10%。长期贷款只有在每一轮的轮末才可以申请。额度为：上一轮所有者权益×2 - 已有长期贷款。

长期贷款以100为基本贷款单位，贷款期限为3轮。如果有到期的长期贷款必须先还款后才能再次贷款。

七、在沙盘中关账

每轮经营结束，轮末进行关账，系统自动提供"利润表"和"资产负债表"。系统会根据得分和规则自动计算当轮每组卖家的得分。系统内所有计算均遵循四舍五入原则，并保留小数点后两位。

执行沙盘盘面左侧菜单的"经营流程"—"关账"命令,再单击下方的"关账"按钮即可。

规则:

得分 =(1 + 总分/100)× 所有者权益合计 × 追加股东投资比例

总分为以下各项操作或指标得分之和,如表 2-7 所示。

表 2-7 各操作或指标得分情况

操作或指标	得　分
未借民间融资	+20
开设 B 店	+100
营业成本分摊得分	+(1-营业成本/营业收入)×100
综合费用分摊得分	+[1-(销售费用+管理费用)/营业收入]×100
资金周转率得分	+营业收入/资产总计×100
净利润率得分	+净利润/营业收入×100
资产报酬率(ROA)得分	+利润总额/资产总计×100
权益报酬率(ROE)得分	+净利润/所有者权益合计×100
资金流动性得分: CR<1 and QR<0.5,资金流动性差 1.5<CR<2 and 0.75<QR<1,资金流动性一般 CR>=2 and QR>=1,资金流动性好 其他比例均是 0 分	-10 +50 +100
资产负债率得分	+(1-负债合计/资产总计)×100

注:速动比 QR =(货币资金 + 应收账款)/(短期借款 + 应付账款 + 应交税费)
　　流动比 CR = 流动资产合计/(短期借款 + 应付账款 + 应交税费)

通过对得分规则的解析,企业经营者可以得知企业经营得分主要与总分、所有者权益和追加股东投资比例有关。一般比赛过程中,企业是不允许追加股东投资比例的,所以在考虑经营得分时主要考虑总分和所有者权益。在平时训练中,为了给新手足够的企业经营操作空间,可以考虑为该企业追加股东投资。

企业如果想要取得较高的经营得分,必须通过提高总分和所有者权益来实现。竞赛一般以第 5 轮关账后的得分为最终成绩,经营结束时,按照第 5 轮末的经营得分决定企业经营的结果排出名次。如果得分相同,则比较各自的所有者权益,高者胜出;如果中途破产,则按照破产先后顺序排名,后破产的排名比先破产的高;如果中途破产且同时破产的,则比较两者的所有者权益大小,权益大的排名靠前。

八、财务报表概述

财务报表是反映企业或预算单位一定时期资金、利润状况的会计报表。我国财务报表的种类、格式、编报要求,均由统一的会计制度作出规定,要求企业定期编报。财务报表主要有资产负债表、损益表、现金流量表、财务报表注释、其他财务报告。

(一) 资产负债表

1. 资产

资产负债表是反映企业在某一特定日期（如月末、季末、年末）全部资产、负债和所有者权益情况的会计报表，是企业经营活动的静态体现，根据"资产＝负债＋所有者权益"这一平衡公式，依照一定的分类标准和一定的次序，将某一特定日期的资产、负债、所有者权益的具体项目予以适当的排列编制而成。它表明权益在某一特定日期所拥有或控制的经济资源、所承担的现有义务和所有者对净资产的要求权。它是一张揭示企业在一定时点财务状况的静态报表。资产负债表利用会计平衡原则，将合乎会计原则的资产、负债、股东权益交易科目分为"资产"和"负债及股东权益"两大区块，在经过分录、转账、分类账、试算、调整等会计程序后，以特定日期的静态企业情况为基准，浓缩成一张报表。其报表除了具有企业内部除错、经营方向、防止弊端功用外，也可让所有阅读者于最短时间了解企业经营状况。

资产负债表根据资产、负债、所有者权益（或股东权益，下同）之间的勾稽关系，按照一定的分类标准和顺序，把企业一定日期的资产、负债和所有者权益各项目予以适当排列。它反映的是企业资产、负债、所有者权益的总体规模和结构，即资产有多少，资产中，流动资产、固定资产各有多少，流动资产中，货币资金有多少，应收账款有多少，存货有多少，等等；所有者权益有多少，所有者权益中，实收资本（或股本，下同）有多少，资本公积有多少，盈余公积有多少，未分配利润有多少，等等。

资产负债表中的资产反映由过去的交易、事项形成并由企业在某一特定日期所拥有或控制的、预期会给企业带来经济利益的资源。资产应当按照流动资产和非流动资产两大类别在资产负债表中列示，在流动资产和非流动资产类别下进一步按性质分项列示。

流动资产是预计在一个正常营业周期中变现、出售或耗用，或者主要为交易目的而持有，或者预计在资产负债表日起一年内（含一年）变现的资产，或者自资产负债表日起一年内交换其他资产或清偿负债的能力不受限制的现金或现金等价物。

资产负债表中列示的流动资产项目通常包括货币资金、交易性金融资产、应收票据、应收账款、预付款项、应收利息、应收股利、其他应收款、存货和一年内到期的非流动资产等。

非流动资产是流动资产以外的资产。资产负债表中列示的非流动资产项目通常包括长期股权投资、固定资产、在建工程、工程物资、固定资产清理、无形资产、开发支出、长期待摊费用以及其他非流动资产等。

2. 负债和所有者权益

资产负债表中的负债反映在某一特定日期企业所承担的、预期会导致经济利益流出企业的现时义务。负债应当按照流动负债和非流动负债在资产负债表中进行列示，在流动负债和非流动负债类别下再进一步按性质分项列示。

流动负债是预计在一个正常营业周期中清偿，或者主要为交易目的而持有，或者自资产负债表日起一年内（含一年）到期应予以清偿，或者企业无权自主地将清偿推迟至资产负债表日后一年以上的负债。资产负债表中列示的流动负债项目通常包括短期借款、应付票据、应付账款、预收款项、应付职工薪酬、应交税费、应付利息、应付股利、其他应付款、一年内到期的非流动负债等。

非流动负债是流动负债以外的负债。非流动负债项目通常包括长期借款、应付债券和其他非流动负债等。

资产负债表中的所有者权益是企业资产扣除负债后的剩余权益，反映企业在某一特定日期股东（投资者）拥有的净资产的总额，它一般按照实收资本、资本公积、盈余公积和未分配利润分项列示。

（二）损益表

损益表上所反映的会计信息，可以用来评价一个企业的经营效率和经营成果，评估投资的价值和报酬，进而衡量一个企业在经营管理上的成功程度。具体来说有以下几个方面的作用。

（1）损益表可作为经营成果的分配依据。损益表反映企业在一定期间的营业收入、营业成本、营业费用以及营业税金、各项期间费用和营业外收支等项目，最终计算出利润综合指标。损益表上的数据直接影响到许多相关集团的利益，如国家的税收收入、管理人员的奖金、职工的工资与其他报酬、股东的股利等。正是由于这方面的作用，损益表的地位曾经超过资产负债表，成为最重要的财务报表。

（2）损益表能综合反映生产经营活动的各个方面，有助于考核企业经营管理人员的工作业绩。企业在生产、经营、投资、筹资等各项活动中的管理效率和效益都可以从利润数额的增减变化中综合表现出来。通过将收入、成本费用、利润与企业的生产经营计划对比，可以考核生产经营计划的完成情况，进而来评价企业管理当局的经营业绩和效率。

（3）损益表可用来分析企业的获利能力、预测企业未来的现金流量。损益表揭示了经营利润、投资净收益和营业外的收支净额的详细资料，可据以分析企业的盈利水平，评估企业的获利能力。同时，报表使用者所关注的各种预期的现金来源、金额、时间和不确定性，如股利或利息、出售证券的所得及借款的清偿，都与企业的获利能力密切相关，所以，收益水平在预测未来现金流量方面具有重要作用。

损益表的局限性是：

（1）它不包括有益于企业发展和财务状况的许多信息。

（2）损益数值经常受到所用会计方法的影响。

（3）损益计量会受到估计的影响。

（三）现金流量表

现金流量表是反映一定时期内（如月度、季度或年度）企业经营活动、投资活动和筹资活动对其现金及现金等价物所产生影响的财务报表。现金流量表是原先财务状况变动表或者资金流动状况表的替代物。它详细描述了由公司的经营、投资与筹资活动所产生的现金流。

作为一个分析的工具，现金流量表的主要作用是决定公司短期生存能力，特别是缴付账单的能力。它是反映一家公司在一定时期现金流入和现金流出动态状况的报表。其组成内容与资产负债表和损益表相一致。通过现金流量表，可以概括反映经营活动、投资活动和筹资活动对企业现金流入流出的影响，对于评价企业的实现利润、财务状况及财务管理，要比传统的损益表提供更准确。一个正常经营的企业，在创造利润的同时，还应创造现金收益，通过对现金流入来源的分析，就可以对创造现金能力做出评价，并可对企业未来获取现金的能力做出预测。现金流量表所揭示的现金流量信息可以从现金角度对企业偿债能力和支付能力做出更可靠、更稳健的评价。

通过现金流量表，可以概括反映经营活动和筹资活动对网店现金流入流出的影响，可以准确把握网店资金的流向，为下一步的经营策略提供依据。学生端网店的现金流量表经营分析工具，主要包括现金流量统计和现金流量明细两部分。其中现金流量统计主要是对经营期网店的现金流进行汇总统计，双击表中的某个财务科目，在现金流量明细表中就会根据使用的时间进行具体展示。

任务七 经营分析

一、经营分析的必要性和重要性

1. 经营分析的必要性

（1）电子商务沙盘模拟对抗过程步骤多、信息量大。

整个沙盘模拟对抗过程中，学生要熟悉电子商务网店开设、采购、运营、推广及财务等各个环节的流程，根据事先制定的发展战略，完成每一期的网络开店、商品采购、商品仓储、互联网推广、快递配送、财务管理、经营分析等7个工作任务。过程中每一环节的决策都是通过筛选和分析多种相关条件所制定并实施的，都包含着巨大的信息量。

（2）电子商务沙盘模拟对抗过程时间紧、任务重。

课程以电子沙盘的方式模拟电子商务初创企业的商业运作，将企业结构和管理的操作全部展示在电子沙盘上，把复杂、抽象的经营管理理论以最直观的方式让学生体验、学习，在5轮的时间内模拟电子商务企业创业全面经营管理，时间紧、任务重。

2. 经营分析的重要性

（1）对于参与者个人的意义。

电子商务创业沙盘模拟对抗完全不同于传统的课堂灌输授课方式，是通过直观的企业经营沙盘来模拟企业运行状况，让学生在分析市场、制定战略、网络推广、整体营销和财务结算等一系列活动中体会电子商务初创企业经营运作的全过程，形象地认识到企业资源的有限性，从而深刻理解企业的管理思想，领悟科学管理规律，提升管理能力。

（2）对于团队的意义。

电子商务创业沙盘模拟对抗中集角色扮演、案例分析和专家诊断于一体，最大的特点是在参与中学习。学生的学习过程接近企业现状，在短短几轮的训练中，会遇到企业经营中经常出现的各种典型问题。学生必须和同事们一起去寻找市场机会，分析规律，制定策略，实施全面管理。各种决策过程，可提高学生的沟通交流与协作关系，培养学生的集体精神与团队意识，加深学生之间的友谊。

二、经营分析的内容

经营分析的内容主要是有整体战略、网络推广与销售、财务、团队协作与沟通几个方面。

1. 整体战略方面

总体来说，整体战略就是指规划公司目标以及为达到这一目标所需资源的取得、使用和处理方略。它是企业为了适应未来环境的变化，寻求长期生存和稳定发展而制定的总体性和长远性的规划。战略方面的内容主要分两个层面：对企业内部资源与外部环境的评估，长、中、短期策略的制定。

每个企业的初始状态都是相同的，给定的各项资源也是相同的，企业的目标可以说是在资源给定的情况下，追求尽可能大的产出。从外延上来看是追求利润，本质是资源的合理利用。在充分分析企业资源及市场信息的基础上，应从以下几个方面总结制定企业的战略规划。

（1）市场主导型与产品主导型的战略。市场主导型与产品主导型是沙盘模拟对抗中较普遍采用的两种战略。但在仅进行 3~5 轮的沙盘模拟对抗课程中，由于受各种规则和假设的限制，以销定产还是以产定销，需要首先考虑。因此，如何分析、选择和制定企业的主导类型是企业确定市场和产品策略的前提，是企业战略首先要考虑的基本问题，这方面的问题也就成了学生们首先总结的问题。

（2）提升企业竞争力的战略。企业要想发展，一定要提升企业竞争力。在沙盘对抗中，通过哪些方面提升企业竞争力，以便最终让更多的消费者购买商品，这是需要企业在发展过程中，逐步实施的。

（3）市场趋势的预测、既定战略的调整。在沙盘模拟对抗的过程中，企业所面对的是一个不断变化的市场和一个不断变化的竞争环境，预测市场和调整战略也应该是企业每一期要面临的任务，因此对这方面的分析也就显得尤为重要。

根据已有的市场预测图信息，预判产品需求变化，制订产品销售计划。根据销售情况、网店信息，对竞争对手进行分析，并预判对手的策略。

战略调整主要从以下几个方面进行总结：第一，在模拟对抗过程中调整了哪些战略，怎么调整的；第二，战略调整的原因是什么，哪些因素可以影响战略，怎样影响；第三，对战略的调整是否必要，调整方法是否正确。

2. 网络推广与销售方面

（1）市场营销策略。结合市场营销 4P 策略，根据电子商务沙盘销售规则，分析 SEO、SEM 等引流情况及各人群成交情况，针对对手信息，针对性地调整相关销售计划，这是电子商务运营过程中非常重要的任务。

（2）在站外推广中投标竞价的效率。站外推广中投标竞价的效率主要通过广告投入产出和市场占有率分析两方面说明。总结中应着重分析每一期本企业的广告投入和产出比率，对比同行业竞争对手的策略，总结本企业在市场营销方面的策略是否得当。

（3）知己知彼。在沙盘模拟中，需要对主要竞争对手的情况进行调查，如竞争对手销售产品、目标人群、促销情况等。对竞争对手的分析有利于企业合理利用资源，开展竞争和合作。分析时，要着重分析信息搜集的方法与技巧及利用情报进行判断的技巧。

3. 财务方面

在分析中，财务方面可以具体从以下几点进行。

（1）制订投资计划，评估应收账款金额与回收期。分析时要从投资计划的制订对财务的影响入手，分析在沙盘模拟中本企业把握资金流的长期规划的程度，预计现金的流入和流出的准确性如何，其投资回收是否正确，资金是否出现战略上大的缺口等。

（2）预估长、短期资金需求，寻求资金来源。分析的任务就在于深化学生对资金来源的预计和掌握，要分析模拟企业的资金具体来源于哪里，如何取得这些来源，其每个资金来源渠道能够筹集到的资金额度是多少，在哪个时点上筹资，其代价又是多大等。

（3）掌握资金来源与用途，妥善控制成本。模拟中的企业是商业企业，其资金大多用在流转方面，如商品的采购、营销推广等，所以这还同时涉及相关费用的控制问题。要深入分析其资金的来源与用途是否匹配、是否存在滥用资金的现象，对产品成本的控制也需要考虑。

（4）制定预算。要体现模拟中企业运用预算的情况，该企业的预算是如何制定出来的，预算的执行情况如何，其结果如何，如果实际与预算之间的差异过大，原因在哪等。

（5）分析财务报表、运用财务指标进行内部诊断，协助管理决策。借助一些重要的财务指标，如毛利率、资产负债率、存货周转率等，使用一些财务分析方法，如杜邦分析、五力分析、成本结构变化分析、产品盈利分析等，对企业决策和内部诊断提供帮助，在经营分析中应考虑到这些方面内容的企业应用情况。

4. 团队协作与沟通方面

团队协作与沟通是沙盘模拟课程的初衷之一。

（1）学习如何在立场不同的各部门间沟通和协调。总结队员间沟通的形式与技巧，如何把自己所掌握的信息与其他队员共享，如何通过沟通与协调获取自己所需要的信息。

（2）培养不同部门人员的分工合作经营理念。学习并完成繁多的内容和复杂的步骤，没有良好的分工协作，很难做出合理、周全的决策。对于如何分工则可以说是仁者见仁、智者见智，并不强调统一的分工模式，可以在学习和熟悉比赛规则阶段自行摸索，但可以肯定的是，分工是必需的。

分析内容：一是描述自己团队的分工情况，并阐述分工的依据及职责范围；二是分析分工的合理性与弊端，查找合作时出现的问题。

（3）建立以整体利益为导向的组织。沙盘模拟有助于学生形成宏观规划、战略布局的思维模式。通过这一模拟，各层面学生对公司业务都达成一致的理性及感性认识，形成共同的思维模式以及促进沟通的共同语言。

如何树立团队的共同目标，建立团队的组织机构，如何制定保障目标实现决策与规章制度，这些都应作为这部分的总结内容。

三、编写实训报告

（一）实训报告的认识

实训报告是学生总结和分析学习成果的重要环节。通过它，可以全面、系统地了解整体的学习情况，可以正确认识沙盘模拟学习中的优缺点，可以明确下一步学习和努力的方向，少走弯路，少犯错误，提高学习效益。

实训报告还是认识世界的重要手段，是由感性认识上升到理性认识的必经之路。通过实训报告，使零星的、肤浅的、表面的感性认识上升到全面的、系统的、本质的理性认识上来，寻找出理论和实践的贯通之处，从而掌握并运用这些规律。

写好实训报告，须勤于思索、善于总结。这样可以提高学生学习水平，培养出更多理论与实践相结合、工作能力强的学生。实训报告，须对沙盘模拟学习中的失误等有正确的认识，勇于承认错误，形成批评与自我批评的良好作风。实训报告，须从学习的实际情况出发，养成调查研究的好习惯。总之，写好实训报告是非常重要的，但也是非常困难的。

（二）实训报告的要求

沙盘模拟的实训报告写作应遵循以下要求。

1. 掌握客观事实，广泛收集材料

这是写好总结的基础。总结的材料要准确、典型、丰富。同学们要认真搜集、积累丰富的材料，材料要求是自己本企业模拟运营的真实数据，并且要对搜集的材料进行筛选，确保材料的真实性和典型性。

2. 对收集的材料做认真的分析研究

这是写好总结的关键。首先，要有正确的指导思想。这就要求总结者加强理论学习，并将其作为评价得失的依据。其次，要坚持实事求是的原则，克服夸大成绩、回避错误的缺点。再次，要坚持运用辩证法，全面地看待学习的内容。既能看到得，又能看到失；既能看到现象，又能看到本质；既能看到主流，又能看到支流。最后，要突出重点。实训报告不是流水账，不能不分主次地去罗列数字和事例，要围绕一个中心主题精心选用，分析典型材料，突出主要问题。

3. 反映特点，找出规律

这是撰写实训报告的重点。每个模拟企业都有自己的特点，好的实训报告应当总结出具有典型意义的、反映自身特点的以及带规律性的经验教训。

4. 具体写作过程中的要求

（1）编好写作提纲。在编写的提纲中，要明确回答想写什么问题，哪些问题是主要问题等。

（2）交代要简要，背景要鲜明。总结中的情况叙述必须简明扼要。对工作成绩的大小以及工作的先进、落后，叙述一般要用比较法，通过纵横比较，使背景鲜明突出。

（3）详略须得当。根据总结的目的及中心，对主要问题要详写，次要问题要略写。

【课后作业】完成《实训报告三　沙盘基本操作》

项目三

电子商务沙盘模拟对抗

本项目通过多次对抗练习，提升学生电子商务沙盘操作技能，帮助他们理解相关理论知识点，做到理论与实践相互贯通。具体为：学生通过第 2 次沙盘模拟对抗，理解亏损、破产与筹资；通过第 3 次沙盘模拟对抗，理解如何进行电子商务销售；通过第 4 次沙盘模拟对抗，理解企业成本控制；通过第 5 次沙盘模拟对抗，能够初步识读企业财务报表，进行一定的评估和预测；通过第 6 次沙盘模拟对抗，理解一些经典的企业经营管理理论。

思政目标

1. 培养遵法守纪、崇德向善、诚实守信的职业精神。
2. 培育勇于奋斗、乐观向上及团队合作意识。
3. 传播优秀商业文化与中国传统文化，培养文化自信。

职业能力目标

1. 掌握在 ITMC 电子商务沙盘里持续经营的技巧。
2. 理解企业常见筹资方式。
3. 理解电子商务市场的原理。
4. 理解电子商务企业主要的成本支出。
5. 能够初步识读电子商务企业报表。
6. 了解常见企业经营管理理论。

典型工作任务

任务一　持续经营和筹资
任务二　电子商务销售
任务三　估算和控制成本
任务四　识读沙盘财务报表
任务五　企业经典管理理论

任务一 持续经营和筹资

一、亏损与破产

亏损是盈利的对称,是指企业在一定时期内发生的净损失,是综合反映企业一定时期生产经营成果的重要指标。亏损有政策性亏损和经营性亏损两类。

政策性亏损:亦称计划亏损,是指按照国家政策,某些商品的销价低于进价,或进销持平,或销价略高于进价,但不足以抵偿流通费用而发生的计划内亏损。这种亏损需经企业主管部门会同财政部门审查同意,由国家或上级单位拨款弥补。

经营性亏损:是企业由于经营管理不善而发生的亏损。对于这种亏损,企业应采取切实有效的措施,尽快扭亏为盈。

亏损可以在财务报表中直接得到体现。图3-1为电子商务沙盘的某个卖家的某期利润表,净利润为负即为亏损,反之盈利。

利润表			
项目	表达式	上轮值	当轮值
营业收入	+	1319.43	3179.18
减:营业成本	-	424.96	1017.95
营业税金及附加	-	15.20	36.74
销售费用	-	249.98	232.89
管理费用	-	788.20	375.00
财务费用	-	0.00	185.00
营业利润	=	-158.91	1331.60
加:营业外收入	+	0.00	0.00
减:营业外支出	-	0.00	0.00
利润总额		-158.91	1331.60
减:所得税费用		0.00	293.17
净利润	=	-158.91	1038.43

图3-1 电子商务沙盘亏损案例

破产,是指债务人因不能偿债或者资不抵债时,由债权人或债务人诉请法院宣告破产并依破产程序偿还债务的一种法律制度。狭义的破产制度仅指破产清算制度,广义的破产制度还包括重整与和解制度。破产多数情况下都指一种公司行为和经济行为。但人们有时也会把个人或者公司停止继续经营叫做破产。

在沙盘中,破产通常是无法偿还债务的。如图3-2所示,该卖家在第4轮第2期,所余资金无法偿还短期贷款,终止经营,即判定为破产。

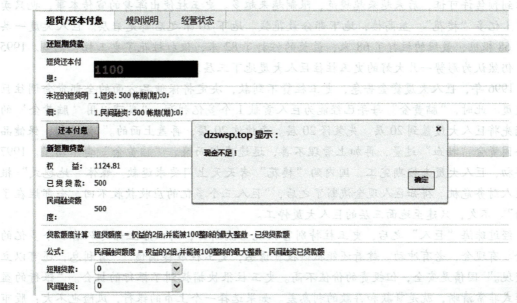

图3-2 电子商务沙盘破产案例

显然,连年亏损会导致所有者权益减少,进而影响企业现金流,导致最终出现破产的情况。但亏损和破产之间是否存在着必然的关系呢?我们不妨先来看两个案例。

案例分析

史玉柱的第一次创业

1988年,从深圳大学研究生毕业,史玉柱回到合肥原单位。半年之后,M6401在史玉柱合肥的家中诞生。史玉柱送了一套给原单位。几张软盘一装,就能打出比四通打字机24点阵更漂亮的64点阵字,而且编辑屏幕比四通打字机大很多,单位的四通打字机从此被放到一旁没人用了。

1989年8月16日,史玉柱收到三张银行汇款,一共1.5万元。一张8 820元,是广州批发的三套;另外两张是零售汇款,每张3 500元。10月,史玉柱将100万元广告砸向《计算机世界》,M6401月销售额乘势攀升到了500万元。1990年前三个月,史玉柱已经挣到了3 000万元。从M6402开始,史玉柱开始使用巨人汉卡名称。"当时IBM蓝色巨人最火,我们就抄袭了'巨人'这个名称。"1993年,仅中文手写电脑和软件的当年销售额即达到3.6亿元,位居四通之后,成为中国第二大民营高科技企业。

作为支持,珠海市政府批给"巨人"一块地,"巨人"准备盖18层的办公楼。

1993年,中国经济过热发展,只要有房子就能卖掉,甚至连"楼花"都能卖掉。深圳写字楼价格涨到了一万五、两万。珠海当时在修大港口、大机场,还有跨海大桥,史玉柱被这个熏陶,认为珠海也会像深圳一样成为国际大都市。此时,18层的办公大楼要加盖到72层。盖72层的巨人大厦需要12亿,而史玉柱的手中只有1亿现金。史玉柱将赌注押在了卖"楼花"上。1993年,珠海西区别墅在香港卖出十多亿"楼花"。可等到1994年史玉柱卖

"楼花"的时候，中国宏观调控已经开始，对卖"楼花"开始限制，必须投资到一个数额才能拿到预售许可证，后来越来越规范，限制越来越多。史玉柱使出浑身的宣传本事，也只卖掉了1亿多"楼花"。盖高楼，地下部分最花钱。地下20米之后都是岩层。巨人大厦一共打了68根桩，最短的桩打了68米，最长的桩打了82米，仅打桩花了史玉柱一亿多。1995年，仍然认为形势一片大好的史玉柱往巨人大厦地下三层又砸了一亿多元。

1996年，巨人大厦资金告急，史玉柱贷不到款，决定将保健品方面的全部资金调往巨人大厦。此时，"脑黄金"每年已经能为巨人贡献1个多亿利润。"我可以用'脑黄金'的利润先将巨人大厦盖到20层。先装修20层。卖掉这20层，再盖上面的。"没承想，保健品业务因资金"抽血"过量，再加上管理不善，迅速盛极而衰，"脑黄金"卖不动了。1997年年初，巨人大厦未按期完工，国内购"楼花"者天天上门要求退款。媒体"地毯式"报道巨人财务危机。得知巨人现金流断了之后，"巨人三个多亿的应收款收不回，全部烂在了外面"。不久，只建至地面三层的巨人大厦停工。

经过珠海"巨人"之后，史玉柱特别害怕现金流断开，所以账上始终趴着5个多亿的现金。有现金，老有冲动。趁着还能抵御投资诱惑，史玉柱准备国债。"有利息，还可以立即变现。"国债是安全，但投资的价值不高。史玉柱很快捕捉到了银行的机会。"银行的盈利模式非常清晰，就是贷款和存款的利息差。如果选择一个上市的银行，风险也不大：股市管着它，证监会管着它，不会出问题，就是出了问题，国家也会帮助它。"参股华夏股份后，史玉柱又看上了民生银行。2003年，上海健特受让北京万通实业股份有限公司1.43亿股民生银行股票，到2006年6月30日，上海健特持有的民生银行股票3.157亿股。就在外界在讨论保健品生命周期的时候，手里已经握有22亿银行股票、软着陆的史玉柱吼道："我永远不会套现走人!"史玉柱依然是两个上市公司健特生物和四通控股的第一大股东。

案例来源：刘韧，《史玉柱一个人》https://tech.sina.com.cn/csj/
2018-07-24/doc-ihfce nhz5873175.shtml

案例分析

亚马逊的兴起

亚马逊的销售收入从1997年的微不足道，增长到2016年的1 360亿美元。而在2004年前是年年亏损，之后虽然盈利，但一直盈利不多，2015年以前的年利润从没超过10亿美元，但在华尔街的不断压力之下，2016年的盈利破天荒达到42亿美元，可还是不到Facebook利润的一半、不到谷歌的1/6。也就是说，亚马逊到今天才慢慢把更多注意力放在盈利上，但距离还不近。

为了攻占市场份额，亚马逊一是降价，在库存商品中平均有66%的商品有折价，而传统商业公司中最多只让1/3的库存商品打折，沃尔玛平均只给18%的商品打折；二是低收邮寄费，给客户优惠，1997年时，亚马逊从客户收的邮寄费平均是实际邮寄成本的1.25倍，也就是那时候从邮寄费中赚25%，但后来改为在邮寄成本中倒贴55%，一半以上的邮寄成本由亚马逊倒贴。

亚马逊这么多年都烧钱发展，用户的满意度远超传统商业对手。即使在最近这些年美国零售增长不多、电商增长高峰期也过了的背景下，亚马逊也能一直强劲增长，2016年销售额还同比增长31%。

　　当然，亚马逊这么烧钱发展，财务指标不好看就很自然。比如，它的资产回报率为0.7%，也就是，用100块钱的资产每年只能赚回0.7元，而苹果的资产回报率19.1%，谷歌13%。两年前，市场对苹果未来3到5年的利润增长预期为每年59%，谷歌为18%，而对亚马逊的预期为-16%。虽然财务指标不好看，股票估值却是另外一回事：苹果市盈率为14倍，谷歌30倍，而亚马逊的市盈率301倍！也就是说，按照现在每股每年的盈利，如果未来没有增长的话，投资者要等上300年才能把今天股价本钱赚回来。亚马逊的市值远高于谷歌、Facebook。

　　这是泡沫吗？实际上，1997年很多人就说亚马逊的股票是最离谱的泡沫，后来2000年时互联网泡沫破灭了，可是亚马逊还是活得好好的，而且继续烧钱发展，20年后的今天，其创始人贝佐斯反倒成了世界第二富。

　　起初，在互联网泡沫盛行的20世纪90年代末，股权融资是亚马逊的首选。1997年前，靠创投基金支持，上市之后股价疯狂，靠增发股权融资。2000年泡沫破灭后，头几年还问题不大，因为之前通过股权融资亚马逊留存了很多资金。等留存资金用得差不多了，2004年就改为发债融资。到2013年，净资产负债率达到41%，也就是，公司资本中，债务融资和股权融资的比值为0.41，股东出的每一块钱资本，相对应地有0.41块钱的债务资本。由于继续靠借债发展，到2015年年初，亚马逊的负债率上升到92%。后来，在市场压力之下，亚马逊宣布说今后侧重盈利，股价就开始了一波涨势，到2017年还在继续。所以，2016年起，亚马逊又改变融资手段，从债务融资重新回到发股票融资，并且通过股票融资还债。于是，到2017，年初，亚马逊的净资产负债回落到35%。

　　许多研究表明，公司一般都会根据股价高低和利率高低，在股权和债务中间动态选择融资手段。如果公司股价太高，就以股票融资为主。而如果股价偏低、利率也低，那么就会以借债融资为主。

　　可以看出，首先，亚马逊以不担心亏损、烧钱作为发展策略，目的是最大化市场份额，把竞争对手都挤出。其次，20世纪90年代末，许多人认为亚马逊是个极端泡沫，无法持续太久。可是，亚马逊不仅活下来了，而且还在电子商务领域摇摇领先于所有其他公司。20多年下来，公司市场很高，股价增长1 000多倍。再就是，为了在长久亏损之下也能发展，亚马逊先是靠股权融资，充分利用当初高估的股价；在互联网泡沫破灭几年后，改为靠债务融资，特别是在低利率环境下也坚持如此；等2015年亚马逊股价进入新一轮牛市之后，又改为股权融资。亚马逊的这种融资策略值得借鉴，在各类公司中普遍使用。

案例来源：陈志武，《靠烧钱发展的逻辑》，
http://www.eeo.com.cn/2017/12/12/318725.shtml.

　　从案例中可以看出，一直亏损的公司并不意味着它的现金流就有问题，它没有倒闭就说明有资金在补给，所以能支撑它继续运营下去。这些公司大都是烧钱的科技公司，或者与新型产业有关的公司，在前期运营时，这些公司基本上就是赔着钱在做生意，但一般它们前景远大，是很好的"潜力股"，一旦走上正轨，盈利是很轻松的。所以这样的公司一般前几年连年亏损，但会得到有远见的投资者的资金注入，或者公司会通过融资、股权转让等方式来补充运营资金。这在风投金融圈是很常见，亏钱也要一直投钱，尤其在近几年互联网的相关业务上。刚开始的时候，这些新兴公司为了抢占市场份额会拼命压低价格，各种优惠撒向消费者，为的就是让大家养成一种使用他们的习惯。

尤其在资本时代，企业往往会通过融资、发债等方式来获得足够的资金，支撑公司走下去。如果只是通过发布的亏损公告，来判断这个公司是不是有前途，那是很容易误判的。

在电子商务沙盘模拟经营过程中，出现网店所持有的现金不足以支付必须要支付的款项，造成现金断流，则网店破产。一般造成现金流断裂的原因包括不能支付应付账款、贷款本息、员工工资、租赁费、维修费、售后服务费、库存管理费、行政管理费、相关税费、物流费用及网店装修费用。

电子商务沙盘模拟中，没有额外的资金让同学们在亏损状态下持续经营，亏损往往是破产的主要因素。不少同学在刚开始沙盘模拟经营的时候，由于缺乏经验，导致企业亏损。这不要紧，虽然经营困难重重，但只要能够完成经营流程菜单里的任务，就能继续经营，就不是破产。在这种时候，更需要同学们持续经营，先让企业存活下来，寻找市场的突破口，伺机逆转。面对困难，不轻言放弃，在逆境中展现韧性，也是一个很好的体验。

二、筹资

众多的筹资渠道为企业自主筹资提供了丰富的资金来源，多样化的筹资方式又使企业从不同角度充分考虑筹资效益的要求。企业筹集的资金按不同标志可分为以下几类。

1. 自有资金和负债资金

按所筹资金性质不同，资金可分为自有资金和负债资金。合理安排自有资金与负债资金的比例关系是企业筹资管理的核心内容。

（1）自有资金，又称主权资本或权益资本，是企业依法筹集并长期拥有、自主支配资金，其数额就是资产负债表中的所有者权益总额，也称净资产。它的特点是：首先，自有资金的所有权归属所有者，所有者可以参与企业经营管理，取得收益并承担一定的责任；其次，企业在经营期间可以长期占用，所有者无权以任何方式抽回资本，企业也没还本付息的压力；再次，自有资金主要通过国家财政资金、其他企业资金、居民个人资金、外商资金等渠道，采用吸收直接投资、发行股票、留存利润等方式筹集形成。

（2）负债资金，又称借入资金或债务资金，是企业依法筹集并依约使用、按期偿还资金，其数额就是资产负债表中的负债总额，也称债权人权益。它的特点是：首先，资金只能在约定的期限内享有使用权，并负有按期还本付息的责任，筹资风险较大；其次，债权人有权按期索取利息或要求到期还本，但无权参与企业经营，也不承担企业的经营风险；再次，负债资金主要通过银行信贷资金、非银行金融机构资金、居民个人资金渠道，采用银行借款、发行债券、商业信用、融资租赁等方式筹措取得。

2. 长期借款和短期借款

银行借款是企业向银行或其他金融机构等借入的需要还本付息的款项，按偿还期限的长短可分为长期借款和短期借款。

长期借款是指企业向银行或其他金融机构等借入的期限在1年以上（不含1年）的各种借款。长期借款主要用于企业基本建设、更新改造、科技开发和新产品试制等方面。长期借款筹资的优点主要有：筹资速度快、借款弹性较大、借款筹资成本较低、可以发挥财务杠杆的作用。在投资报酬率大于借款利率的情况下，企业将会因财务杠杆的作用而得到更多的收益。长期借款筹资的缺点主要有：筹资风险较高、限制性条款比较多、筹资数量有限。

短期借款是指企业向银行或其他金融机构等借入的期限在1年以下（含1年）的各种

借款。短期借款主要用于解决企业临时或季节性的资金需求。短期借款筹资的优点主要有：借款弹性较大；筹资速度快；与长期借款相比，获得短期借款所需的时间较短。短期借款筹资的缺点主要有：筹资风险高；筹资成本较高；在带有诸多附加条件的情况下，实际利率高于名义利率。

3. 直接筹资和间接筹资

企业筹资通过金融机构，可分为直接筹资和间接筹资两种类型。

（1）直接筹资。直接筹资是指不通过金融中介机构而直接向资金供应者借入，或通过发行股票、债券等方式进行筹资。常用的形式有出让控股权、联合经营、融资租赁等。

（2）间接筹资。间接筹资是指借助于银行等金融机构进行的筹资活动，其主要形式为银行借款、非银行金融机构借款等，是我国企业最为重要的筹资途径。

三、筹资规模的原则

企业进行生产经营活动，必须要有一定数额的资金，企业资金的需要量即称为筹资规模。一个成长中的企业因扩大生产经营，往往产生扩张性筹资动机，也就是要追加筹资规模。合理的筹资规模既是企业资金投放的前提，又直接影响企业的经济效益。通常考虑以下原则。

1. 合理性原则

企业筹集的资金数量应根据生产经营活动的正常需要确定，即筹资规模要适度。筹资过多，易造成闲置浪费；筹资不足，则影响生产经营活动的正常进行。

2. 效益性原则

筹资的目的是运用，并使其发挥最佳使用效益。因此，企业应根据投资方向投资回收期及未来的收益能力、获取现金流量的能力等因素综合考虑，即筹资规模要经济、有效。

3. 数量与时间配比原则

在现实经济生活中，往往有这样的情形：一是所筹资金早于或迟于所需资金的时间进入企业，二是所筹资金的占用时间长于或短于所需资金的时间。由此引起资金数量与时间上的不协调。只有筹资数量与时间相配合，才能使筹资恰到好处。

【课后作业】完成《实训报告四　持续经营和筹资》

任务二　电子商务销售

一、沙盘引流规则详解

电子商务沙盘应用互联网思维，遵循"流量为王"，采用"引流+成交"的数据模型，来生成订单。换言之，要在电子商务沙盘中获得较多的订单，占据较大的市场份额，就要既做好 SEO 推广的引流工作，也要做好对接不同消费者人群喜好的成交工作。

（一）SEO 优化

SEO 优化，就是对店铺商品的标题进行符合规则化的优化，使之能够在众多同类商品中排名靠前，增加曝光率、点击量以提升转化率的过程。在优化时一定要注意电子商务沙盘系统的规则。SEO 优化做得好，可以从系统搜索那里获得大量的免费流量。

1. SEO 关键词排名规则

SEO 关键词排名规则详见本教材"项目二"的"任务四"，此处不再赘述。

2. SEO 关键词组合策略

利用关键词的组合构成热销的商品标题。

（1）关键词的分类。

一级关键词：一般由 2~3 个字组成，如男装、空调、棉衣、珍珠等。优点是搜索量巨大；缺点是竞争度很大。

二级关键词：一般由 4~5 个字组成，如文件柜钢、衣架落地、棉衣女装、制冷空调等。优点是搜索量比较大；缺点是竞争度比较大。

长尾关键词：一般由 5 个字或多个词组合，如天然琥珀耳环、棉衣女装清仓、网吧电脑桌椅等。优点是精准度高、竞争较小；缺点是搜索量不大。

顶级关键词：可精准搜索，如文件柜铁皮柜书柜、铁皮柜文件柜抽屉、美的电风扇落地扇、珍珠养殖淡水珍珠白色、手链天然琥珀等。优点是精准度高、竞争小，且容易排名；缺点是比较难找。

（2）关键词组合方式。

一般情况下，标题应按照以下方式组合：营销关键词 + 意向性关键词 + 属性卖点词 + 类目关键词 + 长尾关键词。

营销关键词：如包邮、特价、卖疯了、皇冠信誉、正品等。

意向性关键词：如雪纺连衣裙、小码女装、NIKE 篮球鞋等。

属性卖点词：如休闲、瘦身、修腰等。

类目关键词：如 iphone、羊绒衫等。

例如，一家男装店在网站打出以下关键词组合：包邮七匹狼商务休闲长款男装白色带帽立领外套。

营销关键词：包邮。

意向性关键词：七匹狼商务。

属性卖点词：休闲长款类。

类目关键词：男装。

长尾关键词：白色带帽立领外套。

其顺序不是一成不变的，要活学活用，组合后的标题要读起来顺畅。

3. SEO 关键词推广的方法

（1）标题中不要故意堆砌一些无关的词。

（2）避免使用大量的类似或重复标题。尽量让自己的商品标题多样化，多加一些商品的属性关键词。

（3）不要使用特殊符号，关键词之间用分号隔开。

每一次的模拟选单，都是对 SEO 设置是否合理的反馈。通过进店关键词分析，周而复始地比较，辅助下一步经营中关键词的选择，形成差异化的关键词选取策略。

SEO 优化是一种历练的过程，卖家需要认真谨慎地修改下一阶段的 SEO 方案，从竞争对手处汲取经验教训，每期都要有调整。SEO 优化是一种精细操作，需要一丝不苟地对待。SEO 优化是否成功，转化率是最好的回答。

关键词密度也称关键词频率，用它来衡量关键词出现的总次数与其他文字的比例，一般用百分数表示。关键词出现的频率越高，关键词密度也就越大。举例来说，如果某个商品共有 100 个关键词，而某个关键词在其中出现 5 次，则可以说关键词密度为 5%。通过对数据魔方词库的词频分析，卖家可以据此设置商品关键词。合理的关键词密度可以使卖家获得较高的排名位置，若密度过大，则会起到相反的效果。

4. SEO 关键词优化效果总结

（1）SEO 优化中关键词使用核心词时，商品绩效越高带来流量越多。

（2）SEO 优化中低商品绩效时，使用核心词推广效果很差。

（3）SEO 优化中低商品绩效时，使用长尾词推广效果好于使用核心词。

（二）SEM 推广

SEM 推广相当于搜索引擎的竞价排名，通过付费的方式，可以获得更好的展示机会。卖家可以针对每个竞价词自由定价，同时可以看到排名位置，并按照实际被点击次数付费。

（1）关键词的设置。

通常在做一个商品的 SEM 推广时，可把关键词分为三类。

（a）关键词要全面详细。每个商品的关键词越多，可以吸引的潜在买家就越多，不一定非要排第一位。设置的词可以按照一定比例，如热词：精准词 = 3∶7。热词是必需的，但是要巧妙运用，这个时候要看清楚自己要推广的商品有什么特点、是什么款式和品牌的，找出准确的词。因为精确搜索的买家更清楚自己要买什么，所以要把目光放到这些精确搜索的买家身上，可能关键词的展现量和点击量没那么高，但转化率是会比较高的。

（b）优化关键词。进行关键词的优化，一般来说有两种情况：一是展现量很高，出价很高，但是点击量很低；二是关键词的出价太低，导致没有展现量和点击量。很多卖家找了很多精准词，但是因出价太低，导致排名太靠后，没有机会出现，这个时候就要适当地提高出价。

（c）选择关键词的技巧。买家搜索了关键词并点击类目之后，还会通过一些属性进行筛选。如果你的商品和买家选择的属性相符，那么你的商品排名会更靠前，这个筛选功能又让你的词更加精准了一步。所以这里提醒卖家们，一定要把商品的属性全部完善，要把所有属性都写上，这样才可以增加商品的展现机会，让更多的人搜索到。

（2）流量获取。

在应用 SEM 推广时，还是主张不要盲目地去弄，而要理性地、有针对性地做。

SEM 推广是不断分析优化的过程，需要卖家付出大量的心血去经营，但是有很多卖家常常忙于店铺的规划，没有关注 SEM 推广的调整，导致出现"光烧钱没订单"的现象。

（三）站外推广

根据网店经营需求，卖家可以对已经筹建完成的 B 店的商品，选择央视、网络广告联盟、百度三种媒体中的一种或多种进行推广，用来吸引品牌人群的购买需求，增加店铺人气及商品人气。

需要注意的是，品牌人群出现时间节点为第三轮第二期（3—2），在此之前没有品牌人群的需求。

投放站外媒体后，除了百度外，其他媒体各产品最多只有 1 个卖家能中标，未中标的卖家收回媒体推广保证金。百度广告最多有 10 个卖家中标，按出价金额高低依次排名，未中标的卖家收回媒体推广保证金。

媒体中标的卖家获得媒体影响力，能提高相应的品牌人群成交指数。需要注意的是，未中标站外媒体的，将无法获得品牌人群的成交订单。

二、沙盘成交规则详解

引流后,需要有订单,才算完成销售,实现企业的销售目标,否则引流没有任何意义。

电子商务沙盘系统模拟互联网消费者,对人群进行细分,分为品牌人群、低价人群、综合评价人群、犹豫不定人群。不同人群有不同的喜好,有不同的指标决定是否购买商品。

SEO引流成功后,模拟买家按照本次模拟搜索代表人群(4类人群中的一种)的成交条件与SEO商品排名进入前$N \times 40\%$的卖家进行模拟交易。如果有符合条件的,会有一个订单成交,数据魔方的该关键词的转化量会加1,该卖家商品的转化量会加1。

SEM引流成功后,模拟买家按照本次模拟搜索代表人群(4类人群的一种)的成交条件与SEM商品排名进入前$N \times 30\%$名的卖家进行撮合交易。如果有符合条件的,会有一个订单成交,数据魔方的该关键词的转化量会加1,该卖家商品的转化量会加1。

订单成交顺序为品牌人群>低价人群>综合人群>犹豫不定人群,即优先考虑品牌人群的成交,其次考虑低价人群,接着是综合人群,最后考虑犹豫不定人群的订单,如图3-3所示。

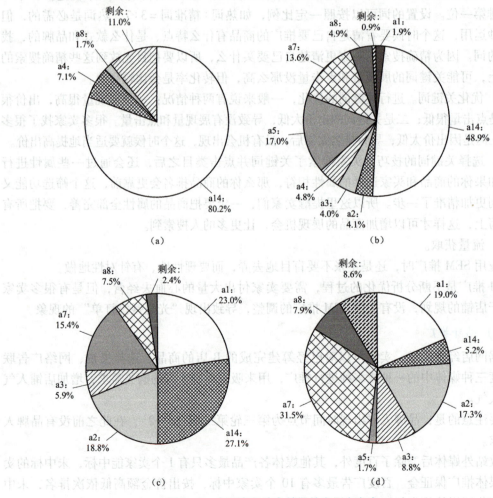

图3-3 电子商务沙盘某期的市场占有率
(a) 品牌人群; (b) 低价人群;
(c) 综合人群; (d) 犹豫不定人群

（一）品牌人群

1. 成交前提条件

（1）卖家若想具备成交资格，其商品必须做站外推广。
（2）卖家商品必须为 B 店的商品。
（3）卖家企业信誉度不能为负数。
（4）必须支持买家对物流方式、售后服务的要求。
（5）有概率为 15% 的顾客需要售后服务。

2. 成交规则

品牌人群成交规则：先通过媒体影响力、商品一口价、商品评价及城市影响力计算出品牌人群成交指数，再根据买家对物流方式、发票、售后服务的要求确定具备成交资格的卖家，从而计算出每个具备成交资格的卖家的品牌人群成交百分比（即卖家在订单交易过程中获得订单的概率），系统最后根据品牌人群成交百分比确定成交卖家，如图 3-4 所示。

备注：各组都有一个拿到订单的比例，但系统一般按照品牌人群成交百分比高的组优先成交。

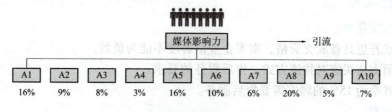

图 3-4　品牌人群成交规则

3. 计算方法

品牌人群成交指数 =（媒体影响力/市场总媒体影响力）×60 +（商品均价/（商品一口价 + 商品均价）×10 +（商品评价/符合要求的卖家商品评价）×20 +（城市影响力/符合要求的卖家城市影响力）×10

品牌人群成交百分比 = 品牌人群成交指数/符合要求的品牌人群成交指数之和

媒体影响力，是指一种商品在某个媒体的影响下所获得该媒体影响力。

（二）低价人群

1. 成交前提条件

（1）卖家若想具备成交资格，必须支持买家对物流方式、售后服务的要求。
（2）有概率为 15% 的顾客需要售后服务。

2. 成交规则

根据买家对物流方式、售后服务的要求确定具备成交资格的卖家，再根据商品价格最低顺序决定成交的卖家，若商品价格相同，则买家继续按照以下顺序依次判断是否成交。

（1）媒体影响力最高。
（2）综合评价指数最高。
（3）店铺视觉值最高。
（4）店铺总媒体影响力最高。

(5) 社会慈善最高。
(6) 店铺总人气最高。

引流成功的卖家中，商品价格最低，商品价格相同的情况下以上相关指标最高。

如图 3-5 所示，通过 SEO、SEM 引流之后，SEO 前 40%、SEM 前 30% 的卖家进入成交环节，根据商品价格最低顺序决定成交的卖家。假设 A4 组价格最低，那么 A4 组优先成交。

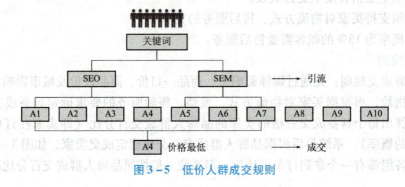

图 3-5　低价人群成交规则

（三）综合人群

1. 成交前提条件

（1）卖家若想具备成交资格，卖家企业信誉度不能为负数。
（2）必须支持买家对物流方式、售后服务的要求。
（3）有概率为 15% 的顾客需要售后服务。

2. 成交规则

先通过综合评价指标、商品一口价、商品评价及城市影响力计算出综合人群成交指数，再根据买家对物流方式、售后服务的要求确定具备成交资格的卖家，从而计算出每个具备成交资格的卖家的综合人群成交百分比（即卖家在订单交易过程中获得订单的概率），系统最后根据综合人群成交百分比确定成交的卖家。

如图 3-7 所示，通过 SEO，SEM 引流后，SEO 前 40%、SEM 前 30% 的卖家进入成交环节。如果卖家引流不成功，综合人群成交百分比再高也无法获得综合人群订单，如 A8 小组获得 25% 综合人群成交百分比，由于引流不成功，无法成交，如图 3-6 所示。

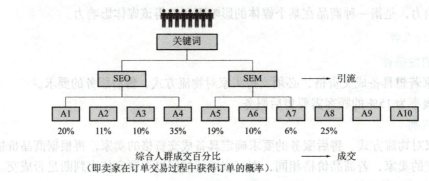

图 3-6　综合人群成交规则

3. 计算方法

综合人群成交百分比 = 综合人群成交指数/符合要求的综合人群成交指数之和

综合人群成交指数＝（综合评价指数/整个市场综合评价指数之和）×60＋商品均价/（商品一口价＋商品均价）×10＋商品评价/符合要求的卖家商品评价之和×20＋城市影响力/符合要求的卖家城市影响力之和×10

商品评价＝所有订单商品评价之和除以订单总数量（每张订单正常交货5，发货拒收违约4，未发货违约3）

城市影响力：在该城市每交货一次城市影响力加1。

综合评价指数：是衡量卖家综合实力的标准，其与企业信誉度、店铺人气、媒体影响力、社会慈善、店铺视觉值、B店开设情况、办公场所所在城市影响力、员工经验值、员工业务能力相关。

综合评价指数＝卖家企业信誉度/整个市场总企业信誉度×140＋卖家店铺总人气/整个市场店铺总人气×60＋卖家企业总的媒体影响力/整个市场总媒体影响力×100＋卖家社会慈善/整个市场社会总慈善×100＋卖家店铺视觉值/整个市场店铺总视觉值×100＋卖家B店开设情况（完成为20，未完成为0）＋卖家办公场所所在城市影响力＋卖家员工经验值＋卖家员工业务能力

综合评价指数的相关指标可以从“辅助工具”—“企业信息”中获得，如图3－7所示。

企业信息　规则说明　经营状态

企业基本信息			
企业信誉度	0	班级总信誉度	0
店铺总人气	0	班级店铺总人气	0
总媒体影响力	0	班级总媒体影响力	0
社会慈善	0	班级社会慈善	0
店铺视觉值	0	班级店铺视觉值	0
B2C模式	0	办公场所驻地影响	0
员工经验值	0	员工业务能力	0

图3－7　电子商务沙盘企业信息

（四）犹豫不定人群

1. 成交前提条件

（1）组织相应团购、秒杀和促销活动。

（2）卖家若想具备犹豫不定人群的成交资格，必须支持买家对物流方式的要求。

2. 成交规则

犹豫不定人群分团购、秒杀和促销三部分需求，按团购、秒杀、促销的顺序独立判断成交的卖家。

团购：犹豫不定的人群有50%的概率会参与团购活动，参与团购的买家会自动选择团购价格最低的参团；系统根据是否达到最少成团数量判断是否成团，若成团则确定买卖双方交易完成；只要有买家参团，无论最后是否成团，卖家的店铺人气和商品人气都会加1；若成交，则店铺人气和商品人气都会加2。

秒杀：没有参与团购的犹豫不定的人群有50%的概率会参与秒杀活动，参与秒杀的买家会自动选择秒杀价格最低的店铺进行交易；秒杀交易达成，则卖家店铺人气和商品人气都会加4。

秒杀价格＝商品一口价×50%

促销：没有参与团购和秒杀的犹豫不定人群必定会参与三种促销（满就送、多买折扣、买几件折扣）中的一种，并选择优惠力度最大的促销方式完成交易；促销交易达成，则卖家店铺人气和商品人气都会加2。

若团购价格、秒杀价格、促销优惠额度相同，则买家继续按照以下顺序依次判断是否成交。

(1) 媒体影响力最高。
(2) 综合评价指数最高。
(3) 店铺视觉值最高。
(4) 店铺总媒体影响力最高。
(5) 社会慈善最高。
(6) 店铺总人气最高。

3. 计算方法

促销后优惠力度最大的优先成交。

如图3-8所示，通过SEO、SEM引流后，SEO前4名、SEM前3名的卖家进入成交环节，成交顺序依次是团购（团购之后的最低价，如果不成团，这一部分需求剩余）、秒杀（秒杀之后的最低价）和促销（优惠力度最大且折后价格不为0）。

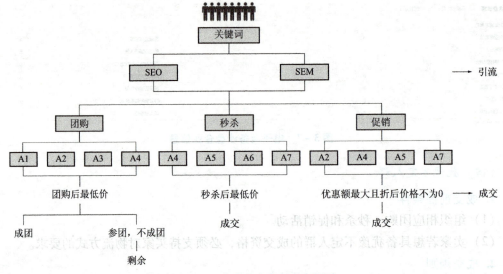

图3-8 犹豫不定人群成交规则

(五) 关于套餐

套餐可以对所有人群进行销售，换言之，所有人群都有一定概率产生套餐订单。因此可以制定对某商品某类人群进行精准营销的策略，当发生套餐销售时，就成功地连带销售该套餐中的相关产品，增加销售利润。

值得注意的是，套餐价格设置不能违背相应的规则，且套餐在配送时，套餐内的各商品都要有库存，才能顺利出库。任何一件商品缺货，都无法完成套餐订单的配送。

三、市场营销概述

为了更好地理解电子商务销售，需要了解市场营销的相关理论。市场营销学是一门与市场有关的学科，它研究的是企业如何在市场中开展营销活动。所以，首先要了解市场及其相关概念。

(一) 市场

1. 含义

市场这一概念所包含的内容随着商品经济的产生而产生，并随着商品经济的发展而发展。因此，在不同的条件下，人们对市场有着不同的理解。

狭义的市场是指商品交换的场所。这是市场最古老的含义，也是对市场本义的解释。在简单商品经济条件下，市场仅是买者和卖者聚集在一起进行商品交换的场所，是一个与地理、空间、时间有关的概念。今天的菜场、商场、超市、批发市场等都是这种狭义的市场，也称为有形市场。

广义市场是指商品交换关系的总和。

在今天社会化商品经济条件下，商品交换已打破时间和空间上的限制，市场不再单纯是某个固定的以物易物的地方。商品交换的形式非常多样：从交易的产品看，不仅包括有形产品，还包括无形产品，如股票、租赁等；从交易时间上看，所有权、使用权的转移不再局限于"一手交钱，一手交货"，今天的消费者在购买了一些产品后，虽然所有权已经归自己，但并不能立即使用，如购买养老保险产品，购买者正常情况得要等到他和保险公司约定的年龄才能享用他所购买的产品；从交易的地点上看，有的交换活动是在一定地点进行的，有的则找不到有形的交换场所。商品交换过程的复杂性，很难用几句话去描述今天市场的特征，但不管怎样，市场体现的是生产者、中间商和消费者之间的交换关系。市场已脱离了实地、现货的范围，成为商品交换关系的总和。

市场是某种商品所有实际和潜在购买者的需求总和。简单地讲，只要有需求就有市场。这里的市场就等同于消费需求，专指买方而不包括卖方，专指需求而不包括供给。

今天企业研究市场时，实际就是在研究顾客需求，但我们不能只关注现实需求，更要善于去挖掘潜在需求。对企业而言，现实需求固然很好，因为具有这种需求的顾客既有购买的能力，又有购买的愿望，只要条件适合，这种需求就能轻易地转变为购买行为。但现实需求是所有竞争同行都能发现的，所以这种市场上的竞争十分激烈。而潜在需求受到种种原因的制约，如顾客没钱购买或不想买，因此暂时不能转化成实际的购买行为，正因如此，这种市场容易被竞争同行所忽略。但潜在需求是可以被转变的，企业通过各种市场营销活动，改变消费者的消费观念或者让那些想买但买不起的顾客能够买得起，潜在需求就变成了现实需求。如果某一企业先于同行做到了这些，它必定能在该市场上占据绝对的优势。例如，对很多年轻人来说，拥有一辆小汽车是他们的梦想，也是一种时尚，但他们中的大多数因财力有限不能购买。如果企业不能生产名车与那些大企业抗衡，就可以考虑为这些顾客服务，在保证产品质量的前提下尽量降低成本，使价格能够被其接受，再把汽车的外观设计得能赢得年轻人的青睐，那该企业就能在竞争激烈的市场中把握先机，进而占领市场。

2. 构成

市场由三个要素构成，即人口、购买力和购买愿望。可以用一个简单的公式表示

$$市场 = 人口 + 购买力 + 购买愿望$$

人口是指某个市场上所拥有的人口规模，它是构成市场的最基本的要素。人口数量影响市场规模和市场容量。通常，消费者市场上的日用消费品的市场大小与人口规模直接相关，

因为人只要生存，就必须购买日用品，不存在他想不想买或买得起买不起的问题，所以人口越多，其市场越大。这也是近几年许多国际大型零售企业，如美国的沃尔玛、法国的家乐福等纷纷来我国开设连锁超市的原因。它们看中了中国是一个人口大国，日用消费品市场潜力巨大。但有的产品市场大小与人口无必然关系，如奢侈品，其市场大小与消费者的购买力水平关系更大。

购买力是指人们支付货币购买商品或劳务的能力。购买力的大小与购买者的收入直接相关。一般来说，人们的收入越多，购买力就越强。一个地区人口虽多，但收入水平低，购买力有限，并不能构成容量大的市场；反之，一个地区人口稀少，尽管购买力很大，但因市场容易饱和，同样也不能构成容量大的市场。只有人口数量多且购买力大的地区，才有可能成为一个有潜力的大市场。如我国经济正处于迅速发展时期，老百姓的收入不断增加，购买力不断增强，所以许多国际奢侈品品牌，如路易威登、爱马仕、香奈尔等纷纷把目光转向了中国，都想在这个潜力巨大的市场中占据一席之地。

购买愿望是指消费者购买商品的动机，它支配着人们的购买行为，是消费者把潜在的购买能力变为现实购买行为的重要因素。某种产品不适合某消费群体的需要，不能引起他们的购买欲望，这一消费群体的人数再多，购买力再高，对于该产品的销售者来说，也不能成为现实的市场。如上述的许多国际奢侈品之所以看中中国市场，不仅是因为中国人多，购买力不断增强，还有一个非常重要的原因，就是他们发现中国各个阶层的许多消费者出于各种不同的心理，对奢侈品有着强烈的需求。

所以，市场的这三个要素是相互联系、相互制约，又互为条件、缺一不可，只有把三者结合起来才能构成市场，才能决定某一商品市场的规模和需求量。

3. 占有率

通常，企业的销售绩效并未反映出相对于其竞争企业的经营状况如何。如果企业销售额增加了，可能是由于企业所处的整个经济环境的发展，或者可能是因为其市场营销工作较其竞争者有相对改善。市场占有率正是剔除了一般的环境影响来考察企业本身的经营工作状况。如果企业的市场占有率升高，表明它较其竞争者的情况更好；如果下降，则说明相对于竞争者，其绩效较差。市场占有率是指在一定的时期内，企业所经营的商品在其市场的销售量或销售额占同类商品销售量或销售额的比重。在电子商务沙盘中，卖家可以按照经营时间（期或轮）查询所经营的商品（单品或所有）在各类人群的市场占有率。

了解企业市场占有率之后，尚需正确解释市场占有率变动的原因。在电子商务沙盘中，市场占有率指标按销售数量统计，反映了企业在市场中销售商品的能力。其分析可以在两个方向上展开：一是横向分析；二是纵向分析。横向分析是对同一期间各企业市场占有率的数据进行对比，用于确定某企业在本期（轮）的市场地位。纵向分析是对同一企业不同时期（轮）市场占有率的数据进行对比，由此可以看到企业历年来市场占有率的变化，这也从一个侧面反映了企业成长的历程。

（二）市场细分

1. 定义

现代社会，企业面对的市场复杂多变，消费者众多，任何一个企业都不可能充分满足整个市场的需要。因而，企业应根据自身的条件及所处的社会环境对市场进行细分，选择部分消费者作为自己的服务对象，并针对他们制定相应的营销策略。

所谓市场细分，是指根据顾客需求的差异性，把某个产品的市场整体划分为若干消费群体的市场分类过程。每一个消费群体就是一个细分市场（或子市场、分市场），每一个细分市场都是具有类似需求倾向的消费者构成的群体。

营销大师科特勒曾说："现代营销战略的中心，就是市场细分。"市场细分是企业战略营销的起点，市场细分不是对产品进行分类，而是对消费者进行分类。

细分市场的营销哲学就是不要企图满足所有人的所有需求。一个企业、一个品牌只要能满足一部分人的一部分需求，并且坚持不断改进、迎合时代的变迁，就能获得成功。

市场上有着成千上万分散于不同地区的消费者，他们的需求及欲望千差万别。仅就消费者对服装的需求来看，差异性也很大。如消费者在购买服装中，有的顾客为追求时髦，不惜高价购买时尚服装；有的顾客为了显示自己的身份和社会地位而购买高价高质的服装；有的顾客由于收入低或追求朴素，购买大众化的服装。企业面对的是需求千差万别的消费大众，而由于人力、物力及财力的限制，它们不可能生产各种不同的产品来满足顾客不同的需求，也不可能生产各种产品来满足消费者的所有需求，为了提高企业的经济效益，有必要进行选择，如为满足追求时髦的这部分顾客专门生产时尚服装，这就是市场细分。

2. 作用

消费者需求的差异性是市场细分的依据。根据消费者需求、态度和购买行为的不同，进行市场细分，有利于企业利用有限的资源积极参与市场竞争，并在市场中占据有效地位。

具体地说，市场细分对企业的作用和影响，主要表现在以下几个方面。

（1）有利于发掘市场机会，开拓新市场。

通过市场细分，企业可以对每个细分市场进行了解，掌握不同细分市场群的顾客需求，从中判断各细分市场的购买者的需求程度。同时，分析和比较不同细分市场中竞争者的营销状况，着眼于未满足需求的而竞争对手又较弱的细分市场，寻找有利的市场营销时机，开拓新市场。

（2）有利于集中人力、物力投入目标市场。

细分市场对于竞争力弱小的企业更加有效。因为这些企业资源能力有限。在整体市场上缺乏竞争能力和强有力的手段，通过细分市场，可选择符合自己需要的目标市场，集中有限的资源能力，去取得局部市场上的相对优势。

（3）有利于调整市场营销策略。

在细分市场基础上，企业选择目标市场，并制定特殊的销售策略，满足不同目标市场顾客的需求。这样，就可以有针对性地了解各部分市场需求的变化，迅速而准确地反馈市场的信息，使企业有比较灵活的应变能力。

（4）有利于分配市场营销预算。

通过市场细分，企业可以了解不同细分市场群的顾客对市场营销措施反应的差异，以及对产品的需求状况，据此将企业营销预算在不同细分市场群上进行分配。这样，可以避免企业资源的浪费，使资源用于恰当的地方。一般来说，企业应当把注意力与费用分配到潜在的、最有利的细分市场上，以取得事半功倍的效果，获得最大的经济效益。

3. 标准

（1）地理因素，包括区域、气候、城乡差别等。

（2）人口因素，包括年龄、性别、职业、收入、家庭结构、民族等。

（3）心理因素，包括社会阶层、生活方式、个性、购买动机等。

(4) 行为因素，包括购买时机、商品利益、使用情况、品牌忠诚度等。

4. 步骤

(1) 确定营销目标。

(2) 列出消费者需求。

(3) 初步市场细分。

(4) 筛选。

(5) 细分市场命名。

(6) 选定目标市场。

（三）目标市场

目标市场，指企业在细分市场的基础上，经过评价和筛选所确定的、企业能为其提供相应商品和服务的特定的消费群体。理想的目标市场具备以下条件。

1. 有一定的市场规模，并具有未来发展潜力

作为目标市场，首先应该具备一定的规模。因为企业进入某一市场是期望能够有利可图，如果市场规模太小，企业在付出各种市场开发费用后，难以获得可持续发展的机会，将无利可图。此外，市场未来的发展潜力将关系到企业的成长，企业都希望进入一个发展前景好的朝阳行业，为企业奠定一个良好的可持续发展的外部市场环境。

2. 具备良好的市场吸引力

一个市场或许有一定的市场规模，也具有良好的未来发展潜力，但有可能这个市场现实竞争者众多，且有大量实力雄厚的企业即将进入这个市场。那么，从盈利预期的角度来看，它并不具备良好的市场吸引力。所以市场的吸引力在目标市场选择时也很重要，它决定了市场的长期获利能力。

3. 企业的现有资源和经营目标

有些市场虽然规模适合，也具有吸引力，但还必须考虑以下两点：第一，企业现有资源是否具备开发该市场的能力，如企业的人力、物力、财力等，如果不具备，也只能放弃；第二，这个市场是否符合企业的经营目标，如果不符合，就只能放弃。

企业在选择目标市场时，必须全面考虑各种因素，权衡得失，慎重选择。

（四）市场营销组合

市场营销组合是现代营销理论中的一个重要概念，企业开展营销活动就要运用市场营销组合。

市场营销组合是企业为了进入和占领某个市场，更好地满足顾客的需要，实现企业经营目标，对自己可控制的各种营销因素优化组合、协调使用，以取得最佳经济效益和社会效益。市场营销的可控因素归纳为四大类型，它们是产品、价格、渠道和促销，即著名的4P营销理论。

1. 策略

(1) 产品策略。

产品策略是指与企业向市场提供产品有关的决策，包括产品的效用、质量、外观、式样、品牌包装、规格、服务和保证等。

(2) 价格策略。

价格策略是指企业对出售商品和提供服务所实施的定价策略，包括基本价格、折扣、付款方式、信贷条件等。

（3）分销渠道策略。

分销渠道，是指企业选择其产品从制造商顺利转移到顾客的最佳途径，包括区域分布、中间商选择、营业场所、网点设置、运输储存及配送中心等因素的组合运用。

（4）促销策略。

促销策略是指企业利用各种信息载体，与目标市场进行沟通的传播活动，包括广告、人员推销、营业推广和公共关系等。

2. 特点

（1）可控性。

以上四个营销因素都是企业可以控制、调节的，企业根据目标市场顾客的需求，可以决定自己生产什么样的产品、使用何种包装，采用心理定价策略或是促销定价策略，选择或多或少的不同类型的中间商，以及决定使用哪一种促销方式。

（2）复合性。

构成市场营销组合的四大要素，各自又包括了多个次一级或更次一级的因素。比如促销策略，它包括了人员推销、广告、营业推广和公共关系四个子策略，而其中的广告策略又包括电视广告、广播广告、报纸广告和杂志广告等更次一级的子策略。

（3）动态性。

市场营销组合不是固定不变的。我们制定营销组合策略的目的是更好地满足顾客的需求，但顾客的需求是处于不断变化发展中的，所以企业只有随着营销环境的改变，对相关的组合要素做出相应的改变，才能更好地适应顾客的需求。

（4）整体性。

市场营销的各种手段及组成因素，不是简单相加或拼凑组合，而是互相影响，形成一个有机的整体。在组合条件下，各个因素相互补充、协调配合、目标统一，其整体功能必然大于局部功能之和。因此，在制定营销组合时，要追求的是整体最优，而不能只要求各个因素最优，如图3-9所示。

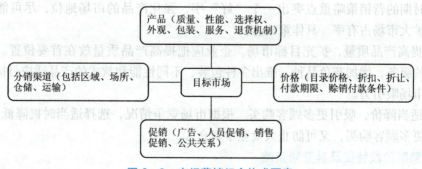

图3-9　市场营销组合构成要素

四、产品策略

（一）产品策略概述

企业制定经营战略时，首先要明确企业能提供什么样的产品和服务去满足消费者的要求，也就是要解决产品策略问题。从一定意义上讲，企业成功与发展的关键在于产品满足消费者需求的程度以及产品策略的正确。

产品策略是市场营销4P组合的核心，是价格策略、分销渠道策略和促销策略的基础。从社会经济发展看，产品的交换是社会分工的必要前提，企业生产与社会需要的统一是通过产品来实现的，企业与市场的关系也主要是通过产品或服务来联系的；从企业内部而言，产品是企业生产活动的中心。因此，产品策略是企业市场营销活动的支柱和基石。

产品整体被表述为：向市场提供的、能够满足消费者某种需求和利益的有形物品和无形服务的总体。凡是能够满足消费者需求，使其获得利益的一切有形的、无形的，物质的、精神的各种要素都属于产品的范畴，这就是现代市场营销学中的产品整体概念。

（二）产品市场生命周期不同阶段及其营销策略

产品生命周期是指产品从投放市场到被市场淘汰的全过程，通常将其划分为引入期、成长期、成熟期、衰退期四个阶段。企业在产品市场生命周期的不同阶段，应根据阶段特征，采取相应的营销策略，如表3－1所示。

1. 引入期阶段特征及其营销策略

引入期是指新产品试制成功，进入市场试销的阶段。这个阶段的特征是：

（1）只有少数企业生产。

（2）消费者对新产品尚未接受，销售量增长缓慢。

（3）需做大量广告宣传，推销费用大。

（4）企业生产批量小，试制费用大，产品成本高。

（5）产品获利较少或无利可图，甚至亏损。

这个时期的营销策略重点突出一个"快"字，使产品尽快地被消费者所接受，缩短市场投放时间，扩大产品销售，迅速占领市场，促使其向成长期过渡。主要手段是广告和促销，使人们熟悉了解新产品，扩大对产品的宣传，建立产品信誉，刺激中间商积极推销新产品。

2. 成长期阶段特征及其营销策略

成长期是指产品经过试销取得成功后，转入批量生产和扩大销售的阶段。

这个时期的营销策略重点突出一个"好"字，强化产品的市场地位，尽可能提高销售增长率和扩大市场占有率。具体策略有：

（1）提高产品质量，扩充目标市场。企业应把提高产品质量放在首要位置。及时提供各种有效的服务，增加花色品种，推出多种包装、不同性能和款式的产品适应目标市场的需求，增强市场吸引力。

（2）适当降价，吸引更多顾客购买。根据市场竞争情况，选择适当时机降低产品价格，既能吸引更多顾客购买，又可防止大批竞争者介入。

3. 成熟期阶段特征及其营销策略

成熟期是指产品经过成长期，销售量增长速度明显减缓，到达峰点后转入缓慢下降的阶段，这个阶段的特征是：

（1）产品被大多数消费者所接受。

（2）市场需求趋于饱和，销售量增幅缓慢，并呈下降趋势。一般来说，其销售增长率在1%～10%。

（3）因为市场上竞争激烈，企业用于促销的投入增加，同时，随着销售量的下降，利润也开始逐渐减少。

（4）市场上同类产品企业之间的竞争加剧。

此时期的营销策略重点突出一个"改"字，要采取各种措施，千方百计延长产品生命周期。

4. 衰退期阶段特征及其营销策略

衰退期是指产品经过成熟期，逐渐被同类新产品所替代，销售量出现急剧下降趋势的阶段。这个阶段的特征是：

（1）产品销售量迅速下降，销售增长率出现了负增长。

（2）消费者已完全转移到新产品上。

（3）产品价格已降到最低点，多数企业无利可图，竞争者纷纷退出市场。

营销策略重点突出一个"转"字，应积极开发新产品来取代老产品。

表 3-1　产品生命周期各阶段的特征及营销策略

项　目	产品生命周期			
	引入期	成长期	成熟期	衰退期
销售额	低	快速上升	最高	下降
单位成本	高	平均水平	低	低
利润	无	快速上升	最高	下降
顾客类型	领先使用	初期使用	多数使用	滞后使用
竞争者	少	增加	激烈	逐渐退出
营销目标	提高知名度 增加试用人群	提高市场占有率	保持市场占有率 利润最大化	产品更新换代
营销策略	快 使产品尽快被消费者所接受	好 良好的产品及服务质量	改 采取措施，延长产品生命周期	转 有计划转移阵地

[案例分析]

为顾客设计形象

美国、德国的一些服装商店，不久前推出一种"形象设计服务"。店里专门聘请形象设计专家为每一位前来的顾客设计形象。专家根据顾客的身材、气质、经济条件等情况，出主意，做参谋，指导顾客该买什么服装，配什么领带或饰物，头发做成什么式样与服装、身材最相称，足蹬什么颜色和款式的鞋才能相得益彰，从而使服装及其各种配套物品最能体现顾客的长处，达到风度可人的理想境界。这项服务推出后，立即受到广泛欢迎，一时间，顾客如云，而且都是服装、饰物整套整套地购买，商店收入顿时大增。

案例来源：opensqw《案例分析：为客户着想》，百度文库

[试析]

服装商店为顾客设计形象为什么会使商店顾客如云、收益大增？

五、价格策略

（一）影响定价的因素

定价策略是市场营销组合中一个十分关键的组成部分。价格通常是影响交易成败的重要因素，同时又是市场营销组合中最难以确定的因素。企业定价的目标是促进销售，获取利润。这要求企业既要考虑成本的补偿，又要考虑消费者对价格的接受能力，从而使定价策略具有买卖双方双向决策的特征。此外，价格还是市场营销组合中最灵活的因素，它可以对市场做出灵敏的反应。

企业的定价决策受企业内部因素的影响，也受外部环境因素的影响，随着营销环境的日益复杂，制定价格策略的难度越来越大，不仅要考虑成本补偿问题，还要考虑消费者接受能力和市场竞争状况。

（二）影响定价决策的内部因素

1. 营销目标

产品的定价要遵循市场规律，讲究价格策略，而价格策略又是以企业的营销目标转移的，不同的目标决定了不同的策略和不同的定价方法、技巧。同时，价格策略作为企业实现经营目标的手段，直接影响企业的经营成效，具体表现在不同的价格水平会对企业的利润、销售额和市场占有率产生不同的影响。因此，企业要结合企业内部情况、目标市场的经济、人文情况及竞争对手情况，根据对企业的生存和发展影响最大的战略因素来制定价格策略。

2. 营销组合

由于价格是市场营销组合因素之一，产品定价时要注意价格策略与产品的整体设计、分销和促销策略相匹配，形成一个协调的营销组合。如果产品是根据非价格因素来定位的，那么有关质量、促销和销售的决策就会极大地影响价格；如果价格是一个重要的定位因素，那么价格就会极大地影响其他营销组合因素的决策。因此，营销人员在定价时必须考虑到整个营销组合，不能脱离其他营销组合而单独确定价格。

3. 成本

产品成本是指产品在生产过程和流通过程中所消耗的物质材料与支付的劳动报酬的总和。

一般来说，产品成本是构成价格的主体部分，并且同商品价格水平产品成同方向运动。产品成本是企业实现再生产的基本条件，因此，企业在制定价格时必须保证能够收回其生产成本。随着产量增加以及生产经验的积累，产品的成本不断发生变化，这便意味着产品价格也应随之发生变化。

4. 企业自身

每个企业的规模大小、财务状况、销售指标各不相同，企业的价值取向也有所不同。对于追求利润型企业，高价格是企业的定价方向；而对于追求市场份额的企业来说，中、低价格是企业的定价方向。同时，根据企业自身状况需要考虑综合因素（品牌、市场地位、推广费用、渠道建设情况、产品包装、产品规格）来制定价格。

（三）影响定价决策的外部因素

1. 市场环境

在不同的市场环境下，竞争强度也不同，企业应该认真分析自己所处的市场环境，并考察竞争者提供给市场的产品质量和价格，从而制定出对自己更为有利的价格。企业所面临的竞争环境一般有以下四种情况。

（1）完全竞争市场。

完全竞争市场的特征：（a）产品完全相同。（b）企业进退自由。（c）生产同一种产品的企业很多。（d）每个企业在市场中的份额都微不足道，任何一个企业增加或减少产量都不会影响产品的价格。

企业产品如果进入完全竞争市场，只能接受在市场竞争中形成的价格。要获取更多的利润，只能通过提高劳动生产率，节约成本开支，使企业成本低于同行业平均成本。

（2）不完全竞争市场。

不完全竞争市场的特点：（a）同行业各企业间的产品相似但不同，存在着质量、型号、销售渠道等方面的差异。（b）行业进入比较容易，但不生产完全相同的产品。（c）就某个特定产品而言，生产企业很少甚至只有一个，但同类产品的生产者很多。

这类市场上的价格竞争和非价格竞争都很激烈，本企业产品价格受同类产品价格的影响很大。因此，企业可以根据其提供的产品或服务的差异优势，小幅度地变动价格来寻求高的利润。

（3）寡头竞争市场。

寡头竞争市场的特征：（a）生产的产品相同或相似。（b）市场进入非常困难。（c）企业数目很少，每个企业的市场份额都相当大，足以对价格的制定产生举足轻重的影响。（d）市场价格相对稳定。

在这种市场结构中，几家企业相互竞争又相互依存、哪一家企业都不能随意改变价格，因为任何一家企业的价格变动都会导致其他企业迅速而有力的反应，致使其价格变动政策难独自奏效。

企业产品进入这一市场，由于彼此价格接近，企业应有强烈的成本意识。

（4）纯粹垄断市场。

纯粹垄断市场又叫垄断市场或完全垄断市场，是一种与竞争市场相对立的极端形式的市场类型。"垄断"一词出自希腊语，意思是"一个销售者"，也就是指某个人控制了一个产品的全部市场供给。因而，纯粹垄断市场，指只有唯一供给者的市场。纯粹垄断市场的某种产品或服务只由某个企业独家提供，几乎没有竞争对手，通常有政府垄断和私人垄断之分。

形成垄断的原因有：（a）技术壁垒。如祖传秘方，若不外传便具有垄断性。（b）资源独占。如故宫只有一个，这就形成旅游业的垄断市场。（c）政府特许。由于垄断者设置了进入市场的种种障碍，因此它能完全控制市场价格。

2. 供求关系

供求规律是商品经济的内在规律，产品价格受供求关系的影响而发生变动。

（1）价格与需求。

这里说的需求，是指有购买欲望和购买能力的有效需要。影响需求的因素很多，这里只讨论价格对需求的一般影响。在其他因素不变的情况下，价格与需求量之间有一种反向变动的关系：需求量随着价格的上升而下降，随着价格的下降而上升。这就是通常所说的需求规律。

(2) 价格与供给。

供给是指在某一时间内，生产者在一定的价格下愿意并可能出售的产品数量。有效供给必须满足以下条件：有出售愿望和供应能力，在其他因素不变的条件下，价格与供给量之间存在正向变动关系，即价格上升供给量增加，价格下降供给量减少。

(3) 供求与均衡价格。

受价格的影响，供给与需求的变化方向是相反的。如果在一个价格下，需求量等于供给量，那么市场将达到均衡。这个价格称为均衡价格，这个交易量称为均衡量。当市场价格偏高时，购买者减少购买量使需求量下降，而生产者受高价吸引增加供应量，使市场出现供大于求的状况，产品积压必然加剧生产者之间的竞争，使价格下跌。当市场价格偏低时，低价引起购买数量的增加，但生产者因价格降低减少供给量，使市场供小于求，购买者之间产生竞争，导致价格上涨。均衡价格，即理论上的销售价格，是相对稳定的价格。但需要指出的是，由于市场情况具有复杂性和多样性，供求之间的平衡只是相对的、有条件的，不平衡则是绝对的、经常性的。

3. 其他外部因素（经济、中间商、政府、社会关注问题等）

在设定价格时，企业还必须考虑外部环境中的其他因素。经济条件对企业的定价策略有很大影响，如经济增长和衰退、通货膨胀和利率等因素会影响产品的生产成本以及消费者对产品价值的看法。企业制定价格时应该给销售商留有可观的利润空间，鼓励他们对产品的销售，帮助他们有效地销售产品。营销人员需要了解影响价格的法律法规，并确保自己的定价决策具有可辩护性。同时，企业在制定价格时，企业的短期销售、市场份额和目标利润必须符合整个社会的需要。

（四）产品定价的目标

定价目标是企业在对其生产或经营的产品制定价格时，有意识地要求达到的目的和标准，它是指导企业进行价格决策的主要因素。定价目标取决于企业的总体目标。不同行业的企业，同一行业的不同企业，以及同一企业在不同的时期、不同的市场条件下，都可能有不同的定价目标。

1. 以利润为目标

获取利润是企业从事生产经营活动的最终目标。利润目标一般分为以下三种。

(1) 以获取投资收益为定价目标。

投资收益定价目标是指使企业实现在一定时期内能够收回投资并能获取预期的投资报酬的一种定价目标。采用这种定价目标的企业，一般是根据投资额规定的收益率，计算出单位产品的利润额，加上产品成本作为销售价格。但必须注意两个问题：第一，要确定适度的投资收益率。一般来说，投资收益率应该高于同期的银行存款利率，但不可过高，否则消费者难以接受。第二，企业生产经营的必须是畅销产品，与竞争对手相比，产品具有明显的优势。

(2) 以获取合理利润为定价目标。

合理利润定价目标是指企业为避免不必要的价格竞争，以适中、稳定的价格获得长期利润的一种定价目标。采用这种定价目标的企业，往往是为了减少风险、保护自己，或限于力量不足，只能在补偿平均成本的基础上，加上适度利润作为产品价格。采用这种定价目标的条件是企业必须拥有充分的后备资源，并打算长期经营。临时性的企业一般不宜采用这种定价目标。

（3）以获取最大利润为定价目标。

最大利润定价目标是指企业追求在一定时期内获得最高利润额的一种定价目标。利润额最大化取决于合理价格所推动的销售规模，因而追求最大利润的定价目标并不意味着企业要制定最高单价。最大利润既有长期和短期之分，又有企业全部产品和单个产品之别。有远见的企业经营者，都着眼于追求长期利润的最大化。当然并不排除在某种特定时期及情况下，对其产品制定高价以获取短期最大利润。还有一些多品种经营的企业，经常使用组合定价策略，即有些产品的价格定得比较低，有时甚至低于成本，以此来吸引顾客，借以带动其他产品的销售，从而使企业利润最大化。

2. 以扩大销售为目标

销售导向定价目标，又称为市场占有率目标，是在保证一定利润水平的前提下，追求某种水平的销售量或市场占有率而确定的目标。以销售额为定价目标具有获取长期较好利润的可能性。

采用销售额目标时，确保企业的利润水平尤为重要，销售额和利润必须同时考虑。因为某种产品在一定时期、一定市场状况下的销售额由该产品的销售量和价格共同决定，销售额的增加，并不一定带来利润的增加。有些企业的销售额上升到一定程度，利润就很难上升，甚至销售额越大，亏损越多。因此，对于需求价格弹性较大的商品，降低价格而导致的损失可以由销量的增加而得到补偿，此时企业宜采用薄利多销策略，保证在总利润不低于企业最低利润目标的条件下，尽量降低价格，促进销售，扩大盈利；反之，若商品的需求价格弹性较小，降价会导致收入减少，而提价则使销售额增加，企业应该采用高价、厚利、限销的策略。

3. 以维持生存为目标

当企业经营不善，或由于市场竞争激烈、顾客需求偏好突然改变，而造成产品销路不畅、大量积压，资金周转不灵，甚至面临破产危险时，企业应以维持生存作为主要目标。短期而言，只要售价高于产品变动成本，足以弥补部分固定成本支出，就可继续经营。企业长期目标还是要获得发展，以维持生存为目标只是企业特定时期的过渡性目标。

4. 以树立产品质量形象为目标

即把价格作为确定企业特定形象的表现手段的定价目标。

价格是消费者据以判断企业行为及其产品的一个重要因素。一个企业的定价与其向消费者所提供服务的价值比例协调，企业在消费者心目中就较容易树立诚实可信的形象；反之，企业定价以单纯的获利，甚至以获取暴利为动机，质价不符，或是质次价高，企业就难以树立良好的形象。比如，与产品策略等相配合，适当的定价也可以起到确立强化企业形象特征的作用。为优质高档商品制定高价，有助于确立高档产品形象，吸引特定目标市场的顾客；适当运用低价或折扣价则能帮助企业树立平民企业、以普通大众为其服务目标对象的企业形象。又如，激烈的价格竞争常使企业之间两败俱伤，从短期看可能会给消费者带来一定好处，但是破坏了市场供求正常格局，从长期看终究会给消费者带来灾难。在这样的情况下，如果有企业为稳定市场价格做出努力并取得成效的话，就会在社会上确立其在该行业中举足轻重的领导者地位。

案例分析

低价不好销，高价反抢手

美国亚利桑那州的一家珠宝店，采购到一批漂亮的绿宝石。由于数量较大，店主担心短时间销售不出去，影响资金周转，便决心只求微利，以低价销售。本以为会一抢而光，结果却事与愿违。几天过去，仅销出很少一部分。后来店老板急着要去外地谈生意，便在临走前匆匆留下一纸手令：我走后若仍销售不了，可按1/2的价格卖掉。几天后老板返回，见绿宝石销售一空，一问价格，却喜出望外。原来店员把店老板的指令误读成"按1~2倍的价格出售"，于是他们就提价一倍，绿宝石被一售而空。

案例来源：srwangkang，《经典营销案例117》，百度文库

[试析]

这个案例说明了什么？该珠宝店的成功用的是哪种价格策略？

六、渠道策略

（一）分销渠道概述

在现实社会的经济活动中，绝大多数生产者不是将生产的产品直接出售给最终用户，而是通过一些中间商构成的分销渠道系统把产品转移到最终消费者手中。渠道策略是市场营销组合策略之一。它同产品策略、促销策略和定价策略一样，也是企业将其产品打入市场、扩大销售、实现企业经营目标的重要手段。

分销渠道又称销售渠道或分销途径，是指产品从生产者向消费者或用户转移过程中取得商品所有权或帮助转移商品所有权的所有组织或个人。

分销渠道是促使产品或服务顺利地被使用或消费的一整套相互依存的组织，其具体的任务是把商品从生产者那里转移到消费者或用户手里，使消费者或用户能在适当的时间、适当的地点买到能满足自己需求的商品。分销渠道所涉及的是商品实体和商品所有权从生产商向消费者转移的整个过程。在这个过程中，起点为生产者出售商品，终点为消费者或用户购进商品，位于起点和终点之间的为中间环节。中间环节包括参与从起点到终点之间商品流通活动的个人和机构，如各种类型的中间商、运输公司、仓储公司、银行和广告代理商等。

（二）分销渠道的作用

1. 及时、有效地实现产品销售

企业营销目的是满足消费者的需求，实现利润目标。要实现这一目标不仅取决于企业能否生产出适销对路的产品，更取决于这些产品能否及时地销售出去，只有选择合理、适当的分销渠道，才能及时、有效地地把产品传送给消费者。

2. 节省产品销售所需的投资和费用

许多生产企业实际上缺乏直接将产品卖给最终消费者所需的人力、物力和财力，特别是一些小规模的企业。即使是大企业，通常也会因为其顾客分布太广，购买者太分散而不得不选择中间商作为渠道成员，帮助分销。如可口可乐集团，市场遍布全世界，零售网点不计其数，可口可乐公司不可能完全靠自己投资建这么多零售点，而利用中间商现有的网络进行分销，可以节省市场网络建设费用。

3. 使生产商获得产品销售的优势

许多渠道成员掌握着销售专业技能，拥有生产商所不具备的优势。例如，中间商渠道成员，无论是批发商还是零售商，他们都有客源和客户关系，都有丰富的市场知识和接近客户的地理位置，还拥有交易场地和仓储空间，生产企业与中间商结成亲密的渠道伙伴关系，可以综合利用中间商的优势为己服务，使企业产品更贴近市场。

4. 获取大规模分销的经济利益

作为生产商，总希望其产品更快、更多地通过销售渠道到达最终消费者（客户）手中，而能够帮助生产商实现这个目标的只有中间商。通过中间商的营销网络，可以使生产商的产品在市场上广泛铺开，得到大规模分销的经济利益。所以，企业市场的开拓，实质就是渠道成员之间的网络构筑。为此，许多厂商都把渠道成员之间的网络视为企业重要的无形资产。

5. 提高产品的市场竞争力

分销渠道的选择直接影响到商品的销售成本，从而影响到产品的价格、产品的竞争力。只有选择合理的分销渠道，选择好中间商，保证产品及时销售出去，才能加快资金的周转，提高资金的使用效益；同时也能节约销售费用，降低产品成本，从而降低产品的销售价格，这样就能提高产品的市场竞争能力。

6. 促进产品销售活动

在商品流通中，促销是一项重要的营销活动，是影响和吸引消费者购买的策略手段。就一般促销活动而言，它需要场地、具有氛围的渲染、人力的投入。相比于生产商，零售商在产品促销方面更有场地优势，具有丰富的促销经验。为此，选择熟悉市场需求、熟悉产品性能、具有丰富促销经验的中间商，有利于企业促销活动的开展，有利于产品的销售。

（三）分销渠道的层次

1. 零级渠道

零级渠道是指生产企业直接将产品销售给消费者，无任何中间商介入。如雅芳、安利公司的产品分销渠道：生产者→消费者。

2. 一级渠道

一级渠道是指生产者直接将产品卖给零售商，再由零售商转卖给消费者，其中只有一个层次的中间商介入：生产者→零售商→消费者。

3. 二级渠道

二级渠道是生产企业和消费者（或用户）之间，含有两个营销中介机构。在消费市场，一般是批发商和零售商，生产者→批发商→零售商→消费者；在产业市场，通常是销售代理商与批发商，生产者→销售代理商→批发商→消费者。

4. 三级渠道

三级渠道是生产企业和消费者（或用户）之间，含有三个营销中介机构：生产者→代理商→批发商→零售商→消费者。

根据分销渠道的长度不同，可将以上4种模式概括为直接渠道和间接渠道两大类，其中，后3种属于间接渠道类。此外，还有层次更多的渠道，但不太常见。从生产企业的角度来看，层次数越少越好控制；相反，层次数越多，渠道越复杂，就越难控制。

案例分析

TCL 集团，构建深广兼容的分销渠道

TCL 集团于 1981 年靠一个小仓库和 5 000 元贷款起家，1999 年发展成为拥有 100 多亿元总资产，销售收入、出口创汇分别达到 150 亿元、2.4 亿美元，在中国电子行业雄居三强的企业集团。该集团前 10 年集中生产经营通信产品，占据了电话机市场龙头地位；后 10 年进军家电、电工市场，在十分激烈的竞争中，年均销售增长率持续超过 50%。进入新世纪，集团策划新的目标：再用 10 年时间，使公司从传统的电子企业向以"3C"整合为核心、信息产业为主导的互联网接入设备主流供应商转移，销售规模达到 1 500 亿元，进入世界 500 强企业行列。

多年来，TCL 集团一直将市场视为企业的生命，提出并奉行"为顾客创造价值"的核心观念，赢得了宽广的市场空间。公司不断推出适合市场需求的新产品，严格把好每一个产品和部件的质量关，并十分重视建立覆盖全国的分销服务网络，为顾客提供了优质高效的购买和保障服务。显然，经营产品的扩展，必须与经营渠道建设结合起来。这是一条重要经验。

TCL 集团在连续不断的市场大战中主动认识和培育市场，逐渐形成了"有计划的市场推广""服务营销""区域市场发展策略"等市场拓展新理念，建立了覆盖全国的营销网络，发展自己的核心竞争力。到 1998 年年底，TCL 集团已在全国建立了 28 家分公司、130 个经营部（不包括县级经营部），还有几十个通信产品、电工产品的专卖店，销售人员 3 000 多人，这个网络既销售王牌彩电，也销售集团内的多种产品，1998 年的销售额达到 50 多亿元。为了进一步开拓国际市场，除利用原有设立的子公司外，近年来又成立了"国际事业本部"积极策划在东欧、东南亚设立自己的销售网点。

建立营销网络加快了 TCL 集团的发展步伐。TCL 集团坚持经营变革与管理创新，不断推进企业产权制度的改革。集团通过授权经营，落实了企业经营风险责任机制和利益激励机制。尤其是进入 20 世纪 90 年代以来，TCL 集团抓住机遇，通过灵活机动的资本运营机制，先后兼并了香港陆氏彩电、河南美乐电视机、内蒙古彩虹电视机、金科集团和翰林软件公司，并与美国 Lotus Pacific 合作，进入乐信息网络终端产品和信息服务领域。TCL 集团投资创办了爱思科微电子集成电子公司，介入了通信系统设备制造、移动电话和锂离子电池等高科技领域，目标是使公司由传统家电产品制造商向互联网设备的主流厂商转变。集团领导层对这个转变充满信心，其中一个理由是营销网络为这个转变的实现提供了有力的保证。

经过多年苦心经营，TCL 集团的营销网络已建立了能及时发现市场、开拓市场、保障服务质量、有效改进品牌推广，并灵活适应市场变化的机制。20 世纪 90 年代初，TCL 王牌彩电成功介入竞争白热化的国内市场，名列"三甲"，营销网络功不可没。在 1996 年彩电市场降价竞争中，TCL 整个网络迅速做出统一行动，调整价格，加强促销，不仅稳定公司的销售，而且争取到市场的扩展，给人留下深刻印象。

TCL 集团在主导产品战略转移的同时，同步营造营销渠道网络，使之成为公司扩大经营规模、提高竞争优势的重要战略组成部分。第一，集团强制推行"项目计划市场推广战

略"，要求所有项目必须制定详尽的市场推广战略，自觉、主动地认识市场、培育市场和占有市场。第二，导入"区域市场推广战略"，将国内市场划分为7大区域，按"大区销售中心—分公司—经营部—经营办事处"模式构建区域分销网络，禁止跨区违规操作，规范市场开发管理。第三，实施"深耕细作"策略，按各区域网络做细经营管理，开展"千店工程"，将销售网遍布广大城乡。第四，实施营销网、服务网"双网络"拓展，产品品牌、服务品牌"双品牌"经营计划，将原售后服务部改成"用户服务中心"并相对独立运作；建立客户档案，主动回访；在一些城市装配维修生产线，配合公司配件供应中心，提高服务效率；严格履行"三月包换、三年免费维修、中心城市上门服务"的承诺。第五，提高网络的兼容性，以家电营销服务网络为基础，整合家电网、电工网和通信产品网，方便顾客，降低成本。

TCL集团强大的营销网络吸引了国内外一些公司上门来要求合作。TCL集团营销网络不仅是TCL集团产品的"市场高速公路"，而且成了TCL集团最重要的一块无形资产。

案例来源：布丁De,《TCL集团：构建深广兼容的分销渠道》

http://www.jiaoyanshi.com/article-/0124-1.html

七、促销策略

在市场经济条件下，企业在开发出适销对路的产品、制定具有吸引力的价格和开辟顺畅有效的分销渠道之后，还必须运用各种促销手段，组织实施一系列为赢得顾客、促进产品销售而进行的活动。这些活动包括两方面的内容：一是向人们提供有关产品方面的信息；二是吸引、促进和影响人们的购买行为。因此，企业根据实际情况，选择适当的促销手段，制定有效的促销策略，使企业的各种促销活动协调一致，产生最大的促销效果，是企业开展市场营销活动的重要目的。促销策略也是市场营销组合的重要组成部分。

(一) 促销的概念

促销是指企业通过人员和非人员的信息沟通渠道，把产品和服务的有关信息传递给消费者，以激起消费者的购买欲望，影响和促成消费者购买行为的全部活动的总称。或者说促销是指企业利用各种有效的方法和手段，使消费者了解和注意企业的产品，激发消费者的购买欲望，并促使其实现最终购买的行为。

在市场经济中，社会化的商品生产和商品流通决定了生产者、经营者与消费者之间存在着信息上的分离，企业生产和经营的商品和服务信息常常不被消费者所了解和熟悉，或者尽管消费者知晓商品的有关信息，但缺少购买的欲望和冲动。这就需要企业对商品信息进行专门设计，再将信息通过一定的媒体形式传递给消费者，以增加消费者对商品的注意和了解，并激起其购买欲望，为消费者最终购买提供决策依据。因此，促销从本质上讲是一种信息的传播和推广活动。

(二) 促销组合的定义

所谓促销组合，是一种组织促销活动的策略思路，主张企业运用人员推销、广告宣传、营业推广和公关关系四种基本促销方式组合成一个策略系统，使企业的全部促销活动互相配合、协调一致，最大限度地发挥整体效果，从而顺利实现企业目标。

促销组合体现了现代市场营销理论的核心思想——整体营销。促销组合是一种系统化的整体策略，即具体的促销手段或工具，某一因素的改变意味着组合关系的变化，也就意味着一个新的促销策略。

（三）促销组合的方式

(1) 人员推销，指企业派出推销人员或委托推销人员，直接与消费者接触，向目标顾客进行产品介绍、推广，促进销售的沟通活动。

(2) 广告促销，指企业按照一定的预算方式，支付一定数额的费用，通过不同的媒体对产品进行广泛宣传，促进产品销售的传播活动。

(3) 营业推广，指企业为刺激消费者购买，由一系列具有短期诱导性的营业方法组成的沟通活动。

(4) 公关促销，指企业通过开展公共关系活动或通过第三方在各种传播媒体上宣传企业形象，促进内部员工与外部公众建立良好关系的沟通活动。

（四）促销的作用

1. 吸引消费者购买

这是促销的首要目的，尤其是在推出新产品或吸引新顾客时，由于促销的刺激性比较强，较易吸引顾客的注意力，使顾客在了解产品的基础上采取购买行为，也可能使顾客追求某些方面的优惠而使用产品。

2. 奖励品牌忠实者

因为促销的很多手段，比如销售奖励、赠券等，通常都附带价格上的让步，其直接受惠者大多是经常使用本品牌产品的顾客，给予其奖励可使他们更乐于购买使用本企业产品，从而巩固企业的市场占有率。

3. 实现企业营销目标

这是企业的最终目的。促销实际上是企业让利于消费者，它可以使广告宣传的效果得到有力的增强，降低消费者对其他企业产品的品牌忠实度，从而达到本企业产品销售的目的。

（五）促销的方式

1. 面向消费者的促销方式

(1) 赠送促销：向消费者赠送样品或试用品，这是介绍新产品最有效的方法，缺点是费用高。样品可以选择在商店或闹市区散发，或在其他产品中附送，也可以公开赠送，或入户派送。

(2) 折价券：在购买某种商品时，持券可以免付一定金额的钱。折价券可以通过广告或直邮的方式发送。

(3) 包装促销：以较优惠的价格提供组合包装和搭配包装的产品。

(4) 抽奖促销：顾客购买一定的产品之后可获得抽奖券，凭券进行抽奖获得奖品或奖金，抽奖可以有各种形式。

(5) 现场演示：企业派促销员在销售现场演示本企业的产品，向消费者介绍产品的特点、用途和使用方法等。

(6) 联合推广：企业与零售商联合促销，将能显示企业优势和特征的产品在商场集中陈列，边展示边销售。

(7) 参与促销：消费者通过参与各种促销活动，如技能竞赛、知识比赛等活动，获取企业的奖励。

(8) 会议促销：各类展销会、博览会、业务洽谈会期间的各种现场产品介绍、推广和销售活动。

2. 面向中间商的促销方式

（1）批发回扣：企业为使批发商或零售商多购进自己的产品，在某一时期内给经销本企业产品的批发商或零售商加大回扣比例。

（2）推广津贴：企业为促使中间商购进企业产品并帮助企业推销产品，可以支付给中间商一定的推广津贴。

（3）销售竞赛：根据各个中间商销售本企业产品的业绩，分别给业绩突出者以不同的奖励，如现金奖、实物奖、免费旅游奖、度假奖等，以起到激励的作用。

（4）扶持零售商：生产商对零售商专柜的装潢予以资助，提供POP广告，以强化零售网络，促使销售额增加。生产商这样做的目的是提高中间商推销本企业产品的积极性和推销能力。

3. 面对内部员工的促销方式

针对企业内部的销售人员，可以鼓励他们推销新产品或处理某些老产品，或促使他们积极开拓新市场，可采用免费提供人员培训、技术指导等。

案例分析

雨伞——请自由取用

日本大阪新电机日本桥分店，有个独特的广告妙术——每逢暴雨骤至之时，店员们马上把雨伞架放置在商店门口，每个伞架有三十把雨伞，伞架上写着："亲爱的顾客，请自由取用，并请下次来店时带来，以利其他顾客。"未带雨伞的顾客顿时愁眉舒展，欣然取伞而去。当有人问如顾客不将雨伞送回怎么办，经理回答说："这些雨伞都是廉价的而且伞上都印有新电机的商标。因此，即使顾客不送也没关系，就是当作广告也是值得的。这对商店来说，是惠而不费的美事。"

案例来源：srwang kang，《经典营销案例102》百度文库

[试析]

本例中的广告有何特点？其成功之处何在？

【课后作业】完成《实训报告五　电子商务销售》

任务三　估算和控制成本

一、主要成本因素分析

在电子商务沙盘中，模拟的电子商务企业类似于商业企业，不涉及生产环节，故成本、费用控制环节相对影响较小。在商品流转的过程中，成本及费用主要如下：营业成本、营业税金及附加、销售费用、管理费用、财务费用、所得税等。

其中，营业成本与商品采购单价相关，营业税金及附加与商品销售收入相关。销售费用、管理费用、财务费用等，多是企业经营的必要费用，太多则费用太高，利润下滑，太少则没有订单，得不偿失。故在考虑这些费用时，优先考虑经营成效。

产品采购成本是影响企业成本高低的重要因素，是需要重点把握的环节。

二、采购决策

1. 采购概述

所谓采购，就是从资源市场获取资源的过程。能够提供这些资源的供应商，形成了一个资源市场。采购的基本功能，就是帮助人们从资源市场获取他们所需要的各种资源。

采购是一种经济活动。在整个采购活动过程中，一方面，通过采购获取了资源，保证了企业正常业务的顺利进行，这是采购的效益；另一方面，在采购过程中，也会发生各种费用，这就是采购成本。要追求采购经济效益的最大化，就要不断降低采购成本，以最少的成本去获取最大的效益。而要做到这一点，就要科学采购。科学采购是实现企业经济利益最大化的源泉。

在电子商务模拟中通过询价、比价、议价、评估、索样、决定、请购、订购、协调与沟通、催交、进货检收、整理付款等活动完成采购活动。

2. 采购数量及单价

采购数量计算：本期应采购数量＝未交货数量－期初库存＋计划发货数量

采购前，应制订合理的采购计划，查询当前市场行情，掌握影响成本的因素和事件。在此基础上，寻找合适的厂商报价，制作梯度单价预算，利用数量或现金折扣降低采购单价。

同时，还需要分析对手策略，在防止被垄断货物和控制产品采购成本两者之间找到一个平衡点。

【课后作业】完成《实训报告六　估算和控制成本》

任务四　识读沙盘财务报表

一、在沙盘中报表指标解读

沙盘中的财务报表以现行财务准则为参考，其中部分指标情况如下。

营业收入＝（销售额－优惠额＋买家运费）/1.16

营业成本＝商品销售成本/1.16

营业税金及附加＝城建税＋教育附加税

销售费用＝SEM推广费＋站外推广费＋实际运费（卖家）＋售后服务费

管理费用＝行政管理费＋员工工资＋库存管理费＋B店筹建费＋维修费＋网店装修费＋租赁费

财务费用＝利息

应交税费＝应交增值税＋营业税金及附加＋应交所得税

营业外收入和支出为零。

在资产负债表里，存货成本均含进项税。

二、某期财务报表识读案例

下面我们以某次沙盘模拟演练的报表（表3－2～表3－4）为例，结合沙盘的业务工作，解读一下某小组的财务报表。通过报表的识读，帮助学生了解该小组在本轮做了哪些工作，并进一步预判出该小组的意图及未来可能的策略。

表3-2 资产负债表

资产				负债及所有者权益			
项目	表达式	上轮值	当轮值	项目	表达式	上轮值	当轮值
流动资产				流动负债			
货币资金	+	0.00	3 974.00	短期借款	+	0.00	2 000.00
其他应收款	+	0.00	0.00	应付账款	+	0.00	0.00
应收账款	+	0.00	0.00	预收账款	+	0.00	0.00
存货	+	0.00		应交税费	+	0.00	849.00
原材料	+	0.00	0.00	流动负债合计	=	0.00	2 849.00
在途物资	+	0.00	0.00	非流动负债			
库存商品	+	0.00	261.00	长期借款	+	0.00	0.00
发出商品	+	0.00	256.00	非流动负债合计	=	0.00	0.00
流动资产合计	=	0.00	4 491.00	负债合计		0.00	2 849.00
非流动资产				所有者权益			
固定资产原价	+	0.00	0.00	实收资本	+	0.00	500.00
土地和建筑	+	0.00	0.00	未分配利润	+		1 142.00
机器和设备	+	0.00	0.00				
减：累计折旧	−	0.00	0.00				
固定资产账面价值	=	0.00	0.00	所有者权益合计	=	0.00	1 642.00
在建工程	+	0.00	0.00				
非流动资产合计	=	0.00	0.00				
资产总计	=	0.00	4 491.00	负债和所有者权益总计	=	0.00	4 491.00

首先是资产负债表。从表中可以看出，该报表为第 1 轮末的企业资产结构情况。货币资金为 3 974，资金情况较为充裕。其他应收款项为 0，沙盘中产生的其他应收款项为 SEM 推广费，这说明该企业未进行 SEM 推广，或 SEM 推广账户余额为 0。应收账款为 0，根据 IT-MC 电子商务沙盘 4.0 的规则，消费者收到货物后立即付款，故该项永远为 0。购买的相关商品直接入库，故原材料、在途物资项永远为 0。库存商品 261，说明还有部分货物未完全售出。发出商品为 256，说明有采购成本为 256 的货物已寄出。以上相关项目合计为 4491。受电子商务沙盘规则所限，模拟的电子商务企业全采用租赁方式使用固定资产，也无在建工程等项目，故资产总计为流动资产总计，即 4491。

接着看负债及所有者权益。短期借款 2 000，表明该企业已将短期贷款 1 000、民间融资 1 000 全数借贷，财务杠杆较大。应交税费 849，包括企业所得税、增值税及相关附加税。以上合计数为 1 轮之内的流动负债，短期内的偿债压力也较大。无长期借款，故负债合计为 2 849。实收资本 500 为初始资金投入，未分配利润来源于利润表中的净利润，合计为所有者权益 1 642。两者合计数与资产总计数相等，符合会计恒等式"资产 = 负债 + 所有者权益"。

进一步分析发现，由于该小组盈利数较大，所有者权益增长较大，下一期可能大幅提升贷款规模。按照沙盘规则，下一期可借贷的长短期贷款、民间融资的最大数额可以达到本轮所有者权益的 2 倍，即 1 600×2×2 = 6 400。加上货币资金数额 3 974，扣减偿还的利息数额 1 000×5% + 1 000×15% = 200，合计数额达到 11 100。本期发出的商品会在下期收到货款，如果按照利润表中，该小组收入与成本的比值为 3，即利润率 200%，按本期发出商品成本 256 进行推算，预测下期货物签收后还能收到约 750 的现金。如此充沛的现金流，该小组完全具备了对一部分甚至全部商品的采购实施垄断的可能性。

表 3-3 利润表

利 润 表			
项目	表达式	上轮值	当轮值
营业收入	+	0.00	3 657.00
减：营业成本	−	0.00	1 150.00
营业税金及附加	−	0.00	43.00
销售费用	−	0.00	334.00
管理费用	−	0.00	607.00
财务费用	−	0.00	0.00
营业利润	=	0.00	1 522.00
加：营业外收入	+	0.00	0.00
减：营业外支出	−	0.00	0.00
利润总额		0.00	1 522.00
减：所得税费用		0.00	380.00
净利润	=	0.00	1 142.00

接着，我们来分析利润表的情况。利润表基于"收入－费用＝利润"的等式，从营业收入开始扣除各类费用。营业收入来源于商品销售，营业成本来源于卖出商品的采购成本。营业税金及附加来源于销售相关产品的增值税及其10%的附加税，沙盘报表中此处的43仅指附加税，即城建税和教育费附加的合计数。此处可以倒推出增值税为426，加上附加税43，企业所得税380，总共应交税费为849，与资产负债表中的应交税费项相等。沙盘中的销售费用与营销推广活动、物流运费有关。管理费用与租赁办公场所、仓库、雇用员工等有关。财务费用因当期借款的利息在下轮支出，故本轮为0。收入扣减费用后为1 522的营业利润。因未发生其他业务，故营业外收入、支出为0。根据利润总额的25%计算所得税费用为380。故最后净利润为1 142，计入当期资产负债表的未分配利润。

表3-4　现金流量统计

现金流量统计	
财务科目	变动金额
SEM推广费	-70.00
采购保证金	0.00
采购产品	-1 863.00
获得短期贷款（+）	1 000.00
获得民间融资（+）	1 000.00
建筑维修费	-32.00
库存管理费	-7.00
期初现金（*）	500.00
推广保证金	0.00
网店装修费	-30.00
物流运费	-264.00
行政管理费	-20.00
应收账款到期（+）	4 279.00
支付工资	+58.00
租赁费	-460.00

在沙盘模拟中，现金流量表的统计数能较好地显示本轮现金收入或支出情况，通过判断各项目的性质，可以较好地预测未来的现金支出项目总数。表3-4中的建筑维修费、网店装修费、行政管理费、支付工资、租赁费，基本为每年的最低支出，合计600。在未扩大经营规模、加大投资的情况下，下轮每期约预留300以上的现金，较为稳妥。

通过沙盘的现金流量表明细（图3-10～图3-12），可以看出该小组在过去1轮所有与现金有关的活动，甚至可以进一步判断出仓库的规模、办公场所所在的城市、仓库所在位置、订单在哪个城市、员工的数量等相关经营信息。

图3-10 现金流量表明细1

轮份：第1轮 ▼		组名：a6-a6 ▼	查询
期	报表类别	财务科目	变动金额
1	销售费用	SEM推广费	-49.00
1	销售费用	物流运费	-12.00
1	销售费用	物流运费	-145.00
1	销售费用	物流运费	-14.00
1	销售费用	物流运费	-14.00
1	管理费用	支付工资	-9.00
1	管理费用	库存管理费	-29.00
1	管理费用	行政管理费	-2.00
2	管理费用	网店装修费	-10.00
2	管理费用		-15.00
2	短期借款	获得民间融资（+）	400.00
2	其他应收款	采购保证金	-433.00
2	其他应收款	推广保证金	-20.00
2	货币资金	采购产品	-433.00
2	其他应收款	采购保证金	433.00

图3-11 现金流量表明细2

轮份：第1轮 组名：a6--a6 查询

详情

期	报表类别	财务科目	变动金额
2	其他应收款	推广保证金	20.00
2	销售费用	SEM推广费	-20.00
2	已收款	应收账款到期（+）	1 122.00
2	已收款	应收账款到期（+）	476.00
2	已收款	应收账款到期（+）	1 466.00
2	已收款	应收账款到期（+）	472.00
2	已收款	应收账款到期（+）	742.00
2	销售费用	物流运费	-9.00
2	销售费用	物流运费	-58.00
2	管理费用	支付工资	-29.00
2	管理费用	建筑维修费	-16.00
2	管理费用	租赁费	-230.00
2	管理费用	库存管理费	-5.00
2	管理费用	行政管理费	-10.00

图3-12 现金流量表明细3

通过以上的分析，可以看出，财务报表是企业的重要资料。财务报表不能泄露给无关人员，以免被竞争对手预判出企业的决策，给企业下一轮的经营带来困难。

【课后作业】完成《实训报告七　识读沙盘财务报表》

任务五　企业经典管理理论

一、企业战略分析

（一）企业战略的定义

"战略"一词最初用于军事领域，是指全面规划、部署、指导军事力量的建设和运用，以有效地达成既定的政治目的和军事目的。在经济学领域，"战略"被释义为"企业战略"，并赋予其新的含义。

1. 企业战略与战略管理的定义

企业战略是指企业设立远景目标并对实现目标的轨迹进行总体性、指导性谋划，属宏观管理范畴。企业战略是对企业各种战略的统称，其中包括竞争战略、营销战略、发展战略、品牌战略、融资战略、技术开发战略、人才开发战略、资源开发战略等。

而战略管理则可视为一个过程，而且是一个根据实施情况不断修正目标与方案的动态过程。因此，从概念上进行区分，可以认为战略是一个静态的概念，是战略管理的对象；而战略管理则是对战略的管理过程，是制定、实施和评价，使组织达到其目标的跨功能决策的艺术和方法。

2. 战略管理的过程

战略管理是一个动态的过程，这个过程包括三个重要的组成部分，即战略制定、战略实施和战略评价。

（1）战略制定。战略制定主要包括确定企业任务，认清企业外部的机会与威胁，识别企业内部的优势与弱点，建立长期目标，制定和实施方案。如企业要进入哪些新的业务领域，要放弃哪些业务，如何有效地配置资源，是否需要扩大经营规模，是否需要采取多元化经营或采取并购行动，是否需要展开跨国经营等，都属于战略制定内容。

（2）战略实施。战略实施要求企业依据战略制定的决策明确企业经营宗旨，建立年度目标，制定政策，激励企业员工和合理配置资源，以便使制定的战略得以贯彻执行。战略实施最主要的是要做到将战略目标分解到每个组织单元甚至个人，使他们真正了解和认同自己在企业战略中的位置，并积极主动地付诸行动。

（3）战略评价。战略评价主要从三个方面进行：一是重新审视外部与内部因素，这是决定现行战略的基础；二是度量业绩，发现战略实施进展与预先设计的业绩目标之间的差异；三是采取纠正措施。通过不断分析环境和企业自身因素，及时获取战略反馈信息，对战略实施过程中存在的问题采取有力的纠正措施，以保证战略的有效贯彻和动态运行。

3. 代表人物

企业战略理论有众多的流派，至今还没有形成一个统一的概念。以下介绍两个代表人物的观点。

（1）美国战略学家伊戈尔·安索夫（Igor Ansoff）。伊戈尔·安索夫在《从战略计划走向战略管理》一书中,首次提出了"企业战略管理"的概念。他认为企业战略管理是确定企业使命后,根据企业外部环境和内部经营要素确定企业目标,保证目标的正确落实并使企业使命最终得以实现的一个动态过程。

(2)加拿大管理学家亨利·明茨伯格（Henry Mintzberg）。亨利·明茨伯格认为在企业的经营活动中,管理者在不同的场合以不同的方式赋予企业战略以不同的内涵,即计划（Plan）、计策（Ploy）、模式（Pattern）、定位（Position）和观念（Perspective）,这构成了企业战略的"5P"。

(a)战略是一种计划。战略是一种有意识、有预计、有组织的行动程序,是解决一个企业如何从现在的状态达到将来位置的问题。战略主要为企业提供发展方向和途径,包括一系列处理某种特定情况的方针政策,属于企业"行动之前的概念"。

(b)战略是一种计策。战略不仅仅是行动之前的计划,还可以在特定的环境下成为行动过程中的手段和策略,一种在竞争博弈中威胁和战胜竞争对手的工具。

(c)战略是一种模式。战略可以体现为企业一系列的具体行动和现实结果,而不仅仅是行动前的计策或手段,即无论企业是否事先制定了战略,只要有具体的经营行为,就有事实上的战略。

(d)战略是一种定位。战略是一个组织在其所处环境中的位置,对企业而言就是确定自己在市场中的位置。企业战略涉及的领域很广,可以包括产品生产过程、顾客与市场、企业的社会责任与自我利益等任何经营活动及行为。但最重要的是,制定战略时应充分考虑到外部环境,尤其是行业竞争结构对企业行为和效益的影响,确定自己在行业中的地位和达到该地位所应采取的各种措施。把战略看成一种定位就是要通过正确配置企业资源,形成有力的竞争优势。

(e)战略是一种观念。战略表达了企业对客观世界固有的认知方式,体现了企业对环境的价值取向和组织中人们对客观世界固有的看法,进而反映了企业战略决策者的价值观念。

(二)企业总体战略的类型

企业总体战略是指为实现企业总体目标,对企业未来发展方向所做出的长期性、总体性的谋划。企业总体战略包括稳定型战略、发展型战略、紧缩型战略和混合型战略四种类型。

1. 稳定型战略

稳定型战略又可称为防御型战略、维持型战略。稳定型战略是指限于经营环境和内部条件,企业在战略期所期望达到的经营状况基本保持在战略起点的范围和水平上,也就是指企业在战略期基本维持原有经营领域或略有调整,保持现有的市场地位和水平,或仅有少量的增减变化。

稳定型战略的优点：

第一,企业的经营风险相对较小。

第二,能避免因改变战略而导致的资源分配的困难。

第三,能避免因发展过快而导致的弊端。

第四,能给企业一个较好的休整期。

稳定型战略的缺点：

第一,若企业的经营环境发生了较大的变化,就会打破战略目标、外部环境、企业实力之间的平衡，稳定型战略失去了其生存的基础，会使企业陷入困境。

第二，同类企业会在特定市场上采用竞争战略，如果将资源重点配置在这几个细分市场上，会使企业更加被动。

第三，稳定型战略也会使企业的风险意识减弱，甚至形成害怕风险、回避风险的企业文化。

2. 发展型战略

发展型战略又称扩张型战略，是一种企业在现有战略水平上向更高级目标发展的战略。它以发展作为自己的核心导向，引导企业不断开发新产品、开拓新市场、采用新的管理方式和生产方式，扩大企业的产销规模，增强其竞争力。

发展型战略的优点：

第一，企业可以通过发展扩大自身价值。

第二，企业能通过不断变革来创造更高的生产经营效率与效益。

第三，发展型战略能保持企业的竞争实力，实现特定的竞争优势。

发展型战略的缺点：

第一，在采用发展型战略获得初期的效果后，很可能导致盲目的发展和为了发展而发展，从而破坏企业的资源平衡。

第二，过快的发展很可能降低企业的综合素质，使企业的应变能力表面上显示不错，而实质上却出现内部危机和混乱。

第三，发展型战略往往会出现忽视产品的质量或服务的问题。

发展型战略可分为密集型发展战略、一体化发展战略、多样化发展战略。

（1）密集型发展战略。密集型发展战略是指企业在原有生产范围内充分利用在产品和市场方面的潜力，以快于过去的增长速度来求得成长与发展的战略。

（a）市场渗透战略。市场渗透战略是以现有产品在现有市场范围内通过更大力度的营销，努力提高现有产品或服务的市场份额的战略。

（b）市场开发战略。市场开发战略是密集型发展战略在市场范围上的扩展，是将现有产品或服务打入新市场的战略。

（c）产品开发战略。产品开发战略是密集型发展战略在产品上的扩展，是企业在现有市场上通过改造现有产品或服务，或开发新产品、新服务而增加销售量的战略。

（2）一体化发展战略。一体化发展战略是指企业充分利用自身产品（业务）在生产、技术和市场等方面的优势，沿着其产品（业务）生产经营链条的纵向延伸扩展或横向兼并联合，不断通过扩大其业务经营的深度和广度来扩大经营规模，提高其收入和利润水平，使企业得到发展壮大。

（3）多样化发展战略。多样化发展战略是企业为了更多地占领市场或开拓新市场，或避免经营单一带来的风险，而选择进入新领域的战略。多样化发展战略的特点是企业的经营业务已经超出一个行业的范围，在多个行业中谋求企业的发展。

3. 紧缩型战略

紧缩型战略又称为撤退型战略、退却型战略。紧缩型战略是指企业在一定时期内缩小生产规模或取消某些产品生产的一种战略。采取紧缩型战略可能出于多种原因和目的，但基本的原因是企业现有的经营状况、资源条件以及发展前景不能应付外部环境的变化，难以为企业带来满意的收益，以致威胁企业的生存。只有采取收缩和撤退的措施，才能抵御对手的进攻，避开环境的威胁，保存企业的实力，等待时机重新组合资源，实现企业的长远发展。紧缩型战略是一种以退为进的战略。

紧缩型战略的优点：

第一，能帮助企业在外部环境恶劣的情况下，通过节约开支和费用，顺利度过其所面临的不利境况。

第二，在企业经营不善的情况下最大限度地降低损失。

第三，能帮助企业更好地实行资产的最优组合。

紧缩型战略的缺点：

第一，实行紧缩型战略的尺度较难把握，如果盲目地使用紧缩型战略，缩减产量、投资的规模，可能会扼杀具有发展前途的业务和市场，使企业的总体利益受损。

第二，实施紧缩型战略会引起企业内外部人员的不满，从而引发员工情绪低落，因为实施紧缩型战略常常意味着不同程度的裁员和减薪，而且实施紧缩型战略在某些管理人员看来意味着工作的失败和不利。

4. 混合型战略

混合型战略是稳定型战略、发展型战略和紧缩型战略的组合。混合型战略一般适用于较大规模的企业或者产品系列较多的企业，也适用于市场区域比较宽泛的企业及技术进步较快的企业。因为大型企业相对来说拥有较多的战略业务单位，这些业务单位很可能分布在完全不同的行业和产业群之中，它们所面临的外界环境和所需要的资源条件不完全相同，采取不同战略类型可以让这些业务单位量体裁衣。一些实力有限的企业可能也会采用混合型战略，一边致力于业务和业绩的快速增长，一边可能会做一些战略铺垫，为将来打好基础。另外，企业处于不同的发展时期，可适当采用不同的战略模式，如从企业初创时期到壮大的各个阶段，采用"发展—稳定—发展—稳定—收缩调整—发展—稳定"的混合型战略组合。

（三）企业竞争战略的类型

竞争战略，又称业务战略，是企业参与市场竞争的策略和方法。迈克尔·波特从产业组织的观点，运用结构主义的分析方法，提出了三种基本的竞争战略。

1. 成本领先战略

成本领先战略也称低成本战略，当成本领先的企业的价格相当于或低于其竞争厂商时，它的低成本地位就会转化为高收益。成本领先战略是要使本企业的某项业务成本最低，而不仅仅是努力降低成本。这是因为任何一种战略之中都应当包含成本控制的内容，它是管理的基本任务，但并不是每种战略都要追求成为同行业中的成本最低者。

成本领先战略的适用条件：市场需求具有较大的价格弹性；所处行业的企业大多生产标准化产品，价格因素决定了企业的市场地位；实现产品差异化的途径很低；多数客户以相同的方式使用产品；用户购买从一个销售商改变为另一个销售商时，转换成本很低，因而倾向于购买价格最优惠的产品。

成本领先战略的优势：可以抵御竞争对手的进攻；具有较强的对供应商的议价能力；实现规模经济以增加壁垒。

降低成本的具体方法包括：扩大企业的经济规模，提高企业的规模效益；提高生产能力使用率，提高生产效率；改进产品的设计和工艺，从产品结构上降低成本；与供应商和经销商建立良好的关系,降低原材料价格和销售费用;严格审查预算需求,强化成本和管理费用的控制,从管理上加大控制成本的力度。

2. 差异化战略

差异化战略又称差别化战略,是指将公司提供的产品或服务差异化,在全产业范围形成独特性。可以通过设计或品牌形象、技术特点、外观特点、客户服务、经销网络及其他方面的独特性等多种方式实现差异化战略。差异化战略在本质上是通过提高顾客效用来提高顾客价值。如果顾客能够感知其产品与服务的独特性,总会有一部分顾客愿意为此支付较高的溢价,相应地,企业也可能获得较高的利润。

产品差异化带来较高的收益,可以用来对付供方压力,同时可以缓解买方压力。当客户缺乏选择余地时,其价格敏感性也就不高,采取差异化战略而赢得顾客忠诚的公司,在面对替代品的威胁时,其所处地位比其他竞争对手更为有利。但是,采取差异化战略也存在一定的风险:竞争者可能模仿,使得差异消失;保持产品的差异化往往以高成本为代价;产品和服务差异对消费者来说失去了意义;与竞争对手的成本差距过大;企业要想取得产品差异,有时要放弃获得较高市场占有率的目标。

3. 集中化战略

集中化战略也称专一化战略,是指将企业的经营活动集中于某一特定的购买群体、产品线的某一部分或某一地域性市场,通过为这个小市场的购买者提供比竞争对手更好、更有效的服务来建立竞争优势的一种战略。集中化战略同成本领先战略、差异化战略的区别在于,集中化战略的注意力集中于整体市场的一个狭窄部分,其他战略则以广大市场为目标。集中化战略一般选择对替代品最具抵抗力或竞争对手最弱之处作为目标市场。

集中化战略的优点是:有利于实力小的企业进入市场;有利于避开强大的竞争对手;有利于稳定客户,企业的收入也相对比较稳定。缺点是:企业规模不易扩大,企业发展速度较慢;不易抵抗强大竞争对手对细分市场的竞争;竞争者可能模仿;目标市场由于技术创新、替代品出现等原因而需求下降;由于目标细分市场与其他细分市场的差异过小,大量竞争者涌入细分市场;新进入者重新细分市场。

按照迈克尔·波特的观点,成本领先战略和差异化战略都是雄霸天下之略,而集中化战略则是穴居一隅之策。这一战略的前提是:公司能够以更高的效率、更好的效果为某一狭窄的客户群体提供服务,从而超过在更广阔范围内的竞争对手。结果是,公司或者通过较好满足特定对象的需要实现了差异化,或者在为这一对象服务时实现了低成本,或者二者兼得。

(四)企业战略分析方法

战略的选择对于企业的战略管理起着至关重要的作用,可以说企业对于其战略的选择将直接影响企业发展的成败。因此,企业对于战略的选择十分重视而且谨慎,常用的战略选择方法分为以下几种。

1. 波士顿矩阵分析法

波士顿矩阵分析法是由美国波士顿咨询公司首创的一种被广泛运用于业务组合分析的方法,如图3-13所示。

一个企业自主经营的各分公司或分部结构称为其业务组合。当企业的各分部或分公司在不同的产业进行竞争时,各业务组合都应当建立自己单独的战略。波士顿矩阵就是为促进多部门经营企业的战略制定而专门设计的决策方法。波士顿矩阵图示表明了企业各分部在市场份额和产业增长速度方面的差别。多部门企业通过考察各分部对其他分部的相对市场份额地位和产业增长速度而管理其业务组合。相对市场份额地位可定义为分部在本产业的市场份额与本产业最大竞争公司的市场份额之比。

位于矩阵第Ⅰ象限的业务分部被称为"问题",第Ⅱ象限的业务分部被称为"明星",第Ⅲ象限的业务分部被称为"金牛",第Ⅳ象限的业务被称为"瘦狗"。

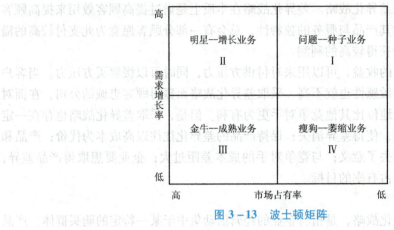

图3-13 波士顿矩阵

波士顿矩阵的主要益处在于,它使人们很容易注意到企业各分部的现金流动、投资特性及需求。很多公司的各分部都随着时间的推移而发生了变化:按逆时针方向不断地由"瘦狗"变为"问题",由"问题"变为"明星",由"明星"变为"金牛",再由"金牛"变为"瘦狗"。较少的演变顺序是按顺时针方向由"明星"变为"问题",由"问题"变为"瘦狗",由"瘦狗"变为"金牛",再由"金牛"变为"明星"。企业应力求使自己业务组合中的各分部门成为行业的明星。

波士顿矩阵的纵坐标代表市场需求增长率,横坐标代表市场占有率,由此区分出四种业务组合。

(1)明星类业务。第Ⅱ象限业务部门,是公司最佳长期增长和获利机会所在。处于高速增长产业又有相对高市场份额的分部,应得到大量投资以保持或加强其主导地位。因此,明星类业务要发展成为金牛类业务适合采用发展型战略。这类分部可考虑采用的战略包括:前向、后向和横向一体化,市场渗透,市场开发,产品开发及合资经营。

(2)金牛类业务。这种类型的企业具有低需求增长率和高市场占有率,处在这个领域中的产品产生大量的现金,但未来的增长前景有限。很多今天的金牛就是昨日的明星。应使金牛分部尽可能长时期地保持其优势地位。企业对实力不同的金牛类业务应采取不同的战略:对产品市场进入衰退期的金牛业务,企业可采用榨油式方法,在尽可能短的时间里多获取收益,最终退出该项业务;对于刚进入产品市场成熟期的金牛业务,企业可采取稳定型战略,以利用其提供的资源发展其他业务。

(3)瘦狗类业务。这种类型的企业具有低需求增长率和低市场占有率。这个领域中的产品利润率低、处于保本或亏损状态,负债比率高,无法为企业带来收益。它们是公司业务组合中无用的瘦狗。由于其内部和外部地位的劣势,这类部门往往被结业清算、剥离或通过收缩而被削减。当分部刚刚沦为瘦狗时,最好首先采用收缩战略,通过大规模的资产和成本削减,出售或清算瘦狗业务,把资源转移到其他产品。

(4) 问题类业务。处在这个领域的产品需求量很大，但占有的市场份额很小，导致利润率较低，所需资金不足，负债比率高。因此，对符合企业长期发展目标的问题类业务，可采用发展型战略，促使其成为明星类业务。对其他的问题类业务，企业有必要采取紧缩型战略或退出这些产品领域，重新分配资源以形成更有效的业务组合。这类企业通常对资金的需求量大而资金创造能力小。之所以被称为"问题"是因为公司必须决定是通过采用发展型战略（市场渗透、市场开发或产品开发）来加强这类单位，还是将其售出。

2. SWOT 分析法

SWOT 最早是由美国旧金山大学海因茨·韦里克（Heinz Weihrich）教授于 20 世纪 80 年代初提出的。所谓 SWOT 分析法，是指一种综合考虑企业内部条件和外部环境的各种因素，进行系统评价，从而选择最佳经营战略的方法，如图 3-14 所示。这里 S 是指企业内部的优势（Strengths），W 是指企业内部的劣势（Weaknesses），O 是指企业外部环境的机会（Opportunities），T 是指企业外部环境的威胁（Threats），两两组合后，也可以称为 SO 战略、WO 战略、ST 战略和 WT 战略。SWOT 分析的指导思想就是在全面把握企业内部优、劣势与外部环境的机会和威胁的基础上，制定符合企业未来发展的战略，发挥优势，克服不足，利用机会，化解威胁。常用的方法是详尽地明确行业状况和企业内部战略环境，对所列的因素逐项打分，然后按因素的重要程度加权并计算其代数和，以判断其中的内部优、劣势与外部的机会和威胁。当然，这样的方法不可避免带有精度不够的缺陷，但直观和使用的简单性却是它最大的优点。

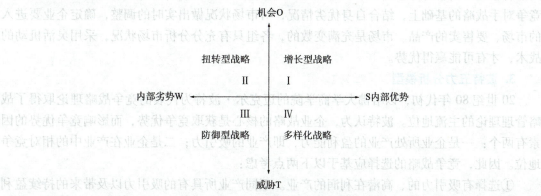

图 3-14 SWOT 分析图

（1）增长型战略（SO）。当机会较多、优势较大时，采取增长型战略。企业应该集中于某单一经营领域，利用自己的优势占领市场。企业可以选用纵向一体化向自己的上游供应商或下游销售商扩展。企业可以对少量的相关产品进行多样化的经营，同时利用自己的优势，拓展市场上的机会。

（2）扭转型战略（WO）。当市场机会多，但是企业处于劣势时，企业需要扭转现状，摆脱自己的劣势地位。企业可在某一经营领域制定集中战略，以某一个领域为突破口改变现状。为了减小风险，企业可以进行多样化经营，产品和当前业务相关性大小均可进行。如果这一切难以奏效，就放弃这块市场。

（3）防御型战略（WT）。当市场威胁大，企业又没有优势时，企业只能采取防御战略。推荐的方法是谋求与竞争对手合作或合并，以加强竞争地位。企业可以选用纵向一体化和多样化经营。如果难以成功，企业可以将该市场中的业务分离出去，或者把资源收回，用到其他领域。

（4）多样化战略（ST）。当企业有较大的优势，但市场机会不多的时候，企业适合采取多样化经营战略，把企业带向有更大发展空间的市场。企业可以通过纵向一体化，进入上游或者下游行业。

SWOT分析是战略分析中非常重要的工具，也是一种战略性的思维方法（表3-5）。当然，SWOT分析的正确使用来源于知识、经验、充分的信息、战略思维和商业直觉，可以说，它是一个非常综合性的思维过程。

表3-5　SWOT分析表

因　素	优势 S	劣势 W
机会 O	SO 战略 发挥优势，利用机会	WO 战略 克服劣势，利用机会
威胁 T	ST 战略 利用优势，回避威胁	WT 战略 减少劣势，回避威胁

电子商务沙盘模拟经营中，各组将面临品牌、综合、低价、犹豫4个市场。4个市场上的需求量各有差异，且对产品的要求也不同，有的优先考虑价格，有的优先考虑媒体，有的要求有相应的信誉度等。这些要求对各组而言，既是机遇，也是挑战。这就需要在充分考虑竞争对手战略的基础上，结合自身优劣情况，对市场状况做出实时的调整，确定企业要进入的市场、要售卖的产品。市场是充满变数的，各组只有充分分析市场状况，采用灵活机动的战术，才有可能赢得优势。

3. 波特五力分析模型

20世纪80年代初，以哈佛大学商学院的迈克尔·波特为代表的竞争战略理论取得了战略管理理论的主流地位。波特认为，企业战略的核心是获取竞争优势，而影响竞争优势的因素有两个：一是企业所处产业的盈利能力，即产业的吸引力；二是企业在产业中的相对竞争地位。因此，竞争战略的选择应基于以下两点考虑：

①选择有吸引力的、高潜在利润的产业。不同产业所具有的吸引力以及带来的持续盈利机会是不同的，企业选择一个朝阳产业，要比选择夕阳产业更有利于提高自己的获利能力。

②在已选择的产业中确定自己的优势竞争地位。在一个产业中，不管它的吸引力以及提供的盈利机会如何，处于竞争优势地位的企业要比劣势企业具有较大的盈利可能性。而要正确选择有吸引力的产业以及给自己的竞争优势定位，必须对将要进入的一个或几个产业结构状况和竞争环境进行分析。

概括起来，波特的竞争战略理论的基本逻辑是：

（1）产业结构是决定企业盈利能力的关键因素。

（2）企业可以通过选择和执行一种基本战略影响产业中的五种作用力量（即产业结构），以改善和加强企业的相对竞争地位，获取市场竞争优势（低成本或差异化）。

（3）价值链活动是竞争优势的来源，企业可以通过价值链活动和价值链关系（包括一条价值链内的活动之间及两条或多条价值链之间的关系）的调整来实施其基本战略。

波特五力分析模型又称波特竞争力模型，是由迈克尔·波特提出的，对企业战略制定产生了全球性的深远影响。它用于竞争战略的分析，可以有效地分析客户的竞争环境。"五力"分别是供应者的讨价还价能力、购买者的讨价还价能力、潜在竞争者进入的能力、替代品的替代能力、行业内竞争者现在的竞争能力，如图 3-15 所示。

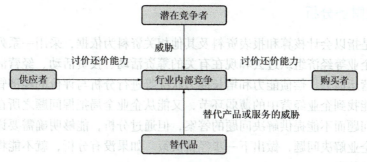

图 3-15　波特的五力模型

根据波特的五种竞争力量构成的威胁，企业应尽可能地将自身的经营与竞争力量隔绝开来，努力从自身利益需要出发，影响行业竞争规则，先占领有利的市场地位，再发起进攻性竞争行动，以此来对付五种竞争力量，以增强自己的市场地位和竞争实力，表 3-6 列出了波特"五力"模型与一般战略的关系。

表 3-6　波特"五力"模型与一般战略的关系

行业内五种力量	一 般 战 略		
	成本领先战略	产品差异化战略	集中化战略
潜在竞争者进入的能力	具备杀价能力以阻止潜在竞争者的进入	培育顾客忠诚度以挫伤潜在竞争者的信心	通过集中化战略建立核心能力以阻止潜在竞争者的进入
购买者的讨价还价能力	具备向购买者出更低价格的能力	因为选择范围小而削弱了大购买者的谈判能力	因为没有选择范围，使大购买者丧失谈判能力
供应者的讨价还价能力	更好地抑制大供应者的杀价能力	更好地将供应者的涨价部分转嫁给购买者	进货量低，供应者的杀价能力就高，但集中差异化的公司能更好地将供应者的涨价部分转嫁出去
替代品的替代能力	能够利用低价抑制替代品	购买者习惯于一种独特的产品或服务，因而降低了替代品的威胁	特殊的产品和核心能力能够防止替代品的威胁
行业内竞争者现在的竞争能力	能更好地进行价格竞争	品牌忠诚度能使顾客不理睬你的竞争者	竞争者无法满足集中差异化购买者的需求

在电子商务沙盘模拟经营中，各组可从三种战略中选择一种，作为其主导战略。若选择成本领先战略，就要有效地节流，如合理的广告投入、建设相应的办公场所及配送中心、适当的人力资源、合理的借贷，使自己的成本低于同类企业；若选择差异化战略，无论开拓市

场还是选择某种产品售卖，都要能做到独一无二；若选择集中化战略，则要根据各人群市场竞争和产品生命周期走势，以某种产品为重点，加大采购，加大促销力度，使该产品在一个或多个市场上形成优势。

二、企业财务分析

财务分析是指以会计核算和报表资料及其他相关资料为依据，采用一系列专门的分析技术和方法，对企业等经济组织过去和现在有关的筹资活动、投资活动、经营活动、分配活动的盈利能力、营运能力、偿债能力和增长能力状况等进行分析与评价的经济管理活动。通过财务分析，既能找到企业经营中的薄弱环节，又能从企业全局把握问题之所在。通常，财务分析只能发现问题而不能提供解决问题的答案，但通过分析，能够明确需要详细调查和研究的项目，帮助企业解决问题，做出下一步经营决策。如果没有分析，就不能将历史数据转变为对决策有用的信息。

财务分析的方法很多，最常用到的是运用比率、趋势、结构和因素等方法的多指标分析。以下介绍的财务分析指标包括偿债能力指标和杜邦财务分析指标。

（一）偿债能力指标

偿债能力是指企业偿还负债的能力。通常评价企业短期偿债能力的财务指标主要有流动比率、速动比率，评价长期偿债能力的财务指标包括资产负债率、股东权益比率和权益乘数。

1. 流动比率

流动比率是指企业流动资产与流动负债的比率。其计算公式为：

$$流动比率 = 流动资产 / 流动负债$$

在沙盘中，流动资产常包括现金、应收账款、原材料、产成品和在制品。流动负债包括短期负债、应付账款、应交税金和1年内即将到期的长期负债。

一般来说，这个比率越高，企业偿还负债的能力越强。但是，过高的流动比率并非好现象，因为流动比率过高，可能是企业滞留在流动资产上的资金未能有效地加以利用，影响企业的获利能力。每个行业的流动比率各有所不同。

2. 速动比率

速动比率也称酸性测试比率，是指从流动资产中扣除存货部分，再除以流动负债的比值。其计算公式为：

$$速动比率 = （流动资产 - 存货） / 流动负债$$

在沙盘中，存货常包括原材料、产成品和在制品。计算速动比率时扣除存货的主要原因有：

（1）存货的变现能力最差。
（2）部分存货可能已经损失报废，还没处理。
（3）部分存货已经抵押给债权人。
（4）存货估价还存在着成本和合理市价相差悬殊的问题。

一般来说，速动比率为1时比较合适，低于1被认为是偿债能力较低，高于1被认为企业的偿债能力较强。

3. 资产负债率

资产负债率是平均负债总额除以平均资产总额的百分比，它反映在资产总额中有多大比

例是通过借债来筹资的,也可以衡量企业在清算时保护债权人利益的程度。其计算公式为:

$$资产负债率 = 平均负债总额/平均资产总额 \times 100\%$$

在财务分析中,资产负债率也被称作财务杠杆,不仅反映了企业的长期财务状况,也反映了企业管理层的进取精神。如果企业不利用举债经营或者负债比率很小,说明企业比较保守,而处于高速成长时期的企业,其负债比率会高一些。

4. 股东权益比率

股东权益比率是平均股东权益与平均资产总额的百分比。该比率反映资产总额中有多少是股东投入的。其计算公式为:

$$股东权益比率 = 平均股东权益总额/平均资产总额 \times 100\%$$

由上述公式可知,股东权益比率与资产负债率之和等于1。因此,这两个比率从不同侧面反映了企业的长期偿债能力,股东权益比率越大,资产负债率越小,企业的财务风险就越小,偿还长期债务的能力就越强。

5. 权益乘数

股东权益比率的倒数称为权益乘数,即资产总额是股东权益的多少倍。其计算公式为:

$$权益乘数 = 平均资产总额/平均股东权益总额 \times 100\%$$

该乘数越大,说明股东投入的资本在资产总额中所占的比例越小。

(二) 杜邦财务分析指标

1. 杜邦分析法概述

杜邦分析法是利用几种主要的财务比率之间的关系来综合分析企业的财务状况。具体来说,它是一种用来评价公司盈利能力和股东权益回报水平,从财务角度评价企业绩效的经典方法。由于这种分析方法最早由美国杜邦公司使用,故名杜邦分析法(图3–16)。

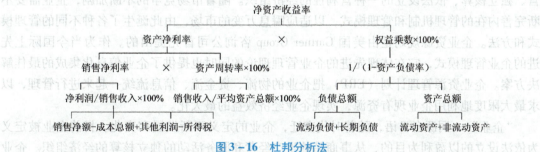

图3–16 杜邦分析法

杜邦分析法是利用各个主要财务比率之间的内在联系,综合地分析和评价企业财务状况和盈利能力的方法,它是以所有者权益报酬率为龙头,以总资产报酬率为核心的完整的财务指标分析体系。它的基本思想是将企业的权益报酬率逐级分解为多项财务比率的乘积,有助于深入分析和比较企业的经营业绩。

杜邦分析法可以直观地发现哪些项目影响了营业收入净利率和资产周转率,找出这两项指标水平高低的原因,从而进一步发现问题产生的原因。

2. 杜邦体系中的指标关系

(1) 净资产收益率又称为权益报酬率,是整个分析系统的起点和核心。该指标的高低反映了投资者的净资产获利能力的大小。净资产收益率由销售净利率、资产周转率和权益乘数决定。

(2) 资产净利率是销售净利率和资产周转率的乘积，是企业销售成果和资产运营的综合反映。要提高资产净利率，必须增加销售收入，降低资金占用额。

(3) 权益乘数表明了企业的负债程度。该指标越大，企业的负债程度越高，它是股东权益比率的倒数。

(4) 资产周转率反映企业资产实现销售收入的综合能力。分析时，必须综合销售收入分析企业资产结构是否合理，即流动资产和长期资产的结构比率关系。同时还要分析流动资产周转率、存货周转率、应收账款周转率等有关资产使用效率指标，找出资产周转率高低变化的确切原因。

3. 杜邦分析法的步骤

(1) 从权益报酬率开始，根据资产负债表和利润表逐步分解计算各指标。

(2) 将计算出的指标填入杜邦分析图。

(3) 逐步进行前后期的对比分析，也可以进行企业间的横向对比分析。

4. 部分指标

销售净利率 = 净利润/销售收入 × 100%

资产周转率 = 销售收入/平均资产总额 × 100%

资产净利率 = 销售净利率 × 资产周转率 × 100%

权益乘数 = 1/（1 - 资产负债率）

净资产收益率 = 销售净利率 × 资产周转率 × 权益乘数 × 100%

三、企业概述

企业是从事生产、流通、服务等经济活动，以生产或服务满足社会需要，实行自主经营、独立核算、依法设立的一种营利性的经济组织。随着市场竞争的不断加剧，企业需要不断完善内在的管理机制和管理模式，以适应瞬息万变的市场，由此诞生了各种不同的管理模式和方法。企业资源规划是由美国 Gartner Group 咨询公司首先提出的。作为当今国际上先进的企业管理模式，它在体现先进的企业管理理论的同时也提供了企业信息化集成的最佳解决方案。企业资源管理计划（ERP）把企业的物流、资金流、信息流统一起来进行管理，以求最大限度地利用企业现有资源，实现企业经济效益的最大化。

"企业"一词源自日语，随着时代变迁，企业的定义不断发展和变化。目前企业被定义为依法设立的以盈利为目的、从事商品的生产经营和服务活动的独立核算的经济组织。企业按照一定的组织规律，有机构成经济实体，以盈利为目的，通过提供产品或服务换取收入。它是社会发展的产物，因社会分工的发展而壮大。企业包括两类最重要的组织形式，即制造业和服务业。制造业和服务业的区别在于生产产品的不同：制造业提供的产品是有形的，能存在的时间较长，不会瞬间消失，如食品、药品、汽车、电脑等；服务业提供的产品是无形的，服务业所提供的产品就被称为服务，如银行、通信、旅游和商品贸易等。

（一）企业的职能活动

企业的职能活动是指企业为了实现其目标所必须进行的各种功能性行动，既表示活动的有效性，也表示活动的功能属性。不管企业经营何种产品，其所有制形式怎样、规模大小如何，组织结构形式差异有多大，为了达到它作为"投入—产出"经济系统的基本要求，企业都必然进行以下六种职能性活动。

1. 营销性活动

营销性活动是企业认识市场和用户的需求特性,并根据企业的特长制定产品、定价、分销、促销及公共关系建立与服务方面的决策的过程,以沟通外界需求与内部能力,使企业的经营能够以市场为导向并使产品或服务有效满足用户需求。

2. 生产性活动

生产性活动是企业将市场信息与用户需要按工艺要求转化为物质形态的产品或能够满足需要的服务过程,使市场信息和企业营销愿望能够真正成为可供用户消费的实物或服务。

3. 技术性活动

技术性活动是进行产品及其生产方法方面的研究与开发,使企业有能力保持经营对象及其方法上的先进性,继而塑造企业整体的市场竞争优势。技术性的职能对经营对象而言与营销性职能类似,但侧重于对市场潜在需求的开发;对经营方法而言则与生产性职能类似,但比它更为广泛,不仅涉及生产工艺方法,还要对整个企业的经营方法进行研究与开发。

4. 财务性活动

财务性活动是对企业全部资产的经营性活动,包括各种资金的筹措、分配和运用,对负债、股本和利润的管理,以使企业的经营能够在正常的资金条件下进行,并使企业的财务结构合理、经济效益提高,使出资者的利益得以保护。

5. 会计性活动

会计性活动对企业的经营活动及其财务状态进行统计、记载、整理、汇总和分析,以提供组织的财务性资料,有助于业主、债权人、投资者、政府、员工和金融机构等进行分析决策。会计本身偏重于对财务性活动的记录,而财务性活动是对以资金为表现形式的全部资本进行经营。

6. 管理性活动

管理性活动是通过计划、组织、领导、激励与控制等手段,对企业以上各职能性活动以及所使用的各类资源进行协调,以期达到企业的经营目的。所以,管理性活动是一种综合性的职能,其核心是在目标基础上进行各种活动的协调。

企业的六项职能性活动是完成企业使命、实现企业目标的基本活动,本质上说是缺一不可的。但是,这六项活动并不是同等重要的,它们之间的关系反映了经营企业的机制问题。一般来说,前五项企业运营性活动的次序不能颠倒,即企业应该以市场为基础,以营销活动为先导,以生产或创造性活动为核心,在其他各项活动的支持下达到企业的目标。

(二)企业的管理

企业管理是社会化大生产发展的客观要求和必然产物。社会生产发展到一定阶段,规模较大的共同劳动都需要进行指挥,以协调个人的活动;通过对整个劳动过程的监督和调节,使单个劳动服从生产总体的要求,以保证整个劳动过程按人们预定的目标正常进行。尤其是在科学技术高度发达、产品日新月异、市场瞬息万变的现代社会中,企业管理就显得愈益重要。

1. 企业管理的演变

企业管理的演变是企业在发展过程中管理方法和管理手段变化的过程。演变由三个阶段构成——经验管理阶段、科学管理阶段、文化管理阶段。经验管理阶段采用的激励方式是以外激为主,对员工的控制是外部控制,主要是控制人的行为;科学管理阶段把人治变为法治，靠规章制度管理企业，对员工的激励和控制也还是外部的，通过惩罚与奖励促进员工工作；文化管理阶段认为人性本善，人是有感情的，喜欢接受挑战，愿意发挥主观能动性，积极向上。因此，企业要逐步建立以人为本的文化，通过人本管理实现企业的目标。

2. 企业管理的构成

企业管理运用各类策略与方法，对企业中的人、机器、原材料、方法、资产、信息、品牌和销售渠道等资源进行科学管理，从而实现组织的目标，与其相对应产生了各个管理分支——计划管理、生产管理、物资管理、质量管理、成本管理、财务管理、劳动人事管理等等。通常，公司会按照这些专门的业务分支设置职能部门。

（1）计划管理。计划管理通过预测、规划、预算和决策等手段，将企业的经济活动围绕总目标的要求有效地组织起来。计划管理体现了目标管理。

（2）生产管理。生产管理通过生产组织、生产计划和生产控制等手段，对生产系统的设置和运行进行管理。

（3）物资管理。物资管理对企业所需的各种生产资料进行有计划的组织采购、供应、保管、节约使用和综合利用。

（4）质量管理。质量管理对企业的生产成果进行监督、考察和检验。

（5）成本管理。成本管理围绕企业所有费用的发生和产品成本的形成进行成本预测、成本计划、成本控制、成本核算、成本分析和成本考核。

（6）财务管理。财务管理对企业的财务活动包括固定资金、流动资金、专用基金，盈利等的形成、分配和使用进行管理。

（7）劳动人事管理。劳动人事管理对企业经济活动中各个环节和各个方面的劳动和人事进行全面计划、统一组织、系统控制和灵活调节。

（三）企业内的主要岗位

企业内的主要岗位包括首席执行官（CEO）、首席运营官（COO）、首席财务官（CFO）、营销总监（CMO）、技术总监（CTO）、生产总监、采购总监和人力资源总监等。

1. 首席执行官

首席执行官（Chief Executive Officer，CEO）是美国在 20 世纪 60 年代进行公司治理结构改革创新时的产物。CEO 是企业的"一把手"，CEO 既是行政一把手，又是股东权益代言人。CEO 是作为董事会成员出现的，向公司的董事会负责，在公司或组织内部拥有最终的执行经营管理决策的权力。

CEO 负责对公司的一切重大经营运作事项进行决策，包括对财务、经营方向、业务范围的增减等；参与董事会的决策，执行董事会的决议；主持公司的日常业务活动；对外签订合同或处理业务；任免公司的高层管理人员；定期向董事会报告业务情况，提交年度报告。此外，CEO 还负责树立、巩固或变更企业文化，进行团队建设等。

2. 首席运营官

首席运营官也称运营总监（Chief Operating Officer，COO）。COO 全面负责公司的市场运作和管理；参与公司整体策划，健全公司各项制度，完善公司运营管理；推动公司销售业务，推广公司产品，组织完成公司整体业务计划；建立公司内部信息系统，推进公司财务、行政及人力资源的管理；负责协调各部门工作，建立有效的团队协作机制；维持并开拓各方面的外部关系；管理并激励所属部门的工作业绩。

3. 首席财务官

首席财务官（Chief Finance Officer，CFO）是企业治理结构发展到一个新阶段的必然产物。CFO 承担着股东外部受托等法律责任；作为经营者和管理者，承担着对 CEO 负责的内部经营责任。CFO 负责企业战略的支持、计划及管理，对资源的确认管理、价值创造以及在此基础上的利益协调，并对流程的价值导向创造与控制提供支持性服务，还负责业绩评价、创建激励机制、建立风险控制系统并履行管理等职责。

4. 营销总监

营销总监（Chief Marketing Officer，CMO）是企业一线销售管理的负责人，肩负着客户管理的信任与重托，履行企业营销系统的职责，拥有经营与管理的双重使命。CMO 的主要职责包括寻找市场机会，确定市场营销战略和贯彻战略决策的行动计划，完成企业的营销工作；及时、准确地向企业的各个部门传递市场及企业的要求；负责企业市场营销战略计划的执行，做好内部协调关系工作；对企业市场行为进行监督，对市场需求做出快速反应，使市场营销效率最大化。

5. 技术总监

技术总监（Chief Technology Officer，CTO）是企业团体里的高级主管职位之一，是企业内负责技术的最高负责人。这个名称是在 20 世纪 80 年代时从美国开始兴起，起源于一些有大规模投资在研究与发展（R&D）项目的大型公司，如通用电气（General Electric，GE）、美国电话电报（AT&T）与美铝（ALCOA），主要责任是将科学研究成果转为营利项目。20 世纪 90 年代，因计算机和软件公司热门，很多公司把 CTO 的名称给予管理计算机系统和软件的负责人。有时 CTO 和 CIO（Chief Information Officer，信息管理最高负责人）是同一个人（尤其在软件公司），有时 CTO 会归于比较精通科学技术的 CIO 手下。在不同领域的公司，CTO 工作性质不同；即使在同一领域，工作性质也可能大不相同。

6. 生产总监

生产总监是生产部门的核心人物，代表 CEO 对企业的生产活动进行管理，并对企业的生产活动及产品负责。生产总监既是计划的制订者和决策者，又是生产过程的监控者，对企业目标的实现负有重大的责任。他的工作是通过计划、组织、指挥和控制等手段实现企业资源的优化配置，创造最大的经济效益。

7. 采购总监

采购是企业生产的首要环节。采购总监负责各种原料的及时采购和安全管理，确保企业生产的正常进行。他的主要职责是筛选合适的供应商，负责编制并实施采购供应计划，分析各种物资供应渠道及市场供求变化情况，力求从价格上、质量上把好第一关，为企业做好后勤保障。

8. 人力资源总监

人才是企业的第一资源，是企业的核心。人力资源总监负责企业的人力资源管理工作，具体包括企业组织架构设计、岗位职责确定、薪酬体系安排、组织人员招聘和考核等工作。

四、ERP 概述

（一）ERP 的含义

企业资源计划（Enterprise Resource Planning，ERP），又译作企业资源规划，是一个由美国著名管理咨询公司 Gartner 于 1990 年提出的企业管理概念。企业资源计划最初被定义为应用软件，却迅速为全世界商业企业所接受。现在已经发展成为一个重要的现代企业管理理论，也是一个实施企业流程再造的重要工具。而当初应用软件的定义，现在则被称为"企业资源计划系统"。企业资源计划系统是一个创建在信息技术基础上的系统化管理思想。

ERP 系统支持离散型、流程型等混合制造环境，应用范围从制造业扩散到了零售业、服务业、银行业、电信业、政府机关和学校等事业部门，通过融合数据库技术、图形用户界面、第四代查询语言、客户服务器结构、计算机辅助开发工具、可移植的开放系统等对企业资源进行了有效的集成。

ERP 汇合了离散型生产和流程型生产的特点，面向全球市场，包罗了供应链上所有的主导和支持能力，协调企业各管理部门围绕市场导向更加灵活或"柔性"地开展业务活动，实时地响应市场需求。为此，重新定义供应商、分销商和制造商相互之间的业务关系，重新构建企业的业务和信息流程及组织结构，使企业在市场竞争中有更大的能动性。ERP 的提出与计算机技术的高度发展是分不开的，用户对系统有更大的主动性，作为计算机辅助管理所涉及的功能已远远超过制造资源计划（MRPI）的范围。ERP 的功能除了包括 MRPⅡ（制造、供销、财务）外，还包括多工厂管理、质量管理、实验室管理、设备维修管理、仓库管理、运输管理、过程控制接口、数据采集接口、电子通信、电子邮件、法规与标准、项目管理、金融投资管理、市场信息管理等。它将重新定义各项业务及其相互关系，在管理和组织上采取更加灵活的方式，对供应链上供需关系的变动（包括法规、标准和技术发展造成的变动），同步、敏捷、实时地做出响应，在掌握准确、及时、完整信息的基础上，做出正确决策，能动地采取措施。

由此可以看出，ERP 是一整套企业资源管理系统，是整合了企业管理理念、业务流程、基础数据、人力物力、计算机硬件和软件于一体的企业资源管理系统。它是集销售、采购、制造、成本、财务、服务和质量等管理功能于一体，以市场需求为导向，以实现企业内外资源优化配置，消除生产经营中一切无效的劳动和资源，实现信息流、物流、资金流的集成与提高企业竞争力为目标，以计划与控制为主线，以网络和信息技术为平台，面向供应链管理的现代企业管理思想、方法和工具。ERP 是一种先进的企业管理模式，是提高企业经济效益的解决方案，其主要宗旨是对企业所拥有的人、财、物、信息、时间和空间等综合资源进行综合平衡和优化管理，协调企业各管理部门，围绕市场导向开展业务活动，提高企业的核心竞争力，从而取得最好的经济效益。

（二）ERP 的核心思想

ERP 的核心思想就是实现对整个供应链的有效管理，主要体现在整体管理、精益生产和敏捷制造以及事先计划与事中控制这三个方面。

1. 整体管理

在竞争日益激烈的市场上，一个企业要想在市场竞争处于不败之地，它不但要对自身的资源进行有效的整合，还必须把经营过程中涉及的有关各方，如供应商、制造工厂、分销网络、客户等纳入一个紧密的供应链中，这样才能有效地安排企业的产、供、销活动，满足企业利用全社会一切市场资源快速、高效地进行生产经营的需求，以期进一步提高效率和在市场上获得竞争优势。

2. 精益生产和敏捷制造

除了整体性思想外，ERP 还体现了精益生产、同步工程和敏捷制造的思想。精益生产是由美国麻省理工学院提出的一种企业经营战略体系，即企业按大批量生产方式组织生产时，把客户、销售代理商、供应商和协作单位纳入生产体系，企业同其销售代理、客户和供应商的关系已不再是简单的业务往来关系，而是利益共享的合作伙伴关系，这种合作伙伴关系组成了一个企业的供应链。敏捷制造的思想也被 ERP 思想所采纳，当市场发生变化，企业遇有特定的市场和产品需求时，企业的基本合作伙伴不一定能满足新产品开发生产的要求；这时，企业会组织一个由特定的供应商和销售渠道组成的短期或一次性供应链，形成"虚拟工厂"，把供应和协作单位看成是企业的一个组成部分，运用同步工程组织生产，用最短的时间将新产品打入市场，时刻保持产品的高质量、多样化和灵活性。

3. 事先计划与事中控制的思想

ERP 管理思想体现了事先计划和事中控制的思想。在事先计划方面，ERP 系统中拥有一个完整的计划体系，具体包括主生产计划、物料需求计划、能力计划、采购计划、销售执行计划、利润计划、财务预算和人力资源计划等。根据事先制订好的计划，企业的管理者和员工能有条不紊地开展各项业务。事中控制依赖于完善的 IT 技术，ERP 系统能实时监控企业内、外部各项业务开展的进程，并随时和所设定的目标进行比对、检查，发现问题后及时进行调整。例如，ERP 可监视资金流的情况，通过定义事务处理相关的会计核算科目与核算方式，可以在事务处理发生的同时自动生成会计核算分录，保证了资金流与物流的同步记录和数据的一致性，从而根据财务资金现状追溯资金的来龙去脉，并进一步追溯所发生的相关业务活动，改变资金信息滞后于物料信息的状况，便于实现事中控制和实时做出决策。

基于这些，ERP 能够做到：

（1）帮助企业实现体质创新。

新的管理机制必须能迅速提高工作效率，节约劳动成本。ERP 帮助企业实现体制创新的意义在于能够帮助企业建立一种新的管理体制，其特点在于能实现企业内部的相互监督和相互促进，并保证每个员工都自觉发挥最大的潜能去工作，使每个员工的报酬与他的劳动成果紧密相连，管理层也不会出现独裁现象。

ERP 作为一种先进的管理思想和手段，它所改变的不仅仅是某个人的行为或表层上的一个组织动作，而是从思想上去剔除管理者的旧观念，注入新观念。从这个意义上讲，不管是国外的 ERP 产品还是本土的 ERP 产品，关键看其管理思想是否新颖又实用，并且不脱离现实。必须指出的是，目前我国企业中的确存在捧着"金饭碗"要饭的情况，即企业花巨资购买并实施了 ERP 系统，但发挥不出该系统的作用，也就是说买而不用。这样，不要说实现企业体制管理创新，连企业基本的信息化也很难实现。

（2）"以人为本"的竞争机制。

许多企业都不约而同地提到了"以人为本"的管理思想。那么，什么叫"以人为本"？是不是企业以人为主导作用，就叫做"以人为本"？这种解释应该没有错误，但太笼统，会给企业员工造成模糊不清的认识。ERP 的管理思想认为，"以人为本"的前提是，必须在企业内部建立一种竞争机制，但仅靠员工的自觉性和职业道德是不够的。因此，应首先在企业内部建立一种竞争机制，在此基础上，给每一个员工制定一个工作评价标准，并以此作为对员工的奖励标准，使每个员工都必须达到这个标准，并不断超越这个标准，而且越超越好。随着标准不断提高，生产效率也必然跟着提高。这样"以人为本"的管理方法就不会成为空泛的教条。

(3) 把组织看作一个社会系统。

ERP 吸收了西方现代管理理论中社会系统学派创始人巴纳德的管理思想，他把组织看作一个社会系统，这个系统要求人们互相合作。在 ERP 的管理思想中，组织是一个协作的系统。ERP 结合通信技术和网络技术，在组织内部建立起上情下达、下情上传的有效信息交流沟通系统，这一系统能保证上级及时掌握情况，获得作为决策基础的准确信息，又能保证指令的顺利下达和执行。

这样一种信息交流系统的建立和维护，是一个组织存在与发展的首要条件，其后才谈得上组织的有效性和高效率。另外，在运用这一系统时，还应当注意信息交流系统的完整性。

(4) 以"供应链管理"为核心，ERP 基于 MRP Ⅱ，又超越了 MRP Ⅱ。

ERP 系统在 MRP Ⅱ 的基础上扩展了管理范围，它把客户需求和企业内部的制造活动以及供应商的制造资源整合在一起，形成一个完整的供应链，并对供应链上的所有环节进行有效管理，这样就形成了以供应链为核心的 ERP 管理系统。供应链跨越了部门与企业，形成了以产品或服务为核心的业务流程。以制造业为例，供应链上的主要活动者包括原材料供应商、产品制造商、分销商与零售商和最终用户。

以供应链为核心的 ERP 系统，适应了企业在知识经济时代、市场竞争激烈环境中生存与发展的需要，给企业带来了显著的利益。供应链从整个市场竞争与社会需求出发，实现了社会资源的重组与业务的重组，大大改善了社会经济活动中物流与信息流运转的效率和有效性，消除了中间冗余的环节，减少了浪费，避免了延误。

(5) 以"客户关系管理"为前台重要支撑。

在以客户为中心的市场经济时代，企业关注的焦点逐渐由关注产品转移到关注客户上来。由于需要将更多的注意力集中到客户身上，因此，关系营销、服务营销等理念层出不穷。与此同时，信息科技的长足发展从技术上为企业加强客户关系管理提供了强有力的支持。

ERP 系统在以供应链为核心的管理基础上，增加了客户关系管理，着重解决企业业务活动的自动化和流程改进，尤其是在销售、市场营销、客户服务和支持等与客户直接打交道的前台领域。客户关系管理能帮助企业最大限度地利用以客户为中心的资源（包括人力资源、有形和无形资产），并将这些资源集中应用于现有客户和潜在客户身上。其目标是通过缩短销售周期和降低销售成本，通过寻求扩展业务所需的新市场和新渠道，并通过改进客户价值、客户满意度、盈利能力以及客户的忠诚度等方面来改善企业的管理。

(6) 实现电子商务，全面整合企业内外资源。

随着网络技术的飞速发展和电子化企业管理思想的出现，ERP 也进行着不断的调整，以适应电子商务时代的来临。网络时代的 ERP 将使企业适应全球化竞争所带来的管理模式的变革，它采用最新的信息技术，呈现出数字化、网络化、集成化、智能化、柔性化、行业化和本地化的特点。电子商务时代的 ERP 主要围绕如何帮助企业实现管理模式的调整以及如何为企业提供电子商务解决方案来迎接数字化知识经济时代的到来。它支持敏捷化企业的组织形式（动态联盟）、企业管理方式（以团队为核心的扁平化组织结构方式）和工作方式（并行工程和协同工作），通过计算机网络将企业、用户、供应商及其他商贸活动涉及的职能机构集成起来，完成信息流、物流和价值流的有效转移与优化，其中包括企业内部运营的网络化、供应链管理、渠道管理和客户关系管理的网络化。

（三）ERP 的发展阶段

企业资源计划是管理信息系统在企业中的典型应用，也是一种全新的基于信息技术的企业管理模式，是企业信息化建设必走之路。企业资源计划的发展大致经历了四个阶段，即基本的 MRP 阶段、闭环 MRP 阶段、MRP Ⅱ 阶段和 ERP 阶段。

（1）基本的 MRP 阶段。这一阶段，从订货点法到 MRP，解决了控制库存问题。MRP 实现了物料信息的集成，使企业在计算机上完成了物料需求的计划，技术上解决了企业物料供需的矛盾，做到物料既不积压库存，又不出现短缺，满足了生产变化的需求。

（2）闭环 MRP 阶段。随着制造业不断扩大的需求，MRP 发展为有反馈功能的闭环 MRP，形成了封闭的计划与控制系统，成为管理生产过程中制订综合性物流计划的工具。

（3）MRP Ⅱ 阶段。这一阶段，企业的管理者们认识到制造业企业必须有一个集成的计划，以便于解决阻碍企业生产的各种问题。MRP Ⅱ 实现了物流和资金流的信息集成，把生产子系统的物流信息与财务子系统的资金流信息合二为一，集成为一个系统，并建立中央数据库，使企业的管理在统一的数据环境下进行，企业的实物账与现金账同步生成。MRP Ⅱ 成为整个企业的一种综合性的生产管理工具。

（4）ERP 阶段。随着科学技术的进步及其不断向生产与控制方面的渗透，解决合理库存与生产控制问题所需要处理的大量信息和企业资源管理的复杂化，要求信息处理的效率更高。信息的集成度要求扩大到企业整个资源的利用和管理，以此产生了新一代的管理理论和计算机信息系统，这就是 ERP。ERP 是在 MRP Ⅱ 的基础上发展起来的，是当前最先进的，也是最为科学的管理信息系统。它实现了企业内部资源和与企业相关的外部资源的信息集成。ERP 不仅仅扩充了企业的人力资源、产品研制、服务等信息，实现了企业内部全部信息的集成，并且走出封闭的"自我"，把管理信息系统拓展到企业的外部，实现了包括供应商和客户资源的信息集成；ERP 使管理信息系统已不再仅仅局限于制造业，而是走出 MRP Ⅱ 的制造业范围，走向包括金融、商业企业，甚至包括教育的诸多行业，走向产业化的全社会；ERP 更使管理信息系统不再局限于一个企业之内，而是走出国门，走向全球。ERP 展现出一个完全开放的信息集成的态势，它适应的是全球经济一体化的要求，将满足全球化市场变化的需求。ERP 解决了在经济全球化的环境下，提高企业竞争力的问题。

（四）ERP 的作用

ERP 作为面向企业的全面管理方案，可对企业运作的所有环节进行有效管理与控制。在决策、采购、库存、销售、生产、成本、设备、人力资源等方面都可以起到作用。

1. 在决策管理中的作用

ERP 系统可以为决策提供准确的信息，利用系统提供的分析和处理报告，企业领导能做出迅速、正确的决策。ERP 系统按照企业的具体作业流程，全面地、系统地、能动地和全过程地帮助决策层对企业经营、计划和作业进行及时控制。企业领导可以随时通过内部网络掌握企业的生产经营状况，对生产经营过程中发生的问题，随时采取及时有效的措施，企业领导还能随时获得企业的内部信息，随时掌握企业、部门和员工的工作状况和工作业绩。

2. 在采购管理中的作用

ERP 通过对企业所有的资源进行充分的利用、计划和调配，帮助企业制订长期采购计划，确定较为准确的预算资金，使企业较好地把握资金使用情况；帮助采购人员控制并完成采购物料从采购计划、采购申请、采购订单到货物接收，检验入库的全部过程；有效地把握采购计划的实施、采购成本的变动及供应商交货的情况，从而帮助采购人员选择最佳的供应商和采购策略，确保采购工作高质量、高效率及低成本地执行，使企业处于最佳的供货状态。

3. 在库存管理中的作用

ERP可以合理解决库存管理的问题，使库存的数量降到最低，压缩库存的周期，减少库存流动资金的占用和加速资金的有效运转速度。ERP系统使管理人员及时了解仓库中物料每日、每月、每年的收入、发出和结存情况，迅速掌握物料的总储量和库存状况，及时对库存物料进行盘点，了解库存物料需要重新检验的情况。ERP系统帮助企业的仓库管理人员对库存物品的入库、出库、移动、盘点、补充订货和生产补料等操作进行全面的控制和管理，以达到降低库存、减少资金占用、避免物料积压或短缺现象，保证生产经营活动顺利进行。

4. 在销售管理中的作用

ERP可以帮助企业销售人员完成客户档案管理、销售报价管理、销售订单管理、客户订金管理、客户信用检查、提货单及销售提货处理、销售发票及红字发票处理、客户退货及货款拒付处理等一系列销售管理事务；通过内部的信息共享，企业的领导和各相关部门能及时掌握与客户有关的销售合同内容，准确地做出生产计划及其他计划安排；通过统计可以知道产品的销售流向、产品销售收入的分布、产品获利情况、产品的地区消费情况。

5. 在生产管理中的作用

ERP可以帮助生产计划部门制订生产计划、实现生产计划的分解和合并，使生产计划能充分调动企业中的各种资源，以满足客户对产品的需要；能对生产计划中的生产能力进行合理测算和调度，准确把握原材料、零部件、在制品和半成品配套的情况，使资金占用情况得到有效控制；解决生产插单、生产撤单、生产终止等生产异常情况，使企业的经济影响和损失降至最小，使企业资源得到合理利用；均衡合理地安排生产计划，保证生产正常运行。

6. 在成本管理中的作用

ERP可以在企业生产经营活动中，有组织地、系统地运用预测、计划、控制、核算、分析和考核，对构成产品成本的各种因素及影响产品成本的各个经营环节实施管理，以达到降低成本、提高经济效益的目的。

7. 在设备管理中的作用

ERP系统通过对设备台账基本信息、设备运行情况、设备事故和故障情况、设备保养情况及设备移动情况等信息实现集中统一管理，向各级主管提供各种查询及统计分析报告，使他们随时了解有关设备的各种情况，及时采取措施；根据企业资源计划编制设备的维修保养计划，并根据这一计划确定某种设备何时保养和设备备件的库存数量；生产部门可以通过内部和外部的设备变动及使用状况及时地调整其生产计划，充分地利用企业资源，以满足客户对产品的需求。

8. 在人力资源管理中的作用

ERP能为企业编制人力资源计划，使企业在人力资源的利用上最大限度地满足发展需要；可以通过建立人力资源库，实现人才的自动推荐功能、人事变动进出统计管理功能、员工工作能力和工作业绩的统计功能、员工分类统计功能及学习和培训统计功能。

（五）ERP的基本构成

ERP理论与系统是从MRPⅡ发展而来的，它除继承了MRPⅡ的基本思想（制造、供销及财务)外,还大大地扩展了管理的模块,如多工厂管理、质量管理、设备管理、运输管理、分销资源管理、过程控制接口、数据采集接口、电子信息等模块。它融合了离散型生产和流程型生产的特点,扩大了管理的范围,使其更加灵活或"柔性"地开展业务活动,实时地响应市场需求。它还融合了多种现代管理思想,进一步提高了企业的管理水平和竞争力。因此 ERP 理论不是对 MRPⅡ的否认,而是继承与发展。

MRPⅡ的核心是物流,主线是计划,伴随着物流的过程同时存在资金流和信息流。ERP 的主线也是计划,但 ERP 已将管理的重心转移到财务上,在企业整个经营运作过程中贯穿了财务成本控制的概念。总之,ERP 极大地扩展了业务管理的范围及深度,包括质量、设备、分销、运输、多工厂管理、数据采集接口等。ERP 的管理范围涉及企业的所有供需过程,是对供应链的全面管理和企业运作的供需链结构的管理,如图 3-17 所示。

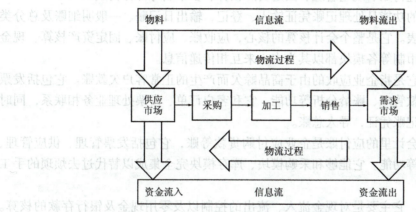

图 3-17 企业运作的供需链

一般 ERP 系统包含的模块有:
(1) 销售管理。
(2) 采购管理。
(3) 库存管理。
(4) 制造管理。
(5) 主生产计划。
(6) 物料需求计划。
(7) 能力需求计划。
(8) 车间管理。
(9) JIT(Just in time) 管理。
(10) 质量管理。
(11) 财务管理。
(12) 成本管理。
(13) 应收账管理。
(14) 应付账管理。
(15) 现金管理。
(16) 固定资产管理。
(17) 工资管理。

(18) 人力资源管理。
(19) 分销资源管理。
(20) 设备管理。
(21) 工作流程管理。
(22) 系统管理。

(六) ERP 的主要模块

1. 财务管理模块

(1) 会计核算。

会计核算主要是记录、核算、反映和分析资金在企业经济活动中的变动过程及其结果。它由总账、应收账、应付账、现金管理、固定资产核算、多币制等部分构成。

①总账模块。它的功能是处理记账凭证输入、登记，输出日记账、一般明细账及总分类账，编制主要会计报表。它是整个会计核算的核心，应收账、应付账、固定资产核算、现金管理、工资核算、多币制等各模块都以其为中心来互相传递信息。

②应收账模块。它是指企业应收的由于商品赊欠而产生的正常客户欠款账。它包括发票管理、客户管理、付款管理、账龄分析等功能。它和客户订单、发票处理业务相联系，同时将各项事件自动生成记账凭证，导入总账。

③应付账模块。会计里的应付账是企业应付购货款等账，它包括发票管理、供应管理、支票管理、账龄分析等功能。它能够和采购模块、库存模块完全集成以替代过去烦琐的手工操作。

④现金管理模块。它主要是对现金流入、流出的控制以及零用现金及银行存款的核算。它包括对硬币、纸币、支票、汇票和银行存款的管理。ERP 提供了票据维护、票据打印、付款维护、银行清单打印、付款查询、银行查询和支票查询等和现金有关的功能。此外，它还和应收账、应付账、总账等模块集成，自动产生凭证，导入总账。

⑤固定资产核算模块。它是指完成对固定资产的增减变动以及折旧有关资金计提和分配的核算工作。它能够帮助管理者对固定资产的现状有所了解，并能通过该模块提供的各种方法来管理资产，以及进行相应的会计处理。它的具体功能有：登录固定资产卡片和明细账，计算折旧，编制报表，以及自动编制转账凭证，并转入总账。它和应付账、成本、总账模块集成。

⑥多币制模块。这是为了适应当今企业的国际化经营，对外结算业务的要求增多而产生的。多币制将企业整个财务系统的各项功能以各种币制来表示和结算，使客户订单、库存管理及采购管理等也能使用多币制进行交易管理。多币制和应收账、应付账、总账、客户订单、采购等各模块都有接口，可自动生成所需数据。

⑦工资核算模块。它自动进行企业员工的工资结算、分配、核算以及各项相关经费的计提。它能够登录工资、打印工资清单及各类汇总报表，计算计提各项与工资有关的费用，自动做出凭证，导入总账。这一模块是和总账、成本模块集成的。

⑧成本模块。它将依据产品结构、工作中心、工序、采购等信息进行产品的各种成本的计算，以便进行成本分析和规划，还能用标准成本或平均成本法按地点维护成本。

(2) 财务管理。

财务管理的功能主要是基于会计核算的数据，再加以分析，从而进行相应的预测、管理和控制活动。它侧重于财务计划、分析和决策，具体如下：

①财务计划：根据前期财务分析做出下期的财务计划、预算等。

②财务分析：提供查询功能，通过用户定义的差异数据的图形显示进行财务绩效评估、账户分析等。

③财务决策：财务管理的核心部分，中心内容是做出有关资金的决策，包括资金筹集、投放及资金管理。

2. 生产控制管理模块

（1）主生产计划。

它是根据生产计划、预测和客户订单的输入来安排将来的各周期中提供的产品种类和数量，它将生产计划转为产品计划，在平衡了物料和能力的需要后，精确到时间、数量的详细的进度计划。它是企业在一段时期内的总活动的安排，是一个稳定的计划，是以生产计划、实际订单和对历史销售分析得来的预测产生的。

（2）物料需求计划。

在主生产计划决定生产多少最终产品后，再根据物料清单，把整个企业要生产的产品的数量转变为所需生产的零部件的数量，并对照现有的库存量，可得到还需加工多少、采购多少的最终数量。这才是整个部门真正依照的计划。

（3）能力需求计划。

它是在得出初步的物料需求计划，将所有工作中心的总工作负荷与工作中心的能力平衡后产生的详细工作计划，用以确定生成的物料需求计划是否是企业生产能力上可行的需求计划。能力需求计划是一种短期的、实际应用的计划。

（4）车间控制。

这是随时间变化的动态作业计划，是将作业分配到具体各个车间，再进行作业排序、作业管理和作业监控。

（5）制造标准。

在编制计划中需要许多生产基本信息，这些基本信息就是制造标准，包括零件、产品结构、工序和工作中心，都用唯一的代码在计算机中识别。

①零件代码：对物料资源的管理，对每种物料给予唯一的代码识别。

②物料清单：定义产品结构的技术文件，用来编制各种计划。

③工序：描述加工步骤及制造和装配产品的操作顺序。它包含加工工序顺序，指明各道工序的加工设备及所需要的额定工时和工资等级等。

④工作中心：使用相同或相似工序的设备和劳动力组成的，从事生产进度安排、核算能力、计算成本的基本单位。

3. 物流管理模块

（1）分销管理。

销售的管理是从产品的销售计划开始，对其销售产品、销售地区、销售客户各种信息的管理和统计，并可对销售数量、金额、利润、绩效、客户服务做出全面的分析，这样在分销管理模块中大致有三方面的功能，具体如下：

①对于客户信息的管理和服务。它能建立一个客户信息档案，对其进行分类管理，进而对其进行针对性的客户服务，以达到最高效率的保留老客户、争取新客户的目标。在这里，

要特别提到的就是，新出现的 CRM 软件，即客户关系管理，ERP 与它的结合必将大大增加企业的效益。

②对于销售订单的管理。销售订单是 ERP 的入口，所有的生产计划都是根据它下达并进行排产的，而销售订单的管理是贯穿了产品生产的整个流程。它包括：

- 客户信用审核及查询（用客户信用分级来审核订单交易）。
- 产品库存查询（决定是否要延期交货、分批发货或用代用品发货等）。
- 产品报价（为客户作不同产品的报价）。
- 订单输入、变更及跟踪（订单输入后，变更的修正及订单的跟踪分析）。
- 交货期的确认及交货处理（决定交货期和发货事宜安排）。

③对于销售的统计与分析。这时系统根据销售订单的完成情况，依据各种指标做出统计，如客户分类统计、销售代理分类统计等，再根据这些统计结果对企业实际销售效果进行评价，具体如下：

- 销售统计（根据销售形式、产品、代理商、地区、销售人员、金额、数量分别进行统计）。
- 销售分析（包括对比目标、同期比较和订货发货分析，从数量、金额、利润及绩效等方面作相应的分析）。
- 客户服务（客户投诉记录、原因分析）。

（2）库存控制。

它用来控制存储物料的数量，以保证稳定的物流支持正常的生产，但又最小限度地占用资本。它是一种相关的、动态的及真实的库存控制系统。它能够结合、满足相关部门的需求，随时间变化动态地调整库存，精确地反映库存现状。这一系统的功能又涉及：

①为所有的物料建立库存，决定何时订货采购，同时作为交给采购部门采购、生产部门作生产计划的依据。

②收到订购物料，经过质量检验入库，生产的产品也同样要经过检验入库。

③收发料的日常业务处理工作。

（3）采购管理。

确定合理的定货量、优秀的供应商和保持最佳的安全储备，能够随时提供采购、验收的信息，跟踪和催促购买或委托加工的物料，保证货物及时到达，建立供应商的档案，用最新的成本信息来调整库存的成本。具体有：

①供应商信息查询（查询供应商的能力、信誉等）。

②催货（对外购或委托加工的物料进行跟踪和催促）。

③采购与委外加工统计（统计、建立档案、计算成本）。

④价格分析（对原料价格分析、调整库存成本）。

4. 人力资源管理模块

（1）人力资源规划的辅助决策。

①对于企业人员、组织结构编制的多种方案，进行模拟比较和运行分析，并辅之以图形的直观评估，辅助管理者做出最终决策。

②制定职务模型，包括职位要求、升迁路径和培训计划，根据担任该职位员工的资格和条件，系统会提出针对员工的一系列培训建议，一旦机构改组或职位变动，系统会提出一系

列的职位变动或升迁建议。

③进行人员成本分析，可以对过去、现在、将来的人员成本做出分析及预测，并通过ERP集成环境，为企业成本分析提供依据。

（2）招聘管理。

人才是企业最重要的资源，优秀的人才才能保证企业持久的竞争力。招聘系统一般从以下几个方面提供支持：

①进行招聘过程的管理，优化招聘过程，减少业务工作量。

②对招聘的成本进行科学管理，从而降低招聘成本。

③为选择聘用人员的岗位提供辅助信息，并有效地帮助企业进行人才资源的挖掘。

（3）工资核算。

①能根据公司跨地区、跨部门、跨工种的不同薪资结构及处理流程制定与之相适应的薪资核算方法。

②与时间管理直接集成，能够及时更新，对员工的薪资核算动态化。

③回算功能。通过和其他模块的集成，自动根据要求调整薪资结构及数据。

（4）工时管理。

①根据日历，安排企业的运作时间以及劳动力的作息时间表。

②运用远端考勤系统，可以将员工的实际出勤状况记录到主系统中，并把与员工薪资、奖金有关的时间数据导入薪资系统和成本核算中。

（5）差旅核算。

系统能够自动控制从差旅申请、差旅批准到差旅报销整个流程，并且通过集成环境将核算数据导进财务成本核算模块中去。

【课后作业】完成《实训报告八　企业经典管理理论》

附录 1

实训报告

实训报告一　调研电子商务发展现状

一、实训目的

了解电子商务发展现状。

二、实训步骤

通过登录中华人民共和国商务部、省商务厅、CNKI 中国知网、Cnnic 中国互联网络信息中心、艾瑞网等网站，查阅相关官方文件、论文资料、电子商务报告等，收集全国各地区电子商务发展信息，形成电子商务发展报告。

报告需要包含，但不限于如下内容：
(1) 全球或全国的宏观发展情况。
(2) 本地本地区的区域发展现状。
(3) 某行业的电子商务发展情况。
(4) 思考自身的应对。
(5) 参考文献来源。

注意：通过数据、图表等多种方式体现所要阐述的内容。

三、实训分析与讨论

在收集资料的基础上，分组讨论。

实训报告二　模拟创业组队

一、实训目的

组成团队，形成合作意识，培养协作精神，提升沟通技巧。

二、实训步骤

(1) 2~4 个同学，形成 1 个学生团队。

(2) 团队内部讨论，推举出团队负责人，即店长，并发表就职演说。
(3) 讨论各自分工，明晰岗位职责。

三、实训分析与讨论

分组讨论，界定各自岗位工作内容，并提交团队情况表。

表 1-1 团队情况表

团队名称		
沙盘组别		
岗位	姓名	工作内容
店长		
推广专员		
运营主管		
财务主管		

实训报告三 沙盘基本操作

一、实训目的

通过第 1 次的为期 1 轮操作，掌握 ITMC 电子商务沙盘的基本操作，并了解常见的电子商务企业各岗位的工作内容。

二、实训步骤

第 1 轮第 1 期
计划

表 1-1 企业规划

本轮经营目标		
经营策略	市场分析	
	商品选择	
	营销推广	

做

表 1-2 经营活动记录

序号	经营项目	活动记录
1	数据魔方	

续表

序号	经营项目	活动记录
2	办公场所设立	
3	配送中心设立	
4	店铺开设	
5	网店装修	
6	采购投标	
7	商品入库	
8	商品发布	
9	SEO 优化	
10	SEM 推广	
11	SEM 管理	
12	团购	
13	秒杀	
14	套餐	
15	促销	
16	站外推广	
17	订单分发	
18	物流选择	
19	货物出库	
20	货物签收	
21	应收/应付账款	
22	短贷/民间融资	
23	支付工资	
24	支付相关费用	
25	关账	

表 1-3 各产品市场占有率前 3 分析

目标人群		市场占有率									
		A1	A2	A3	A4	A5	A6	A7	A8	A9	A10
综合人群	油烟机										
	桌子										
	裤子										
	项链										

续表

目标人群		市场占有率									
		A1	A2	A3	A4	A5	A6	A7	A8	A9	A10
低价人群	油烟机										
	桌子										
	裤子										
	项链										
犹豫不定人群	油烟机										
	桌子										
	裤子										
	项链										
总计											

表1-4 库存管理

商品	期初库存	新入库	发货	期末库存	未交货	差额
油烟机						
桌子						
裤子						
项链						
检查						

表1-5 主要操作失误

序号	失误操作	影响分析	调整措施
1			
2			
3			

第1轮第2期 做

表1-6 经营活动记录

序号	经营项目	活动记录
1	数据魔方	
2	办公场所设立	
3	配送中心设立	

续表

序号	经营项目	活动记录
4	店铺开设	
5	网店装修	
6	采购投标	
7	商品入库	
8	商品发布	
9	SEO 优化	
10	SEM 推广	
11	SEM 管理	
12	团购	
13	秒杀	
14	套餐	
15	促销	
16	站外推广	
17	订单分发	
18	物流选择	
19	货物出库	
20	货物签收	
21	应收/应付账款	
22	短贷/民间融资	
23	支付工资	
24	支付相关费用	
25	交税	
26	长贷/还本付息	
27	关账	

表1-7 各产品市场占有率前3分析

目标人群		市场占有率									
		A1	A2	A3	A4	A5	A6	A7	A8	A9	A10
综合人群	油烟机										
	桌子										
	裤子										
	项链										
	床										

续表

目标人群		市场占有率									
		A1	A2	A3	A4	A5	A6	A7	A8	A9	A10
低价人群	油烟机										
	桌子										
	裤子										
	项链										
	床										
犹豫不定人群	油烟机										
	桌子										
	裤子										
	项链										
	床										
总计											

表1-8 库存管理

商品	期初库存	新入库	发货	期末库存	未交货	差额
油烟机						
桌子						
裤子						
项链						
床						

表1-9 排行榜

项目	小组									
	A1	A2	A3	A4	A5	A6	A7	A8	A9	A10
净利润										
总资产										
慈善										

表1-10 利润简表

项目	表达式	上轮值	当轮值
净利润	=	0	

得分

表 1-11 资产负债简表

资产				负债及所有者权益			
项目	表达式	上轮值	当轮值	项目	表达式	上轮值	当轮值
资产总计	=	0		负债和所有者权益总计	=	0	

检查

经过本轮运营,企业是否破产?如果破产,在哪个阶段,主要是什么原因?

行动

下一次操作中需要注意哪些?

三、实训分析与讨论

分析讨论操作步骤及对应工作岗位。

实训报告四　持续经营和筹资

一、实训目的

通过第 2 次的为期 2 轮的 ITMC 沙盘模拟对抗,理解亏损、破产与筹资等概念,提升在沙盘模拟对抗中企业的持续经营能力。

二、实训步骤

第 1 轮第 1 期

计划

表 1-1 企业规划

本轮经营目标		
经营策略	市场分析	
	商品选择	
	营销推广	

表 1-2 资金预算表

序号	经营项目	现金流影响
1	办公场所设立	
2	配送中心设立	
3	店铺开设	
4	网店装修	

续表

序号	经营项目	现金流影响
5	采购投标	
6	SEM推广	
7	站外推广	
8	货物出库	
9	应收/应付账款	
10	短贷/还本付息	
11	支付工资	
12	支付相关费用	
13	慈善	
14	交税	
15	长贷/还本付息	
16	资金需求合计	
17	现有资金	
18	资金借贷合计	

做

表1-3 各产品市场占有率前3分析

目标人群		市场占有率									
		A1	A2	A3	A4	A5	A6	A7	A8	A9	A10
综合人群	油烟机										
	桌子										
	裤子										
	项链										
低价人群	油烟机										
	桌子										
	裤子										
	项链										
犹豫不定人群	油烟机										
	桌子										
	裤子										
	项链										
总计											

表 1-4　库存管理

商品	期初库存	新入库	发货	期末库存	未交货	差额
油烟机						
桌子						
裤子						
项链						

第 1 轮第 2 期计划

表 1-5　资金预算表

序号	经营项目	现金流影响
1	办公场所设立	
2	配送中心设立	
3	店铺开设	
4	网店装修	
5	采购投标	
6	SEM 推广	
7	站外推广	
8	货物出库	
9	货物签收	
10	应收/应付账款	
11	短贷/还本付息	
12	支付工资	
13	支付相关费用	
14	慈善	
15	交税	
16	长贷/还本付息	
17	资金需求合计	
18	现有资金	
19	资金借贷合计	

做

表 1-6　各产品市场占有率前 3 分析

目标人群		市场占有率									
		A1	A2	A3	A4	A5	A6	A7	A8	A9	A10
综合人群	油烟机										
	桌子										
	裤子										
	项链										
	床										
低价人群	油烟机										
	桌子										
	裤子										
	项链										
	床										
犹豫不定人群	油烟机										
	桌子										
	裤子										
	项链										
	床										
总计											

表 1-7　库存管理

商品	期初库存	新入库	发货	期末库存	未交货	差额
油烟机						
桌子						
裤子						
项链						
床						

表 1-8　排行榜

项目	小组									
	A1	A2	A3	A4	A5	A6	A7	A8	A9	A10
净利润										
总资产										
慈善										

表1-9 利润简表

项目	表达式	上轮值	当轮值
利润总额	=		
减：所得税费用	-		
净利润	=		

得分

表1-10 资产负债简表

资产				负债及所有者权益			
项目	表达式	上轮值	当轮值	项目	表达式	上轮值	当轮值
流动资产：				流动负债			
货币资金	+			短期借款	+		
非流动资产合计	=			所有者权益合计	=		
资产总计	=			负债和所有者权益总计	=		

检查与行动

表1-11 主要操作失误

序号	失误操作	影响分析	调整措施
1			
2			
3			

第2轮第1期
计划

表2-1 企业规划

本轮经营目标		
经营策略	市场分析	
	商品选择	
	营销推广	

表2-2 资金预算表

序号	经营项目	现金流影响
1		
2		

续表

序号	经营项目	现金流影响
3		
4		
5		
6		
7		
8		
9		
10		
11		
12		
13		
14	交税	
15	长贷/还本付息	
16	资金需求合计	
17	现有资金	
18	资金借贷合计	

注：根据企业战略，填写自己运营所需支出的相关活动，计算出资金缺口，并根据运营需要，选择相应的筹资渠道。

做

表 2–3　各产品市场占有率前 3 分析

目标人群		市场占有率									
		A1	A2	A3	A4	A5	A6	A7	A8	A9	A10
综合人群	油烟机										
	桌子										
	裤子										
	项链										
	床										
	平板电视										
低价人群	油烟机										
	桌子										
	裤子										
	项链										

续表

目标人群		市场占有率									
		A1	A2	A3	A4	A5	A6	A7	A8	A9	A10
低价人群	床										
	平板电视										
犹豫不定人群	油烟机										
	桌子										
	裤子										
	项链										
	床										
	平板电视										
总计											

表2-4 库存管理

商品	期初库存	新入库	发货	期末库存	未交货	差额
油烟机						
桌子						
裤子						
项链						
床						
平板电视						

第2轮第2期计划

表2-5 资金预算表

序号	经营项目	现金流影响
1		
2	资金需求合计	
3	现有资金	
4	资金借贷合计	

注：根据企业战略，自行计算所要借贷的资金，列出计算式。

做

表2-6 各产品市场占有率前3分析

目标人群		市场占有率									
		A1	A2	A3	A4	A5	A6	A7	A8	A9	A10
综合人群	油烟机										
	桌子										
	裤子										
	项链										
	床										
	平板电视										
	西装										
低价人群	油烟机										
	桌子										
	裤子										
	项链										
	床										
	平板电视										
	西装										
犹豫不定人群	油烟机										
	桌子										
	裤子										
	项链										
	床										
	平板电视										
	西装										
总计											

表2-7 库存管理

商品	期初库存	新入库	发货	期末库存	未交货	差额
油烟机						
桌子						
裤子						
项链						
床						
平板电视						
西装						

表 2-8 排行榜

项目	小组									
	A1	A2	A3	A4	A5	A6	A7	A8	A9	A10
净利润										
总资产										
慈善										

表 2-9 利润简表

项目	表达式	上轮值	当轮值
利润总额	=		
减：所得税费用	-		
净利润	=		

得分

表 2-10 资产负债简表

资产				负债及所有者权益			
项目	表达式	上轮值	当轮值	项目	表达式	上轮值	当轮值
流动资产：				流动负债			
货币资金	+			短期借款	+		
非流动资产合计	=			所有者权益合计	=		
资产总计	=			负债和所有者权益总计	=		

检查与行动

表 2-11 主要操作失误

序号	失误操作	影响分析	调整措施
1			
2			
3			

三、实训分析与讨论

1. 简述亏损和破产的区别。
2. 沙盘中筹资的主要方式及各自的费用率有哪些？怎样的筹资顺序最优，为什么？
3. 从生活中或上市公司中找出破产或亏损的案例，进行简要分析。（不超过500字）

实训报告五 电子商务销售

一、实训目的

通过第 3 次的为期 3 轮的 ITMC 沙盘模拟对抗,理解电子商务销售,提升在沙盘模拟对抗中互联网推广销售的能力。

二、实训步骤

第 1 轮第 1 期
计划

表 1–1 企业规划

本轮经营目标		
经营策略	市场分析	
	商品选择	
	营销推广	

表 1–2 数据魔方市场需求分析

商品	需求城市	市场价格	品牌人群	综合人群	低价人群	犹豫不定人群
油烟机	沈阳					
	北京					
桌子	沈阳					
	北京					
裤子	沈阳					
	北京					
项链	沈阳					
	北京					

表 1–3 资金预算简表

序号	经营项目	现金流影响
1		
2	资金借贷合计	

注:根据企业战略,自行计算所要借贷的资金,列出计算式。

做

表 1-4 SEO 关键词

商品	定价	SEO 关键词	引流	成交额
油烟机				
桌子				
裤子				
项链				

表 1-5 各产品市场占有率前 3 分析

目标人群		市场占有率									
		A1	A2	A3	A4	A5	A6	A7	A8	A9	A10
综合人群	油烟机										
	桌子										
	裤子										
	项链										
低价人群	油烟机										
	桌子										
	裤子										
	项链										
犹豫不定人群	油烟机										
	桌子										
	裤子										
	项链										
总计											

表 1-6 主要竞争对手网店分析

商品	对手	市场占有率	单价	数量	关键词	促销情况
油烟机						
桌子						
裤子						

续表

商品	对手	市场占有率	单价	数量	关键词	促销情况
项链						

结论、对策

表1-7 库存管理

商品	期初库存	新入库	发货	期末库存	未交货	差额
油烟机						
桌子						
裤子						
项链						

表1-8 企业信息

企业信誉度		班级企业信誉度	
店铺总人气		班级店铺总人气	
总媒体影响力		班级总媒体影响力	
社会慈善		班级社会慈善	
店铺视觉值		班级店铺视觉值	
B2C模式		办公场所驻地影响	
员工经验值		员工业务能力	

第1轮第2期
计划

表1-9 数据魔方市场需求分析

商品	需求城市	市场价格	品牌人群	综合人群	低价人群	犹豫不定人群
油烟机	沈阳					
	北京					
桌子	沈阳					
	北京					
裤子	沈阳					
	北京					
项链	沈阳					
	北京					

表 1-10　资金预算简表

序号	经营项目	现金流影响
1		
2	资金借贷合计	

注：根据企业战略，自行计算所要借贷的资金，列出计算式。

做

表 1-11　SEO 关键词

商品	定价	SEO 关键词	引流	成交额
油烟机				
桌子				
裤子				
项链				
床				

表 1-12　各产品市场占有率前 3 分析

目标人群		市场占有率									
		A1	A2	A3	A4	A5	A6	A7	A8	A9	A10
综合人群	油烟机										
	桌子										
	裤子										
	项链										
	床										
低价人群	油烟机										
	桌子										
	裤子										
	项链										
	床										
犹豫不定人群	油烟机										
	桌子										
	裤子										
	项链										
	床										
总计											

表1-13　主要竞争对手网店分析

商品	对手	市场占有率	单价	数量	关键词	促销情况
油烟机						
桌子						
裤子						
项链						
床						
结论、对策						

表1-14　库存管理

商品	期初库存	新入库	发货	期末库存	未交货	差额
油烟机						
桌子						
裤子						
项链						
床						

表1-15　企业信息

企业信誉度		班级企业信誉度	
店铺总人气		班级店铺总人气	
总媒体影响力		班级总媒体影响力	
社会慈善		班级社会慈善	
店铺视觉值		班级店铺视觉值	
B2C模式		办公场所驻地影响	
员工经验值		员工业务能力	

表 1-16 排行榜

项目	小组									
	A1	A2	A3	A4	A5	A6	A7	A8	A9	A10
净利润										
总资产										
慈善										

表 1-17 利润简表

项目	表达式	上轮值	当轮值
利润总额	=	0	
减：所得税费用	−	0	
净利润	=	0	

得分

表 1-18 资产负债简表

资产				负债及所有者权益			
项目	表达式	上轮值	当轮值	项目	表达式	上轮值	当轮值
流动资产				流动负债			
货币资金	+	0		短期借款	+	0	
非流动资产合计	=	0		所有者权益合计	=	0	
资产总计	=	0		负债和所有者权益总计	=	0	

检查与行动

表 1-19 主要操作失误

序号	失误操作	影响分析	调整措施
1			
2			
3			

第 2 轮第 1 期
计划

表 2-1 企业规划

	本轮经营目标	
经营策略	市场分析	
	商品选择	
	营销推广	

表 2-2 数据魔方市场需求分析简表

商品	需求城市	市场价格	品牌人群	综合人群	低价人群	犹豫不定人群
油烟机						
桌子						
裤子						
项链						
床						
平板电视						

注：根据企业战略，自行填写所需分析的数据。

表 2-3 资金预算简表

序号	经营项目	现金流影响
1		
2	资金借贷合计	

注：根据企业战略，自行计算所要借贷的资金，列出计算式。

做

表 2-4 SEO 关键词

商品	定价	SEO 关键词	引流	成交额
油烟机				
桌子				
裤子				
项链				
床				
平板电视				

表 2-5 各产品市场占有率前 3 分析

目标人群		市场占有率									
		A1	A2	A3	A4	A5	A6	A7	A8	A9	A10
综合人群	油烟机										
	桌子										
	裤子										
	项链										
	床										
	平板电视										

续表

目标人群		市场占有率									
		A1	A2	A3	A4	A5	A6	A7	A8	A9	A10
低价人群	油烟机										
	桌子										
	裤子										
	项链										
	床										
	平板电视										
犹豫不定人群	油烟机										
	桌子										
	裤子										
	项链										
	床										
	平板电视										
总计											

表2-6 主要竞争对手网店分析

商品	对手	市场占有率	单价	数量	关键词	促销情况

注：根据企业战略，自行填写要关注的商品、对手及相关信息。

结论、对策

表 2-7 库存管理

商品	期初库存	新入库	发货	期末库存	未交货	差额
油烟机						
桌子						
裤子						
项链						

表 2-8 企业信息

企业信誉度		班级企业信誉度	
店铺总人气		班级店铺总人气	
总媒体影响力		班级总媒体影响力	
社会慈善		班级社会慈善	
店铺视觉值		班级店铺视觉值	
B2C 模式		办公场所驻地影响	
员工经验值		员工业务能力	

第 2 轮第 2 期
计划

表 2-9 数据魔方市场需求分析简表

商品	需求城市	市场价格	品牌人群	综合人群	低价人群	犹豫不定人群
油烟机						
桌子						
裤子						
项链						
床						
平板电视						
西装						

注：请根据企业战略，自行填写所需分析的数据。

表 2-10 资金预算简表

序号	经营项目	现金流影响
1		
2	资金借贷合计	

注：根据企业战略，自行计算所要借贷的资金，列出计算式。

做

表 2-11 SEO 关键词

商品	定价	SEO 关键词	引流	成交额
油烟机				
桌子				
裤子				
项链				
床				
平板电视				
西装				

表 2-12 各产品市场占有率前 3 分析

目标人群	市场占有率									
	A1	A2	A3	A4	A5	A6	A7	A8	A9	A10
综合人群										
低价人群										
犹豫不定人群										
总计										

注：根据企业战略，自行选择所要关注的对手、相关市场、商品等信息。

表 2-13 主要竞争对手网店分析

商品	对手	市场占有率	单价	数量	关键词	促销情况

注：根据企业战略，自行填写要关注的商品、对手及相关信息。

结论、对策

表 2-14 库存管理

商品	期初库存	新入库	发货	期末库存	未交货	差额
油烟机						
桌子						
裤子						
项链						
床						
平板电视						
西装						

表 2-15 企业信息

企业信誉度		班级企业信誉度	
店铺总人气		班级店铺总人气	
总媒体影响力		班级总媒体影响力	
社会慈善		班级社会慈善	

续表

店铺视觉值		班级店铺视觉值	
B2C 模式		办公场所驻地影响	
员工经验值		员工业务能力	

表 2-16　排行榜

项目	小组									
	A1	A2	A3	A4	A5	A6	A7	A8	A9	A10
净利润										
总资产										
慈善										

表 2-17　利润简表

项目	表达式	上轮值	当轮值
利润总额	=		
减：所得税费用	-		
净利润	=		

得分

表 2-18　资产负债简表

资产				负债及所有者权益			
项目	表达式	上轮值	当轮值	项目	表达式	上轮值	当轮值
流动资产				流动负债			
货币资金	+			短期借款	+		
非流动资产合计	=			所有者权益合计	=		
资产总计	=			负债和所有者权益总计	=		

检查与行动

表 2-19　主要操作失误

序号	失误操作	影响分析	调整措施
1			
2			
3			

第 3 轮第 1 期

计划

表 3-1 企业规划

本轮经营目标		
经营策略	市场分析	
	商品选择	
	营销推广	

表 3-2 数据魔方市场需求分析

商品	需求城市	市场价格	品牌人群	综合人群	低价人群	犹豫不定人群

注：根据企业战略，自行填写所需分析的数据。

表 3-3 资金预算简表

序号	经营项目	现金流影响
1		
2	资金借贷合计	

注：根据企业战略，自行计算所要借贷的资金，列出计算式。

做

表 3-4 SEO 关键词

商品	定价	SEO 关键词	引流	成交额

表3-5 各产品市场占有率前3分析

目标人群		市场占有率									
		A1	A2	A3	A4	A5	A6	A7	A8	A9	A10
综合人群											
低价人群											
犹豫不定人群											
总计											

注：根据企业战略，自行选择所要关注的对手、相关市场、商品等信息。

表3-6 主要竞争对手网店分析

商品	对手	市场占有率	单价	数量	关键词	促销情况

续表

商品	对手	市场占有率	单价	数量	关键词	促销情况

注：根据企业战略，自行填写要关注的商品、对手及相关信息。

结论、对策

表 3-7　库存管理

商品	期初库存	新入库	发货	期末库存	未交货	差额

注：根据企业战略，自行填写相关数据。

表 3-8　企业信息

企业信誉度		班级企业信誉度	
店铺总人气		班级店铺总人气	
总媒体影响力		班级总媒体影响力	
社会慈善		班级社会慈善	
店铺视觉值		班级店铺视觉值	
B2C 模式		办公场所驻地影响	
员工经验值		员工业务能力	

第 3 轮第 2 期
计划

表 3-9　数据魔方市场需求分析

商品	需求城市	市场价格	品牌人群	综合人群	低价人群	犹豫不定人群

续表

商品	需求城市	市场价格	品牌人群	综合人群	低价人群	犹豫不定人群

注：请根据企业战略，自行填写所需分析的数据。

表 3－10　资金预算简表

序号	经营项目	现金流影响
1		
2	资金借贷合计	

注：根据企业战略，自行计算所要借贷的资金，列出计算式。

做

表 3－11　SEO 关键词

商品	定价	SEO 关键词	引流	成交额

注：根据企业战略，自行填写所需分析的数据。

表 3－12　站外推广及中标情况

商品	媒体	定价	中标方	媒体	定价

注：根据企业战略，自行填写所需分析的数据。

表 3-13　各产品市场占有率前 3 分析

目标人群		市场占有率									
		A1	A2	A3	A4	A5	A6	A7	A8	A9	A10
综合人群											
低价人群											
犹豫不定人群											
品牌人群											
	总计										

注：根据企业战略，自行选择所要关注的对手、相关市场、商品等信息。

表 3-14　主要竞争对手网店分析

商品	对手	市场占有率	单价	数量	关键词	促销情况

续表

商品	对手	市场占有率	单价	数量	关键词	促销情况

注：根据企业战略，自行填写要关注的商品、对手及相关信息。

结论、对策

表 3-15　库存管理

商品	期初库存	新入库	发货	期末库存	未交货	差额
油烟机						
桌子						
裤子						
项链						
床						

表 3-16　企业信息

企业信誉度		班级企业信誉度	
店铺总人气		班级店铺总人气	
总媒体影响力		班级总媒体影响力	
社会慈善		班级社会慈善	
店铺视觉值		班级店铺视觉值	
B2C 模式		办公场所驻地影响	
员工经验值		员工业务能力	

表 3-17　排行榜

项目	小组									
	A1	A2	A3	A4	A5	A6	A7	A8	A9	A10
净利润										
总资产										
慈善										

表 3-18　利润简表

项目	表达式	上轮值	当轮值
利润总额	=		
减：所得税费用	-		
净利润	=		

得分

表 3-19　资产负债简表

资产				负债及所有者权益			
项目	表达式	上轮值	当轮值	项目	表达式	上轮值	当轮值
流动资产				流动负债			
货币资金	+			短期借款	+		
非流动资产合计	=			所有者权益合计	=		
资产总计	=			负债和所有者权益总计	=		

检查与行动

表 3-20　主要操作失误

序号	失误操作	影响分析	调整措施
1			
2			
3			

三、实训分析与讨论

1. 什么叫做 SEO？什么叫做 SEM？
2. 市场营销 4P 策略指的是什么？
3. 绘制商品生命周期表。

表 3-21　商品生命周期表

商品	1-1	1-2	2-1	2-2	3-1	3-2	4-1	4-2	5-1	5-2
油烟机										
桌子										
裤子										
项链										
床										

续表

商品	1-1	1-2	2-1	2-2	3-1	3-2	4-1	4-2	5-1	5-2
平板电视										
西装										
手链										
柜子										
热水器										
连衣裙										
戒指										
空调										

4. 第1轮第1期期初的时候，综合评价指数的影响因素有哪些？
5. 套餐内的价格如何设定？与单个商品相比，对利润有怎样的影响？
6. 结合实训，探讨如何应用4P策略实现电子商务营销。

实训报告六　估算和控制成本

一、实训目的

通过第4次的为期4轮的ITMC沙盘模拟对抗，理解企业成本控制，进一步提升在沙盘模拟对抗中企业的竞争力。

二、实训步骤

第1轮第1期
计划

表1-1　企业规划

本轮经营目标		
经营策略	市场分析	
	商品选择	
	营销推广	

表1-2　数据魔方市场需求分析

商品	需求城市	市场价格	品牌人群	综合人群	低价人群	犹豫不定人群

续表

商品	需求城市	市场价格	品牌人群	综合人群	低价人群	犹豫不定人群

注：请根据企业战略，自行填写所需分析的数据。

表1-3　资金预算简表

序号	经营项目	现金流影响
1		
2	资金借贷合计	

注：根据企业战略，自行计算所要借贷的资金，列出计算式。

表1-4　采购计划

商品	采购单价	采购数量	预计资金	单位体积	预计体积
合计					

注：根据企业战略，自行计算所需分析的数据。

做

表1-5　各产品市场占有率前3分析

目标人群		市场占有率									
		A1	A2	A3	A4	A5	A6	A7	A8	A9	A10
综合人群											

续表

目标人群		市场占有率									
		A1	A2	A3	A4	A5	A6	A7	A8	A9	A10
低价人群											
犹豫不定人群											
总计											

注：根据企业战略，自行选择所要关注的对手、相关市场、商品等信息。

表1-6 主要竞争对手网店分析

商品	对手	市场占有率	单价	数量	关键词	促销情况

注：根据企业战略，自行填写要关注的商品、对手及相关信息。

结论、对策

表 1-7　库存管理

商品	期初库存	新入库	发货	期末库存	未交货	差额

第 1 轮第 2 期
计划

表 1-8　数据魔方市场需求分析

商品	需求城市	市场价格	品牌人群	综合人群	低价人群	犹豫不定人群

注：请根据企业战略，自行填写所需分析的数据。

表 1-9　资金预算简表

序号	经营项目	现金流影响
1		
2	资金借贷合计	

注：根据企业战略，自行计算所要借贷的资金，列出计算式。

表 1-10　采购计划

商品	采购单价	采购数量	预计资金	单位体积	预计体积
合计					

注：根据企业战略，自行计算所需分析的数据。

做

表 1-11 各产品市场占有率前 3 分析

目标人群		市场占有率									
		A1	A2	A3	A4	A5	A6	A7	A8	A9	A10
综合人群											
低价人群											
犹豫不定人群											
总计											

注:根据企业战略,自行选择所要关注的对手、相关市场、商品等信息。

表 1-12 主要竞争对手网店分析

商品	对手	市场占有率	单价	数量	关键词	促销情况

续表

商品	对手	市场占有率	单价	数量	关键词	促销情况

注：根据企业战略，自行填写要关注的商品、对手及相关信息。

结论、对策

表1-13 库存管理

商品	期初库存	新入库	发货	期末库存	未交货	差额

表1-14 排行榜

项目	小组									
	A1	A2	A3	A4	A5	A6	A7	A8	A9	A10
净利润										
总资产										
慈善										

表1-15 利润简表

项目	表达式	上轮值	当轮值
利润总额	=	0	
减：所得税费用	−	0	
净利润	=	0	

得分

表1–16 资产负债简表

资产				负债及所有者权益			
项目	表达式	上轮值	当轮值	项目	表达式	上轮值	当轮值
流动资产				流动负债			
货币资金	+	0		短期借款	+	0	
非流动资产合计	=	0		所有者权益合计	=	0	
资产总计	=	0		负债和所有者权益总计	=	0	

检查与行动

表1–17 主要操作失误

序号	失误操作	影响分析	调整措施
1			
2			
3			

第2轮—第4轮，所使用表格与第1轮类似，故不再重复列出。可根据本实训第1轮的简表，自行设计表格，记录沙盘模拟过程的信息。

三、实训分析与讨论

1. 以 ITMC 沙盘为例，简述有哪些成本、费用支出。
2. 结合实训，根据商品采购总成本、各费用估算出商品综合成本率。
3. 通过哪些方法可以降低成本支出，而又不影响或较少影响经营成效？

实训报告七　识读沙盘财务报表

一、实训目的

通过第5次的完整的5轮的 ITMC 沙盘模拟对抗，能够初步识读企业财务报表，进行一定的评估和预测，进一步提升沙盘模拟对抗能力。

二、实训步骤

第1轮第1期
计划

表1-1 企业规划

本轮经营目标		
经营策略	市场分析	
	商品选择	
	营销推广	

表1-2 数据魔方市场需求分析

商品	需求城市	市场价格	品牌人群	综合人群	低价人群	犹豫不定人群

注:请根据企业战略,自行填写所需分析的数据。

表1-3 资金预算简表

序号	经营项目	现金流影响
1		
2	资金借贷合计	

注:根据企业战略,自行计算所要借贷的资金,列出计算式。

表1-4 采购计划

商品	采购单价	采购数量	预计资金	单位体积	预计体积
合计					

注:根据企业战略,自行计算所需分析的数据。

做

表1-5 各产品市场占有率前3分析

目标人群		市场占有率									
		A1	A2	A3	A4	A5	A6	A7	A8	A9	A10
综合人群												
低价人群												
犹豫不定人群												
总计												

注:根据企业战略,自行选择所要关注的对手、相关市场、商品等信息。

表1-6 主要竞争对手网店分析

商品	对手	市场占有率	单价	数量	关键词	促销情况

商品	对手	市场占有率	单价	数量	关键词	促销情况

注：根据企业战略，自行填写要关注的商品、对手及相关信息。

结论对策

表1-7 库存管理

商品	期初库存	新入库	发货	期末库存	未交货	差额

第1轮第2期
计划

表1-8 数据魔方市场需求分析

商品	需求城市	市场价格	品牌人群	综合人群	低价人群	犹豫不定人群

注：请根据企业战略，自行填写所需分析的数据。

表1-9 资金预算简表

序号	经营项目	现金流影响
1		
2	资金借贷合计	

注：根据企业战略，自行计算所要借贷的资金，列出计算式。

表1-10 采购计划

商品	采购单价	采购数量	预计资金	单位体积	预计体积
合计					

注：根据企业战略，自行计算所需分析的数据。

做

表1-11 各产品市场占有率前3分析

目标人群		市场占有率									
		A1	A2	A3	A4	A5	A6	A7	A8	A9	A10
综合人群												
低价人群												
犹豫不定人群												
总计												

注：根据企业战略，自行选择所要关注的对手、相关市场、商品等信息。

表1-12 主要竞争对手网店分析

商品	对手	市场占有率	单价	数量	关键词	促销情况

注：根据企业战略，自行填写要关注的商品、对手及相关信息。

结论、对策

表1-13 库存管理

商品	期初库存	新入库	发货	期末库存	未交货	差额

表1-14 排行榜

项目	小组									
	A1	A2	A3	A4	A5	A6	A7	A8	A9	A10
净利润										
总资产										
慈善										

表 1-15 利润表

项目	表达式	上轮值	当轮值
营业收入	+	0	
减：营业成本	−	0	
营业税金及附加	−	0	
销售费用	−	0	
管理费用	−	0	
财务费用	−	0	
营业利润	=	0	
加：营业外收入	+	0	
减：营业外支出	−	0	
利润总额	=	0	
减：所得税费用	−	0	
净利润	=	0	

得分

表 1-16 资产负债表

资产				负债及所有者权益			
项目	表达式	上轮值	当轮值	项目	表达式	上轮值	当轮值
流动资产				流动负债			
货币资金	+	0		短期借款	+	0	
其他应收款	+	0		应付账款	+	0	
应收账款	+	0		预收账款	+	0	
存货				应交税费	+	0	
原材料	+	0		流动负债合计	=	0	
在途物资	+	0		非流动负债			
库存商品	+	0		长期借款	+	0	
发出商品	+	0		非流动负债合计	=	0	
流动资产合计	=	0		负债合计	=	0	
非流动资产				所有者权益			
固定资产原价				实收资本	+	0	
土地和建筑	+	0		未分配利润	+	0	
机器和设备	+	0					
减：累计折旧	−	0					

续表

资产				负债及所有者权益			
项目	表达式	上轮值	当轮值	项目	表达式	上轮值	当轮值
固定资产账面价值	=	0					
在建工程	+	0					
非流动资产合计	=	0		所有者权益合计	=	0	
资产总计	=	0		负债和所有者权益总计	=	0	

检查与行动

表1-17 主要操作失误

序号	失误操作	影响分析	调整措施
1			
2			
3			

第2轮~第4轮，所使用表格与第1轮类似，故不再重复列出。可根据本实训第1轮的简表，自行设计表格，记录沙盘模拟过程的信息。

根据杜邦分析图，计算2~4轮相关指标，把计算出的各项指标标注在杜邦分析图上。

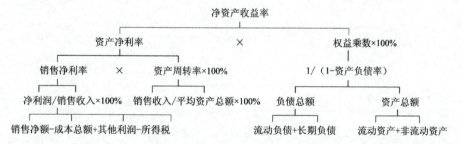

三、实训分析与讨论

1. 简述亏损和破产的区别。
2. 结合实训，观看一下"排行榜"，预估一下上轮净利润最高的小组，在本轮初最多有多少资金可用于采购。
3. 从某一上市公司中下载上年度财务报表，计算其杜邦分析法的相关指标，并进行简要分析。（不超过500字）

实训报告八　企业经典管理理论

一、实训目的

通过第6次的完整5轮的ITMC沙盘模拟对抗，理解经典的企业经营管理理论。

二、实训步骤

根据需要,自行设计所需要的表格,记录沙盘模拟对抗所需信息。

三、实训分析与讨论

1. 结合实训,谈谈沙盘的局限性有哪些。
2. 请简单解释波特的竞争战略理论,结合沙盘模拟情况,谈谈应用了竞争战略理论的哪个部分。(500~800 字)

附录 2

2019 年全国职业院校技能竞赛电子商务赛项规程

2019 年全国职业院校技能大赛赛项规程

一、赛项名称

赛项编号：GZ-2019040
赛项名称：电子商务技能
英文名称：E-Commerce Skills
赛项组别：高职
赛项归属：财经商贸大类

二、竞赛目的

赛项对接产业前沿技术，促进大数据技术和移动商务技术在高职电子商务专业中的教学应用，引领职业院校专业建设与课程改革，引入行业标准，促进产教融合、校企合作。通过竞赛，考察参赛选手职业道德、职业素养、技术技能水平和创业能力，展示职业教育改革成果，全面提升教学质量，推动电子商务从业人员整体水平的提升，激发大学生电子商务创业热情，推动"大众创业、万众创新"在高等职业教育中落地实施。

三、竞赛内容

本赛项以网店开设装修、运营推广、客户服务等关键任务完成质量以及选手职业素养作为竞赛内容，全面考查选手的数据分析能力、视觉营销能力、营销策划能力、网络营销能力、客户服务能力、网店运营能力、商品整合能力和团队合作能力。

表 1 竞赛内容与岗位、知识、技能

竞赛内容	岗位	知识	技能	
开设装修	网络编辑 网店美工	网店知识包含 PC 店铺、跨境店铺和移动店铺开设流程与规范，商品知识包括商品属性、展示方式、信息采集、美术、网页知识	文案策划、视觉识别（VI）、商品图片处理、广告设计、首页设计、详情页设计、专题页设计、网页设计、文档管理等技能	数据分析能力
客户服务	网络客服	客户接待与沟通（包括售前、售中和售后）、有效订单的处理（包括确认订单、下单发货和礼貌告别）、交易纠纷处理	促成客户成交、提高客单价、引导客户及时收货及好评、维护店铺权益、激发客户再次购买等服务处理能力	
运营推广	运营经理 推广专员 店长	关键词优化，关键词竞价推广，市场营销，消费心理和消费行为学，采购管理，财税知识	网络营销能力 店铺规划能力 供应链管理能力 财务分析能力	

表 2 竞赛内容与分值、竞赛方式、竞赛时间

竞赛阶段	竞赛内容	分值	竞赛方式	竞赛时间
第一阶段	开设装修	25 分	2 人分工合作	120 分钟
	客户服务	15 分	2 人分工合作	约 30 分钟
第二阶段	运营推广	60 分	4 人分工合作	约 300 分钟

四、竞赛方式

1. 本赛项为团体赛。以院校为单位组队参赛，不得跨校组队，同一学校相同项目报名参赛队不超过 1 支，每队 4 名选手，1 名领队，不超过 2 名指导教师。严格按照《2019 年全国职业院校技能大赛参赛报名办法》和大赛执委会相关通知执行。

2. 本赛项不邀请国际团队参赛，邀请国际团队观摩。

五、竞赛流程

表 3 竞赛流程

日期	时间	事项	参加人员	地点
报到日	08：00—13：00	参赛队报到，安排住宿，领取资料	工作人员，参赛队	住宿酒店
	14：30	参赛队领队集中乘车前往学校		
	14：45—15：30	领队会	各参赛队领队	会议室
	15：30—16：20	熟悉赛场	赛场技术人员、各参赛队领队	竞赛场地
	16：20	回住宿宾馆		竞赛场地

续表

日期	时间	事项	参加人员	地点
竞赛日	7：30	参赛队所住宿宾馆门口集合，集体乘车前往赛场	各参赛队	住宿酒店
	7：45	竞赛场地前	各参赛队工作人员	竞赛场地前
	7：50开始	大赛检录进场 第一次抽签加密（抽序号）	参赛选手，第一次抽签裁判	一次抽签区域
	8：30开始	第二次抽签加密（抽工位号）	参赛选手，第二次抽签裁判	二次抽签区域
	9：00	领队、指导教师入场		竞赛场地观摩区
	9：05—9：30	大赛开赛式	领导、嘉宾、裁判、各参赛队	竞赛场地
	9：30—12：00	开设装修和客户服务	参赛选手、裁判	竞赛场地
	12：00—12：30	午餐	参赛选手、裁判工作人员	
	12：30—17：30	运营推广	参赛选手、裁判	竞赛场地
	17：30—20：50	各参赛队晚餐	参赛选手、领队、指导教师	食堂
	20：50	各参赛队入场	各参赛队	报告厅
	21：00—22：00	闭赛式	领导、嘉宾、裁判长、裁判、各参赛队	报告厅
	22：10	各队回所住宿宾馆	各参赛队	宾馆
返程日	9：00	所有参赛队返程		

六、竞赛赛卷

本赛项包括网店开设装修、客户服务、运营推广三部分内容，网店开设装修、客户服务、运营推广均为公开赛卷，至少于开赛 1 个月前公布赛卷。其中网店开设装修、客户服务技能考核部分建立至少 10 套赛卷的赛卷库，正式赛卷要求于比赛当日，经赛卷随机排序后，在现场监督人员监督下由裁判长指定相关人员抽取；客户服务综合素养部分至少于开赛前 1 个月公布包含不少于 100 道试题的试题库，比赛开始时系统自动随机从试题库内抽取 10 道试题进行比赛。

（一）开设装修（样卷）

按照开店流程完成网店注册、认证、设置操作。在竞赛软件允许的结构范围内，利用竞赛软件提供的素材，完成 PC 电商店铺、移动电商店铺、跨境电商店铺首页的"店铺标志、店铺招牌、商品分类、广告图、轮播图、商品推荐"的设计与制作，完成 PC 电商店铺、移动电商店铺、跨境电商店铺商品详情页的"商品展示类、吸引购买类、促销活动类、实力展示类、交易说明类、关联销售类"的设计与制作，通过图片、程序模板等装饰让店铺丰富美观，提高转化率。比赛当日抽取一类商品作为赛题，按照下面要求完成网店开设装修。

1. 网店开设按照系统流程先开设店铺，设置店铺信息，包括店主姓名、身份证号、身份证复印件（大小不可超过150K）、银行账号、店铺名称、店铺主营、店铺特色、营业执照、店铺分类（背景材料由赛项执委会提供）。

2. 店标（logo）、店招设计。

• 设计要求：店标（logo）、店招大小适宜、比例精准、没有压缩变形，能体现店铺所销售的商品，设计独特，具有一定的创新性。

• PC 电商店铺要求：制作 1 张尺寸为 230 像素×70 像素、大小不超过 150K 的图片作为店标；PC 电商店铺不制作店招。

• 移动电商店铺要求：制作 1 张尺寸为 100 像素×100 像素、大小不超过 80K 的图片作为店标；制作 1 张尺寸为 642 像素×200 像素、大小不超过 200K 的图片作为店招。

• 跨境电商店铺要求：制作 1 张尺寸为 230 像素×70 像素、大小不超过 150K 的图片作为店标；跨境电商店铺不制作店招。

3. 网店 Banner。

• 设计要求：Banner 主题与店铺所经营的商品具有相关性；设计具有吸引力和营销向导；设计规格可以提升店铺整体风格。素材由赛项执委会提供，提供的图片中共有五种商品，店铺的设计是销售五种商品，其中的四种商品做 Banner 图，剩下一种商品做主图和详情页。

• PC 电商店铺要求：制作 4 张尺寸为 727 像素×416 像素、大小不超过 150K 的图片。

• 移动电商店铺要求：制作 4 张尺寸为 608 像素×304 像素、大小不超过 150K 的图片。

• 跨境电商店铺要求：制作 4 张尺寸为 980 像素×300 像素、大小不超 150K 的图片。

4. 商品主图。

• 设计要求：图片必须能较好地反映出该商品的功能特点、对顾客有很好的吸引力，保证图片有较好的清晰度，图文结合的图片，文字不能影响图片的整体美观、不能本末倒置；图片素材由赛项执委会提供。

• PC 电商店铺要求：制作 4 张尺寸为 800 像素×800 像素、大小不超过 200K 的图片；

• 移动电商店铺要求：制作 4 张尺寸为 600 像素×600 像素、大小不超过 200K 的图片；

• 跨境电商店铺要求：制作 6 张尺寸为 800 像素×800 像素、大小不超过 200K 的图片。

5. 商品详情页。

• 设计要求：商品信息（图片、文本或图文混排）、商品展示（图片）、促销信息、支付与配送信息、售后信息；图片素材由赛项执委会提供。商品描述中包含该商品的适用人群，及对该类人群有何种价值与优势；商品信息中可以允许以促销为目的宣传用语，但不允许过分夸张。

• PC 电商店铺要求：运用 HTML + CSS 和图片配合对商品描述进行排版；要求使用 Dreamweaver 处理成 HTML 代码或者用 Photoshop 设计成图片后放入商品描述里添加。

• 移动电商店铺要求：商品详情页所有图片总大小不能超过 1 536K；图片建议宽度为 480～620 像素、高度不超过 960 像素；当在图片上添加文字时，建议中文字体大于等于 30 号字，英文和阿拉伯数字大于等于 20 号字；若添加文字内容较多，可使用纯文本的方式进行编辑。

• 跨境电商店铺要求：运用 HTML + CSS 和图片配合对商品描述进行排版；要求使用 Dreamweaver 处理成 HTML 代码或者用 Photoshop 设计成图片后放入商品描述里添加。

（二）客户服务（样卷）

选手完成系统给出的综合素养考核后，通过在线即时聊天工具完成多类目商品售前、售中、售后服务，针对客户服务过程中"规定用语"采用软件自动评分。选手可以利用竞赛软件编辑快捷回复话术提高响应速度，要求多窗口操作服务多个客户。斜体字为"规定用语"，样题如下：

1. 综合素养。

（1）应对压力的有效反应：（C）。

A. 逃避压力

B. 面对更大的压力去挑战

C. 与其他有过类似经验的人交流

D. 改变自己

（2）面对持负面观点的客户，不管他的看法是否正确，处理时可以使用以下技巧：(ABCD)。

A. 积极聆听

B. 中立模式

C. 保证尽力

D. 重新聚焦

2. 关于发票。

买家：可以开发票吗？

客服：*亲，本店提供正规发票的，发票随货物一起发给您的（您若有需要请在拍下后在备注中写清楚发票的抬头，请放心挑选心仪的宝贝哦）。*

买家：发票可以开办公用品吗？

客服：*亲，我们开具的是正规的增值税发票，按照税务部门的有关规定只能如实开具的，敬请谅解。*

3. 关于物流。

买家：什么时候能发货？

客服：*亲，每天下午四点前拍下付款的订单是当天发货的，四点后次日发货，您的订单我们今天会尽快安排给您发货哦。*

买家：发什么快递？多久能到？

客服：*亲，本店商品统一发送申通快递的，正常情况下3-5天可到达，请耐心等待哦。*

买家：可以发顺丰吗？

客服：*亲，如果您有特殊要求，可以给您发顺丰的，但是需要补一下差价哦，敬请谅解。*

4. 关于技术支持。

买家：上个月刚买的海信电视机，现在屏幕就出问题了，我要退货！

客服：*亲，您购买的商品已经超过无理由退换货期限了，但是您的商品还在保修期期限内，可以帮您联系我们的技术服务人员进行维修，您看可以吗？*

买家：好吧，你帮我联系一下吧。

客服：您的电视机屏幕现在是什么情况？

买家：你好，现在电视机屏幕上突然出现了一条线。

客服：您好，请不要着急，48小时内我们会上门为您维修。

（三）运营推广

参赛团队以卖家角色，分析数据魔方，做好区域、商品、人群定位；租赁办公场所，建立配送中心，装修网店，采购商品；根据数据魔方进行搜索引擎优化操作、获取尽可能多的自然流量，进行关键词竞价推广、获取尽可能多的付费流量，进行站外推广（电视广告、网盟、百度竞价排名）获取尽可能多的站外流量，引导买家进店消费；针对不同消费人群采取不同策略，制定商品价格，促成交易，提升转化率；处理订单，配送商品，结算资金；规划资金需求，控制成本，分析财务指标，调整策略，创造最大利润。

1. 数据魔方。

系统内置动态的市场模型——"数据魔方"，提供市场需求数据和关键词数据。

市场需求数据包括期初4类以及以后的十几类商品在15个城市中4种人群的需求量和市场平均价格。卖家根据市场需求数据，分析热销商品，以尽可能低的价格采购商品；分析买家区域分布，就近建立配送中心；确定目标人群，推出团购、秒杀、套餐、促销等优惠活动，促成交易。

关键词数据提供买家搜索的关键词展现量、点击量、点击率、转化量、转化率、平均点击单价、搜索相关性等信息。根据关键词数据，判断"买家怎么来"。买家通过搜索关键词来寻找所需要的商品，一方面卖家通过优化标题的关键词尽可能匹配买家搜索的关键词，即SEO，属于自然流量；另一方面卖家通过设置与推广商品相关的关键词和点击价格，在买家搜索相应关键词时获得推广商品展现与点击，卖家按照所获流量（点击数）付费，进行商品精准推广，即SEM，属于付费流量。卖家通过SEO和SEM引导买家进店消费。

2. 办公场所设立。

办公场所设立包含选择办公城市、选择办公场所类型和招贤纳士三部分，卖家只能设立一个办公场所。根据不同城市的城市影响力、租金差、工资差等信息选择合适的办公城市；根据办公场所的容纳人数、租赁价格、维修费用等信息选择合适的办公场所；根据员工的业务能力、工资增长率及基本工资选择合适的人员。

3. 配送中心设立。

包括租赁、改建、搬迁、退租、设配区五个功能，每个城市只能建立一个配送中心。

租赁：根据体积、租赁价格、维修费用、管理费用及搬迁费用选择合适的配送中心。

改建：若租赁时选择的配送中心不能满足实际需求，则可以进行改建；改建时，若是将体积小的改为体积大的，则补充租金差价；若是体积大的改为体积小的，不退还租金差价。

搬迁：改变仓库的所在城市；搬迁需支付相应费用，若搬迁至租金高的城市则需补充相应差价，反之搬迁至租金低的城市不退还差价；搬迁时仓库必须空置。

退租：把闲置的仓库退租，若不退租则到期后系统默认续租；退租时，仓库必须空置；每期中间退租，则需支付整期人员工资。

设配区：为每个配送中心设置默认的配送区域及默认的物流方式；若多个配送中心选择的默认配送区域里包含若干个相同的城市，则在这些城市中按照租赁配送中心操作的顺序确定默认的配送中心。

4. 店铺开设。

开设C店：C店不可以进行站外推广。

开设 B 店：筹备周期需要 4 期，每期费用为 60；B 店可以进行站外推广，获取站外流量。

5. 网店装修。

店铺装修增加视觉值，每种装修费用不同，获得的视觉值也不同；店铺的视觉值每期都会下降 10。

6. 采购投标。

提交采购投标方案，系统自动评判中标方；只能在有配送中心的城市进行投标；采购投标时，同一种商品投标单价高的成交，直到所有商品全部成交为止。如果竞标价格相同，则与供应商的关系值高的优先成交；如果竞标价格相同，与供应商的关系值也相同，则媒体影响力高的优先成交；继续比较社会慈善、销售额、投标提交的先后顺序来依次交易。

7. 商品入库。

采购中标城市配送中心的容量大于入库商品的体积时方可入库。

8. 商品发布。

价格制定：

商品价格 = 商品一口价 + 物流运费（卖家承担运费时为 0）。

物流运费：

发布商品时卖家可以选择卖家承担运费或买家承担运费。买家承担运费时，卖家可以创建运费模板或者直接输入各种物流方式的物流运费，买家会将商品一口价和物流运费一同支付给卖家；但卖家可以采用任意物流方式运输（只要在买家规定的时间内送达，否则将承担退单的违约责任），配送完成后由卖家支付物流公司实际运费。卖家承担运费时，买家只需将商品一口价支付给卖家，配送完成后由卖家支付物流公司的实际运费。

创建运费模板时，卖家可分别设置各种物流方式的默认运费及每超过一件需要增加的运费；每超过一件需要增加的运费不能高于默认运费的 0.5 倍；直接输入各种物流方式的物流运费时，此物流运费为整单（若干件）的物流运费。

售后服务：

保修会产生售后服务费用。

9. SEO 优化。

每种商品最多可以选择 7 个标题关键词，通过优化标题关键词尽可能匹配买家搜索的关键词，在买家搜索某个关键词时，展示与该关键词相关的商品，并取得靠前的自然排名。

SEO 排名得分 = 关键词相关性（数据魔方提供）×SEO 关键词匹配方式得分 ×0.4 + 商品绩效得分 ×0.06。

SEO 关键词匹配方式分为：完全匹配、高度匹配、部分匹配。

只有当买家搜索的词与卖家设置的标题关键词完全相同时称为完全匹配，SEO 关键词匹配方式得分为 1；当买家搜索的词是卖家设置的标题关键词的子集时称为高度匹配，SEO 关键词匹配方式得分为 0.5；当买家搜索的词与卖家设置的标题关键词文字部分匹配时称为部分匹配，SEO 关键词匹配方式得分为 0.2。

例如，卖家标题关键词设置为"韩版 棉衣"，三种匹配方式如下：买家搜索关键词为"韩版 棉衣"时，匹配方式为完全匹配；买家搜索关键词为"韩版"或"棉衣"时，匹配方式为高度匹配；买家搜索关键词为"男款 棉衣"或"韩版 外套"这一类型词时，匹配方式为部分匹配。

商品绩效：

商品绩效得分（总分100）＝商品点击率得分＋商品点击量得分＋商品转化率得分＋商品转化量得分＋退单率得分＋保修得分。

商品展现量：该商品被展现的次数。

商品点击量：该商品被点击的次数。

商品点击率：商品点击量/商品展现量。

商品转化量：该商品最终达成的成交单数。

商品转化率：商品转化量/商品点击量。

商品退单量：该商品累计退单的数量。

商品退单率：商品退单量/商品成交量（订单数）。

保修：售后服务类型，会产生售后服务费用。

10. SEM 推广。

通过对自己所销售商品相关的关键词出具一定的竞价价格，在买家搜索其中某个关键词时，展示与该关键词相关的商品，并取得靠前的搜索排名。

SEM 排名得分 = 质量分 × 竞价价格。

质量分 = 关键词搜索相关性 × 0.4 + 商品绩效 × 0.06。

竞价价格：为取得靠前的排名为某关键词所出的一次点击的价格。

卖家实际为某个 SEM 关键词的一次点击支付的费用 = 该关键词排名下一名的竞价价格 × （下一名的质量得分/本组的质量得分）+ 0.01

例如，一个卖家 A 与卖家 B 都选取了"办公家具"这个关键词做 SEM 推广，且在该关键词的搜索排名中卖家 A 排名第一，卖家 B 排名第二。卖家 A 竞价价格为 1.5，卖家 B 竞价价格为 1。卖家 A 该词质量分 10 分，卖家 B 该词质量分 8 分。则卖家 A 实际为该关键词一次点击支付的费用 = 1 × （8 分/10 分）+ 0.01 = 0.81 元。

SEM 关键词匹配方式分为：精确匹配、中心匹配、广泛匹配。

精确匹配是卖家投放的关键词与买家搜索的关键词完全相同才能被搜索到。

中心匹配是指卖家投放的关键词是买家搜索的关键词的子集时也能被搜索到。

广泛匹配是指卖家投放的关键词与买家搜索的关键词有一部分相同即可被搜索到。

例如：

设置为精确匹配时，卖家投放"棉衣"，买家搜索"棉衣"时可搜索到卖家。

设置为中心匹配时，卖家投放"棉衣"，买家搜索"韩版　棉衣"也可搜索到卖家。

设置为广泛匹配时，卖家投放"韩版　棉衣"，买家搜索"韩版"或"短款　棉衣"时可搜索到卖家。

11. SEM 管理。

每个推广组对应一个商品，但是每个商品可以对应多个推广组，所以针对同一个商品的不同关键词设定不同的竞价价格可以更好地达到 SEM 推广效果。

12. 团购。

团购价格 = 商品价格 × 团购折扣。

13. 秒杀。

秒杀价格 = 商品价格 × 50%。

14. 套餐。

套餐可组合多种商品搭配出售，套餐价格＝套餐包含商品的单价总和。

15. 促销。

满就送、多买折扣、买第几件折扣促销。

16. 站外推广。

只有 B 店才允许站外推广。选手可以通过站外流量（电视广告、网盟、百度竞价排名等渠道）来获取新的订单。

17. 订单分发。

分为手动分发和自动分发两种。手动分发需要手动选择货物出库的配送中心；自动分发按照已设定好的配送范围自动选择货物出库的配送中心，自动分发可以选择全部自动分发或者分批自动分发。

18. 物流选择。

分为手动安排和自动安排两种。手动安排需要手动选择运输货物的物流方式；自动安排按照已设定好的物流方式自动安排，自动安排可以选择全部自动安排或者分批自动安排。

19. 货物出库。

根据订单的到货周期，合理安排商品出库。

如果未在订单要求期限之前送到，客户将拒绝签收。

系统会按照物流路线信息自动扣除实际运费。

20. 货物签收。

无论任何物流方式配送的订单，货款均在签收后直接到账。

21. 财务。

支付应付款。

系统自动计算人员工资、租赁费、管理费、维修费、应交税费。

短贷利率：5%，民间融资利率：15%，长期贷款利率：10%。

22. 信誉度。

获得订单后，在客户的需求期限内正常交货，获得 1 的信誉度；违约第 1 单获得 –1 的信誉度，违约第 2 单获得 –2 的信誉度，依次类推，违约的第 N 单获得 $-N$ 的信誉度。

信誉度为负后无法获得来自综合人群、品牌人群的订单。

23. 关账。

每轮经营结束关账后，系统自动提供"利润表"和"资产负债表"，自动计算各组的得分。

七、竞赛规则

1. 报名资格：参赛选手须为普通高等学校全日制在籍专科学生；本科院校中高职类全日制在籍学生；五年制高职四、五年级学生。选手年龄须不超过 25 周岁，年龄计算截止时间为 2019 年 5 月 1 日。

2. 报名要求：参赛选手和指导教师报名获得确认后不得随意更换。如比赛前参赛选手和指导教师因故无法参赛，须由省级教育行政部门于参与赛项开赛 10 个工作日之前出具书面说明，经大赛执委会办公室核实后予以更换。团体赛选手因特殊原因不能参加比赛时，由大赛执委会办公室根据赛项的特点决定是否可进行缺员比赛，并上报大赛执委会备案。如未经报备，发现实际参赛选手与报名信息不符的情况，均不得入场。凡在往届全国职业院校技能大赛中获一等奖的选手，不能再参加同一项目同一组别的比赛。

3. 熟悉场地：比赛日前一天下午15：30—16：20开放赛场，熟悉场地。

4. 领队会议：比赛日前一天下午14：45—15：30召开领队会议，由各参赛队的领队和指导教师参加，会议讲解竞赛注意事项并进行赛前答疑。

5. 检录：由检录工作人员依照检录表进行点名核对，并检查确定无误后向裁判长递交检录单。

6. 加密：所有比赛项目在比赛的当天进行两次加密，加密后参赛选手中途不得擅自离开赛场。分别由两组加密裁判组织实施加密工作，管理加密结果。监督员全程监督加密过程。第一组加密裁判，组织参赛选手进行第一次抽签，产生参赛编号，替换选手参赛证等个人身份信息，在《全国职业院校技能大赛一次加密记录表》中填写一次加密记录表后，连同选手参赛证等个人身份信息证件，当即装入一次加密结果密封袋中单独保管。第二组加密裁判，组织参赛选手进行第二次抽签，确定赛位号，替换选手参赛编号，在《全国职业院校技能大赛二次加密记录表》中填写二次加密记录表后，连同选手参赛编号，当即装入二次加密结果密封袋中单独保管。所有加密结果密封袋的封条均需相应的加密裁判和监督人员签字。密封袋在监督人员监督下由加密裁判放置于保密室的保险柜中保存。

7. 引导：参赛选手凭赛位号进入赛场，不得携带其他显示个人身份信息的物品，不得携带与竞赛无关的电子设备、通信设备及其他相关资料与用品。现场裁判负责引导参赛队伍至赛位前等待竞赛指令。比赛开始前，在没有裁判允许的情况下，严禁随意触碰竞赛设施和阅读赛卷内容。比赛中途不得离开赛场。

8. 由裁判长宣布比赛开始，各参赛队开始竞赛。

9. 竞赛过程中，如遇设备或软件等故障，参赛选手应持"故障"示意牌示意。裁判、技术人员等应及时予以解决。确因计算机软件或硬件故障，致使操作无法继续的，经裁判同意，予以启用备用计算机。如遇身体不适，参赛选手应持"医务"示意牌示意，现场医务人员按应急预案救治。如有其他问题，参赛选手应持"咨询"示意牌示意，裁判应按照有关要求及时予以答疑。

10. 运营推广竞赛结束后，裁判公布竞赛结果，并将成绩登录在竞赛成绩单上。各参赛队伍派一名参赛代表在竞赛成绩单上签字，裁判监督所有参赛队伍签字后，裁判签字。

11. 记分员将解密后的各参赛队伍（选手）成绩汇总成最终成绩单，经裁判长、监督组签字后进行公布。公布时间为2小时。成绩公布无异议后，由仲裁员在成绩单上签字，并在闭赛式上公布竞赛成绩。

八、竞赛环境

1. 竞赛场地设在体育馆内或电脑机房，场地内设置满足80个团队的竞赛环境，分成八个赛场。

2. 一个参赛队一个机位，每个机位三台电脑，其中一台备用，两张桌子，四把椅子。

3. 竞赛场地内设置观摩区，便于竞赛全程的观摩和监督。

4. 竞赛场地内设置背景板、宣传横幅及壁挂图，营造竞赛氛围。

5. 局域网络。采用星形网络拓扑结构，安装千兆交换机。网线与电源线隐蔽铺设。

6. 利用 UPS 防止现场因突然断电导致的系统数据丢失。额定功率：3KVA。后备时间：2 小时。输出电压：230V±5％V。

九、技术规范

参赛团队遵循以下规范：

1. 教学要求：《国家电子商务专业标准》和《国家级电子商务专业教学资源库》。
2. 网店开设装修：采用淘宝、天猫、速卖通、京东网店的首页和详情页的知识和技能，设计和制作 PC 电商店铺、移动电商店铺、跨境电商店铺的首页、详情页。
3. 网店客户服务：采用淘宝旺旺的知识和技能完成售前、售中、售后服务。
4. 网店运营推广：采用阿里巴巴直通车、百度凤巢的知识和技能，开展 SEO/SEM 推广。

十、技术平台

表 4　技术平台

品名	规格要求说明
参赛选手计算机	配置要求：酷睿 I5 双核 3.0 以上 CPU；8G 以上内存；100G 以上硬盘；2G 显存以上独立显卡，千兆网卡。预装 Windows7 以上操作系统；预装火狐浏览器；预装录屏软件；预装全拼、简拼、微软拼音等中文输入法和英文输入法；预装 Dreamweaver CS6 和 Fireworks CS6 简体中文版；预装 Adobe Photoshop CS6 版本
网络连接设备	提供网络布线、千兆交换机
竞赛服务器	配置要求：英特尔至强 E5 系列四核以上 CPU；16GB 以上内存；500G 以上硬盘；千兆网卡。预装 Windows Server 2008 R2 操作系统及 IIS7.5；预装 Microsoft SQL Server 2005 数据库
竞赛软件	中教畅享"电子商务综合实训与竞赛系统 V4.0"，沿用 2018 年高职组电子商务技能赛项的技术平台

十一、成绩评定

1. 裁判员选聘：按照《2019 年全国职业院校技能大赛专家和裁判工作管理办法》建立全国职业院校技能大赛赛项裁判库，由全国职业院校技能大赛执委会在赛项裁判库中抽定赛项裁判人员。裁判长由赛项执委会向大赛执委会推荐，由大赛执委会聘任。共安排 20 名裁判，其中包含 2 名加密裁判，8 名现场裁判，10 名评分裁判。
2. 评分方法：网店客户服务、运营推广评分方式为机考评分。网店开设装修的评分方式为结果评分，由评分裁判进行主观评分。每个参赛队作品按照中英文分为两部分，各由 5 名评分裁判进行评分，去掉一个最高分，去掉一个最低分，取剩余裁判评分的平均分为最终得分。
3. 成绩复核：为保障成绩评判的准确性，监督组将对赛项总成绩排名前 30% 的所有参赛队的成绩进行复核；对其余成绩进行抽检复核，抽检覆盖率不得低于 15%。如发现成绩错误以书面方式及时告知裁判长，由裁判长更正成绩并签字确认。复核、抽检错误率超过 5% 的，裁判组将对所有成绩进行复核。
4. 赛项最终得分：按 100 分制计分，最终成绩经复核无误，由裁判长、监督人员和仲裁人员签字确认后公布。

5. 评分标准

表5 评分标准

项目	内容		评分细则	分值
开设装修	总则		1. 在所有需要以图片展示的得分项目中，如果有图片变形、模糊、失真等情况存在，则该项得分减半。2. 在对图片数量有明确要求的得分项目中，如果出现图片数量不足，则该项不得分。3. 如果竞赛作品与赛题完全不相关，则该项不得分。4. 跨境店铺在视觉展现方面应考虑到国外客户对电商网站的视觉偏好，如果与PC端一致，只是将中文改成英文或拼音，那么跨境店铺各部分要在实际得分基础上减半。5. 如果在作品中任何位置显示参赛院校或者参赛选手信息的，则开设装修环节计零分	
	PC电商店铺	首页	店标设计独特，有一定的创新性，并且能够反映出店铺所销售的商品	0.5分
			网店Banner图片主题统一（0.5分），与店铺经营商品具有相关性（0.5分），Banner设计具有吸引力，并且具有一定的营销导向（0.5分），Banner整体设计能够提高店铺整体风格（0.5分）	2分
		详情页	商品标题体现商品属性特点卖点的关键词（每个关键词0.1分，最高到0.5分为止）	0.5分
			商品图片（1主3辅，第1张为主图，其余为辅图），图片设计美观（0.8分），主题突出（0.6分），有视觉冲击力（0.6分）	2分
			商品相关属性描述，需包含商品属性、特点、卖点、（3分）适用人群、配送、支付、售后、评价等相关内容的信息（1分）；此部分图文混排得分更高	4分
	移动电商店铺		能够按照要求把PC电商店铺的内容准确无误地移植到移动电商店铺，不存在缺项漏项（0.5分）。移动电商店铺完整独立（0.5分）	1分
			在内容完整的前提下，移动电商店铺的图片不能存在模糊、失真或者压缩变形的情况	2分
			移动电商店铺的店招设计能够突出店铺的特色，与店标搭配协调	0.5分
	跨境电商店铺	首页	店标设计独特，有一定的创新性，并且能够反映出店铺所销售的商品	0.5分
			网店Banner图片主题统一（0.5分），与店铺经营商品具有相关性（0.5分），Banner设计具有吸引力，并且具有一定的营销导向（0.5分），能够提高店铺整体风格（0.5分）	2分
			网店产品展示设计风格统一（0.5分），产品分类清晰（0.5分）	1分
		详情页	设置给定商品的英文标题，商品标题体现商品属性、特点、卖点的关键词（每个关键词0.2分，最高到1分为止），英文表达准确	1分
			商品图片（6张），图片设计美观，主题突出（0.5分），图片要真实，不过分修饰（0.5分）	1分
			商品相关属性描述需包含商品属性、特点、卖点（1分）、适用人群、配送、支付、售后、评价等相关内容的信息（1分）；英文表达准确，图片内容真实，不允许过度修饰（1分）	3分

续表

项目	内容	评分细则	分值
开设装修	营销策划	网店整体装修中能够体现营销策划的相关内容，含有推荐商品、促销活动的标识和以促销为目的的宣传用语，但是不允许过分夸张（1分）；跨境店铺装修中的促销用语不允许出现错别英文单词（1分）	2分
	视觉营销	店铺首页及商品详情页的装修要重点突出，符合目标消费者的浏览习惯（1分）；布局设计上能够引导消费者的视觉关注点，层次清晰，能够通过视觉的冲击和审美视觉感观提高买家的兴趣，达到产品推广的目的（1分）	2分
客户服务	回答准确	每个客户服务团队两名选手，先分别完成系统内的综合素养考核题，各回答10个问题，每题0.25分，再按照不同服务岗位进行分工，在规定的时间（120秒）内，按照相应岗位的标准话术，独立回答来自多个客户的不同问题。每回答正确1题得0.05分，回答错误或者回答超时不得分。以两名选手成绩的总分作为最终成绩	15分
运营推广		软件以各队"所有者权益"为主，企业可持续性经营能力为辅自动计算经营得分，每个赛场根据各队的经营得分进行排序，第一名60分，按照名次递减5分，第二名55分依次类推	60分

十二、奖项设定

1. 设团体一、二、三等奖，以赛项实际参赛队总数为基数，一、二、三等奖获奖比例分别为10%、20%、30%（小数点后四舍五入）。

2. 获得一等奖的参赛队指导教师由组委会颁发优秀指导教师证书。

十三、赛场预案

（一）非正常停电

竞赛现场如出现突然非正常停电的，按下述步骤进行处理：

1. 裁判员提示参赛选手，工作人员提示观摩人员要保持镇静，防止踩踏事件发生。

2. 裁判员提示参赛选手在电源保护装置的有效时间内备份计算机操作数据，并等候处理决定。

3. 必要时，保卫人员开启安全通道，有序疏散现场人员离场。

4. 裁判长视情况决定启动备用电源或延迟竞赛。

5. 现场电力恢复后，由裁判组集体商定根据竞赛内容特点的不同可采用继续比赛、顺延比赛时间、重赛等处理办法。

（二）竞赛设备故障

竞赛过程中，如遇竞赛设备故障，按下列程序报告并处理：

1. 参赛选手持"故障"示意牌示意，说明故障现象，裁判员、技术员等应及时予以解决。

2. 确因设备无法继续操作，经由裁判员提出申请，报裁判长批准后，予以启用备用设备。

3. 竞赛软件都设置了关键节点的自动备份功能，裁判长根据实际情况授权工作人员恢复备份数据。

4. 数据恢复正常后，由裁判组集体商定根据竞赛内容特点的不同可采用继续比赛、顺延比赛时间、重赛等处理办法。

（三）参赛队员发生意外受伤或急病等情况

参赛队员发生意外受伤或急病等情况，应按下列步骤进行处理：

1. 参赛选手持"医务"示意牌示意。
2. 现场医务人员迅速到达现场，救治或急送最近医院进行救治。
3. 参赛队其他队员可在不违反有关规定的情况下，协同完成竞赛事项。

（四）参赛现场出现暴力、人员拥堵、急性传染病人员进入等情况

参赛现场出现暴力，人员拥堵，急性传染病人员进入等情况，应按下述步骤进行处理：

1. 有关人员迅速向赛项总指挥汇报，并由赛项总指挥向赛项执委会汇报，并由赛项执委会根据事态发展情况确定是否及时报告公安部门、公共卫生部门及医疗部门，在保证赛场内人员人身安全的原则下，尽量不扩大事态。
2. 根据赛前制定的现场保卫人员的职责范围，以及突发情况应对的赛前演练安排，赛项保卫人员迅速就位，对赛场内除参赛队以外的其他人员进行有序疏散。
3. 人员疏散后进行现场清理，如消毒，找出突发事件隐患并进行处理等。
4. 进行处理后，在保证参赛队员人身安全的前提下，继续有序组织竞赛。

（五）暴雨洪灾，火灾等事故

如遇暴雨洪灾，火灾等事故，应按下述步骤进行处理：

1. 赛项执委会负责与公安，医疗，气象，交通等部门取得联系，并根据情况确定是否继续竞赛。
2. 立即组织相关人员到现场，疏散人群，进行应急处理，如使用灭火装置灭掉明火等，必要时封存竞赛现场，停止竞赛。
3. 现场裁判做好参赛选手工作，工作人员做好观摩人员的思想工作，确保事态不人为扩张。

十四、赛事安全

赛事安全是电子商务技能竞赛一切工作顺利开展的先决条件，是赛事筹备和运行工作必须考虑的核心问题。赛项执委会采取切实有效措施保证大赛期间参赛选手、指导教师、工作人员及观众的人身安全。

（一）比赛环境

1. 执委会须在赛前组织专人对比赛现场、住宿场所和交通保障进行考察，并对安全工作提出明确要求。赛场的布置，赛场内的器材、设备，应符合国家有关安全规定。如有必要，也可进行赛场仿真模拟测试，以发现可能出现的问题。承办单位赛前须按照执委会要求排除安全隐患。
2. 赛场周围要设立警戒线，防止无关人员进入发生意外事件。比赛现场内应参照相关职业岗位的要求为选手提供必要的劳动保护。在具有危险性的操作环节，裁判员要严防选手出现错误操作。

3. 承办单位应提供保证应急预案实施的条件。对于比赛内容涉及高空作业、可能有坠物、大用电量、易发生火灾等情况的赛项，必须明确制度和预案，并配备急救人员与设施。

4. 执委会须会同承办单位制定开放赛场和体验区的人员疏导方案。赛场环境中存在人员密集、车流人流交错的区域，除了设置齐全的指示标志外，须增加引导人员，并开辟备用通道。

5. 大赛期间，承办单位须在赛场管理的关键岗位增加力量，建立安全管理日志。

6. 参赛选手进入赛位、赛事裁判工作人员进入工作场所，严禁携带通信、照相摄录设备，禁止携带记录用具。如确有需要，由赛场统一配置、统一管理。赛项可根据需要配置安检设备对进入赛场重要部位的人员进行安检。

（二）生活条件

1. 比赛期间，原则上由执委会统一安排参赛选手和指导教师食宿。承办单位须尊重少数民族的信仰及文化，根据国家相关的民族政策，安排好少数民族选手和教师的饮食起居。

2. 比赛期间安排的住宿地应具有宾馆/住宿经营许可资质。以学校宿舍作为住宿地的，大赛期间的住宿、卫生、饮食安全等由执委会和提供宿舍的学校共同负责。

3. 大赛期间有组织的参观和观摩活动的交通安全由执委会负责。执委会和承办单位须保证比赛期间选手、指导教师和裁判员、工作人员的交通安全。

4. 赛项的安全管理，除了可以采取必要的安全隔离措施外，应严格遵守国家相关法律法规，保护个人隐私和人身自由。

（三）组队责任

1. 各学校组织代表队时，须安排为参赛选手购买大赛期间的人身意外伤害保险。

2. 各学校代表队组成后，须制定相关管理制度，并对所有选手、指导教师进行安全教育。

3. 各参赛队伍须加强对参与比赛人员的安全管理，实现与赛场安全管理的对接。

（四）应急处理

比赛期间发生意外事故，发现者应第一时间报告执委会，同时采取措施避免事态扩大。执委会应立即启动预案予以解决并报告组委会。赛项出现重大安全问题可以停赛，是否停赛由执委会决定。事后，执委会应向组委会报告详细情况。

（五）处罚措施

1. 因参赛队伍原因造成重大安全事故的，取消其获奖资格。

2. 参赛队伍有发生重大安全事故隐患，经赛场工作人员提示、警告无效的，可取消其继续比赛的资格。

3. 赛事工作人员违规的，按照相应的制度追究责任。情节恶劣并造成重大安全事故的，由司法机关追究相应法律责任。

十五、竞赛须知

（一）参赛队须知

1. 参赛队名称统一使用规定的地区代表队名称，不使用学校或其他组织、团体名称；不接受跨校组队报名。

2. 参赛队按照大赛赛程安排，凭大赛组委会颁发的参赛证和有效身份证件参加比赛及相关活动。

3. 参赛队员需要购买保险。

(二) 领队、指导教师须知

1. 各参赛代表队要发扬良好道德风尚，听从指挥，服从裁判，不弄虚作假。如发现弄虚作假者，取消参赛资格，名次无效。

2. 各代表队领队要坚决执行竞赛的各项规定，加强对参赛人员的管理，做好赛前准备工作，督促选手带好证件等竞赛相关材料。

3. 竞赛过程中，除参加当场次竞赛的选手、执行裁判员、现场工作人员和经批准的人员外，领队、指导教师及其他人员一律不得进入竞赛现场。

4. 参赛代表队若对竞赛过程有异议，在规定的时间内由领队向赛项仲裁工作组提出书面报告。

5. 对申诉的仲裁结果，领队要带头服从和执行，并做好选手工作。参赛选手不得因申诉或对处理意见不服而停止竞赛，否则以弃权处理。

6. 指导老师应及时查看大赛专用网页有关赛项的通知和内容，认真研究和掌握本赛项竞赛的规程、技术规范和赛场要求，指导选手做好赛前的一切技术准备和竞赛准备。

(三) 参赛选手须知

1. 参赛选手应按有关要求如实填报个人信息，否则取消竞赛资格。

2. 参赛选手凭统一印制的参赛证和有效身份证件参加竞赛。

3. 参赛选手应认真学习领会本次竞赛相关文件，自觉遵守大赛纪律，服从指挥，听从安排，文明参赛。

4. 参赛选手请勿携带与竞赛无关的电子设备、通信设备及其他资料与用品。

5. 参赛选手统一穿赛项执委会提供的服装，应提前15分钟抵达赛场，凭参赛证、身份证件检录，按要求入场，不得迟到早退。

6. 参赛选手应按抽签结果在指定位置就座。

7. 参赛选手须在确认竞赛内容和现场设备等无误后开始竞赛。

8. 各参赛选手必须按规范要求操作竞赛设备。一旦出现较严重的安全事故，经裁判长批准后将立即取消其参赛资格。

9. 竞赛时间终了，选手应全体起立，结束操作。签字确认成绩后方可离开赛场。

10. 在竞赛期间，未经执委会的批准，参赛选手不得接受其他单位和个人进行的与竞赛内容相关的采访。参赛选手不得将竞赛的相关信息私自公布。

(四) 工作人员须知

1. 工作人员必须统一佩戴由大赛组委会签发的相应证件，着装整齐。

2. 工作人员不得影响参赛选手比赛，不允许有影响比赛公平的行为。

3. 服从领导，听从指挥，以高度负责的精神、严肃认真的态度做好各项工作。

4. 熟悉比赛规程，认真遵守各项比赛规则和工作要求。

5. 坚守岗位，如有急事需要离开岗位时，应经领导同意，并做好工作衔接。

6. 严格遵守比赛纪律，如发现其他人员有违反比赛纪律的行为，应予以制止。情节严重的，应向竞赛组委会反映。

7. 发扬无私奉献和团结协作的精神，提供热情、优质服务。

十六、申诉与仲裁

本赛项在比赛过程中若出现有失公正或有关人员违规等现象，代表队领队可在比赛结束后（选手赛场比赛内容全部完成）2 小时之内向仲裁组提出书面申诉。超过时效不予受理。大赛采取二级仲裁机制。赛项设仲裁工作组，赛区设仲裁委员会。大赛执委会办公室选派人员参加赛区仲裁委员会工作。赛项仲裁工作组在接到申诉后的 2 小时内组织复议，并及时反馈复议结果。申诉方对复议结果仍有异议，可由省（市）领队向赛区仲裁委员会提出申诉。赛区仲裁委员会的仲裁结果为最终结果。

十七、竞赛观摩

赛场内设定观摩区域和参观路线，向媒体、企业代表、院校师生及家长等社会公众开放，不允许有大声喧哗等影响参赛选手竞赛的行为发生。指导教师不能进入赛场内指导，可以观摩。赛场外设立展览展示区域，设专人接待讲解。

为保证大赛顺利进行，在观摩期间应遵循以下规则：

1. 除与竞赛直接有关工作人员、裁判员、参赛选手外，其余人员均为观摩观众。
2. 请勿在选手准备或比赛中交谈或欢呼；请勿对选手打手势，包括哑语沟通等明示、暗示行为，禁止鼓掌喝彩等发出声音的行为。
3. 请勿在观摩赛场地内使用相机、摄影机等一切对比赛正常进行造成干扰的带有闪光灯及快门音的设备。
4. 不得违反全国职业院校技能大赛规定的各项纪律。请站在规划的观摩席或者安全线以外观看比赛，并遵循赛场内工作人员和竞赛裁判人员的指挥，不得有围攻裁判员、选手或者其他工作人员的行为。
5. 请务必保持赛场清洁，将饮料食品包装、烟头及其他杂物扔进垃圾箱。
6. 为确保选手正常比赛，观摩赛上观众席内严禁携带手机及其他任何通信工具，违者将除本人被驱逐出观摩赛场地，还将视情况严重程度对所在代表队的选手的成绩进行扣分直至取消比赛资格。
7. 如果对裁判打分及观摩赛成绩产生质疑的，请通过各参赛队领队向组委会仲裁委员会提出，不得在比赛现场发言。

十八、竞赛直播

1. 赛场内部署无盲点录像设备，能实时录制赛场情况。
2. 使用 360°全景智能摄像头从抽签加密开始对比赛全过程进行网络直播。

十九、资源转化

（一）资源转化工作

教学资源转化工作由赛项执委会负责，组建赛项资源转化小组，邀请行业、企业及院校的顾问专家参与，召开建设研讨会，构建总体框架。组织任务分配协调会，落实转化任务、人员安排与资金分配等问题，确保有序、优质开展。

（二）资源转化成果

表6　资源转化成果

内容			数量		
			网店开设装修	网店客户服务	网店运营推广
教材资源			1	1	1
基本资源	风采展示	赛项宣传片（15分钟）			
		风采展示片（10分钟）			
	技能概要	技能介绍	1	1	1
		训练大纲	1	1	1
		技能要点	1	1	1
		评价指标			
	教学资源	教学方案	1	1	1
		训练指导	1	1	1
		作业/任务	6	6	9
		实训/实习	35	16	22
拓展资源	评点视频	专家	1	1	1
		裁判	1	1	1
	访谈视频	企业	2	2	2
		学生	2	2	2
		教师	2	2	2
	试题库	赛项规程要求	10套	1 000题	1套
	案例库	案例	6	6	9
	素材资源库	微课	6	6	9
		动画	35	16	22

（三）技术标准

资源转化成果可包含文本文档、演示文稿、视频文件、Flash文件、图形/图像素材和网页型资源等。

1. 文本文档。

采用*.doc或*.docx格式。文件制作所使用的软件版本不低于Microsoft Office 2003。

2. 演示文稿。

采用*.ppt或*.pptx格式。文件制作所使用的软件版本不低于Microsoft Office 2003。

播放时不出现宏脚本提示。

3. 视频文件。

采用 MP4 格式。录像环境光线充足、安静，衣着得体，语音清晰。

（1）视频压缩采用 H.264（MPEG-4 Part10：profile = main，level = 3.0）编码方式，码流率 256 Kbps 以上，帧率不低于 25 fps，分辨率不低于 720×576（4∶3）或 1 024×576（16∶9）。

（2）声音和画面要求同步，无交流声或其他杂音等缺陷，无明显失真，保证优良的声音质量，解说声与现场声、背景音乐无明显比例失调。音频信噪比不低于 48dB。

（3）字幕要使用符合国家标准的规范字，不出现繁体字、异体字、错别字；字幕与画面、解说词、音乐配合适当。

4. Flash 文件。

文件制作所使用的软件版本不低于 Flash 6.0。

5. 图形/图像素材。

采用常见存储格式，如 *.gif、*.png、*.jpg 等。彩色图像颜色数不低于真彩（24 位色），灰度图像的灰度级不低于 256 级，屏幕分辨率不低于 1 024×768 时，扫描图像的扫描分辨率不低于 72 dpi。

6. 网页型资源

采用 HTML5 编码。兼容 Microsoft IE、Google Chrome、Mozilla Firefox 浏览器。避免出现大量的垃圾代码，使用网页编辑工具编辑网页，不可直接将 Microsoft Word、WPS 等文件内容粘贴到网页文件中。

（四）转化计划

1. 团队组建与总体设计（2019.2—2019.5）。

组建赛项资源转化小组，邀请行业、企业及院校的顾问专家参与，召开建设研讨会，构建总体框架。组织任务分配协调会，落实建设任务、人员安排与资金分配等问题，确保有序、优质开展。

2. 基本资源、拓展资源及平台开发（2019.5—2019.9）。

进行基本资源、拓展资源建设，开发视频、图片、动画、仿真软件等素材。按照"以赛促建、以赛促学、以赛代训"基本要求，建设具有开放性和普适性的服务平台。

3. 资源修改导入及平台运行调试阶段（2019.9—2019.12）。

组织专家评审小组，提出修改意见，形成资源集成平台，并与用户服务平台整合对接，完成资源导入，试运行并调试平台。

4. 推广应用更新完善阶段（2020.1）。

按照以用促建、共建共享、开放建设、动态更新的原则，提供培训等服务，解决全国高职院校共性需求，实现优质教学资源共享。沿着"设计—建设—运行—反馈—更新"的系统化运作路径，制定修正方案。进一步做精做深资源内容，持续更新教学资源，逐步淘汰老、旧资源，每年更新比例不低于 10%，从而确保资源库的可持续健康发展。

（五）提交方式

制作完成的资源上传至大赛指定的网络信息管理平台：www.chinaskills-jsw.org。

(六)版权归属

各赛项执委会组织的公开技能比赛,其赛项资源转化成果的版权由技能大赛执委会和赛项执委会共享。

(七)使用与管理

赛项资源转化成果由大赛执委会统一推广实施,会同赛项申报单位、赛项有关专家、赛项承办单位,编辑出版有关赛项试题库、岗位典型操作流程等精品资源。成熟的资源转化成果发布于全国大赛网络信息发布平台,供职业院校师生借鉴学习。

参 考 文 献

[1] 何伟. 电子商务企业经营沙盘模拟教程 [M]. 北京：电子工业出版社，2018.
[2] 何晓岚，金晖. 商战时间平台指导教程 [M]. 北京：清华大学出版社，2012.
[3] 李莉. ERP 企业运作沙盘模拟教程 [M]. 北京：北京理工大学出版社，2014.
[4] 曾廷敏，陈高华. ERP 实物与电子沙盘实训教程 [M]. 成都：西南财经大学出版社，2012.
[5] 郑丰，杨瑞. ERP 沙盘模拟实战教程 [M]. 北京：首都经济贸易大学出版社，2010.
[6] 吴雪贤. 企业经营管理沙盘模拟实训教程 [M]. 北京：北京师范大学出版社，2014.
[7] 王小燕，吴茵，胡梅，蔡敏容. ERP 企业经营电子沙盘模拟实验 [M]. 北京：中国人民大学出版社，2014.
[8] 陶俊. ERP 沙盘企业模拟对抗经营 [M]. 北京：北京师范大学出版社，2017.
[9] 吴凌娇，宋卫. 网上创业 [M]. 北京：高等教育出版社，2013.
[10] 李景梅，徐永红. 市场营销 [M]. 北京：北京师范大学出版社，2016.
[11] 张洪革，孙宏英. 仓储与配送管理——理论、实务、案例、实训 [M]. 大连：东北财经大学出版社，2014.
[12] 郑承志. 电子商务与现代物流 [M]. 3 版. 大连：东北财经大学出版社，2014.
[13] 张念. 仓储与配送 [M]. 大连：东北财经大学出版社，2012.